KB273696

# 다시, 읽는 인간
## HOMO LECTIO

# HOMO LECTIO
## 다시, 읽는 인간


**초 판 1쇄** 2026년 03월 17일

**지은이** 이요철
**펴낸이** 류종렬

**펴낸곳** 미다스북스
**본부장** 임종익
**편집장** 이다경, 김가영
**디자인** 임인영, 윤가희, 윤영빈
**책임진행** 이예나, 안채원, 김은진, 국소리, 송가희, 이지영

**등록** 2001년 3월 21일 제2001-000040호
**주소** 서울시 마포구 양화로 133 서교타워 711호, 808호
**전화** 02) 322-7802~3
**팩스** 02) 6007-1845
**블로그** http://blog.naver.com/midasbooks
**전자주소** midasbooks@hanmail.net
**페이스북** https://www.facebook.com/midasbooks425
**인스타그램** https://www.instagram.com/midasbooks

© 이요철, 미다스북스 2026, *Printed in Korea*.

ISBN 979-11-7355-746-0 03190

값 19,500원




미다스북스는 다음세대에게 필요한 지혜와 교양을 생각합니다.

30일의 루틴, 생각하는 힘은 어떻게 삶을 변화시키는가

# HOMO LECTIO

이요철 지음

## 다시, 읽는 인간

미다스북스

# 제4부 관계의 기술
### AI를 부리는 씽커(Thinker), 관계의 격




# 부록 1    '제대로 읽기'
### : 함께 읽고 성장하는 독서 모임 실전 가이드




# 부록 2    읽는 인간의 반격
### : 삶의 현장에서 기록하는 4주간의 여정

# AI 시대를 이기는
# '생각의 힘'

안녕하세요. 도산 안창호 선생의 정신을 이어가는 도산아카데미 '도산 LBT북포럼'의 양승택입니다. 저희 포럼은 지난 2024년 '제8회 대한민국 독서동아리 대상'을 수상하며 국내 최고의 독서 공동체로 인정받았습니다. 매달 마지막 주에 저자를 초청해 함께 읽고 치열하게 토론하며, 삶의 길을 찾는 청년들의 뜨거운 배움터이기도 하죠.

이 책을 쓴 이요철 작가와는 벌써 10년이 넘는 시간을 함께했습니다. 포럼에서 저자로 처음 만난 이후 지금까지 줄곧 깊은 신뢰를 쌓아온 귀한 사이입니다. 곁에서 지켜본 그는 늘 스스로 질문을 던지고 사유하는 삶을 몸소 실천하는 분입니다.

신작『다시, 읽는 인간 Homo Lectio』를 먼저 읽어보며 큰 감동을 받았습니다. 특히 '30일의 루틴'을 통해 생각 근육을 길러주는 구성이 정말 탁월하더군요. 매일 읽는 다채로운 주제는 물론이고, 생각을 정리하게 돕는 독서일기 질문들이 아주 알차게 담겨 있습니다.

책 뒷부분에는 제대로 된 읽기를 위한 독서 토론 질문까지 상세하게 설명되어 있네요. 이 정도면 AI 시대에 우리가 잃지 말아야 할 인간다움을 지켜주는 '종합 백신' 같은 책이라고 자신 있게 말하고 싶습니다.

우리 포럼 회원들은 물론이고, 학교나 시립도서관의 독서 모임에 이보다 더 좋은 교재는 없을 겁니다. 특히 기업이나 기관에서 직원들의 인문학적 소양을 기르는 연수 프로그램으로 활용하기에도 정말 안성맞춤이에요. 1년 내내 깊이 있는 대화를 나눌 수 있는 풍부한 콘텐츠가 담겨 있으니, 성장을 갈망하는 모든 곳에 이 책을 강력히 추천합니다.

**양승택**

2024년 제8회 대한민국 독서동아리 대상 수상,
도산아카데미 '도산LBT북포럼' 리더

# 평범한 스펙러 Spec-ler 로 남을 것인가,
# AI를 부리는 씽커 Thinker 가 될 것인가

**"내 지식은 이미 유통기한이 지난 게 아닐까?"**
**"나보다 똑똑한 기계들 사이에서 내 자리는 어디일까?"**

우리는 평생 스펙이라는 성벽을 쌓으며 살았습니다. 더 높은 학력, 더 많은 자격증, 더 유창한 외국어 실력. 그 성벽이 우리를 지켜줄 성채가 되리라 믿어 의심치 않았습니다. 하지만 어느 날 갑자기 나타난 AI라는 거대한 시대의 조류는 수십 년간 쌓아 올린 성벽을 단 1초 만에 집어삼켰습니다.

냉정하게 말해봅시다. 당신이 10년에 걸쳐 익힌 지식과 기술을 AI는 0.1초면 복제하고 추월합니다. '무엇을 아는가'는 더 이상 경쟁력이 아닙니다. 하지만 인간에게는 기계가 절대로 도달할 수 없는 지점이 있습니다. 그것은 바로 생각의 방향을 정하는 능력입니다. AI는 수조 개의 데이터를 조합해 답을 내놓지만, 그 답이 왜 필요한지, 세상에 어떤 의미를 갖는지 묻지 않습니다. 생각의 방향을 결정하는 건 인간만이 할 수 있는 고귀한 일입니다.

이런 배경에서 대한민국 정부는 2026년 1월 23일 독서 국가 선포식을 열고 독서를 국가적 의제로 격상시켰습니다. 독서 국가의 비전이 던지는 메시지는 섬뜩할 정도로 명확합니다. 읽고 생각하는 능력은 취미나 교양이 아니라 AI vs 인간이라는 잔혹한 전쟁터에서 살아남기 위한 유일한 생존 기술이 된 것입니다.

AI가 곧 인간의 생각을 뛰어넘는다고요? 아닙니다. 생각에는 지능만 포함되지 않습니다. 감정, 정서, 느낌, 욕구, 성격과 언어 등의 기능이 복합된 것이 바로 생각입니다. 인간 고유의 사고하는 힘을 기르기 위해 저는 그 해답을 다시, 읽는 인간 즉 호모 렉티오 Homo Lectio에서 찾습니다.

렉티오 Lectio의 어원은 '모으다, 선택하다, 읽다'라는 뜻을 가진 '레게레 Legere' 에서 왔습니다. 이는 흩어진 정보를 모아 의미를 부여한다는 뜻입니다. 호모 렉티오란 단순히 글자를 읽는 행위를 넘어 텍스트를 통해 세상을 해석하고 자아를 형성하는 존재입니다. AI는 텍스트 Text를 읽지만, 호모 렉티오는 텍스트 뒤에 숨겨진 맥락 Context을 읽습니다. AI는 주어진 데이터에서 답을 찾지만, 호모 렉티오는 데이터 너머의 본질을 꿰뚫고 질문을 던집니다. 기계가 계산할 때 인간은 사유하고, 기계가 처리할 때 인간은 성찰합니다. 이것이 AI가 범접할 수 없는 인간 고유의 영토입니다. 우리는 이제 편리함에 길든 AI의 소비자를 넘어 날카로운 지성으로 무장한 '읽는 인간'으로 거듭나야 합니다.


이 책은 AI와의 속도 경쟁에서 이기는 법을 가르쳐주지 않습니다. 불가능하기 때문입니다. 대신, 모든 것이 데이터로 치환되는 세상에서 인간의 고유한 주체성을 어떻게 사수할 것인가를 다룹니다. 시대의 흐름 속에서 밀려나지 않으려 발버둥 치는 대신, 파도 자체가 되는 역설적인 생존 철학을 제안합니다.

매일 30분, 인문학의 숲을 거닐고 철학의 바다에 빠져보세요. 지금 우리에게 필요한 건 당장 써먹을 얄팍한 기술이 아니라 자신과 세상을 깊이 꿰뚫어 보는 인간 공부입니다. 소크라테스의 일갈처럼, 자신에게 질문하지 않는 삶은 결국 타인의 정답으로 채워지니까요.

인문학과 철학이라는 다소 낮선 오솔길을 걸으며 생각의 근육을 단련하고 세상으로부터 나를 지키는 정신적 면역력을 키워보세요. 몇 시간씩 스마트폰을 스크롤하며 알고리즘에 끌려다니는 대신, 하루 30분 이 책을 거울삼아 자기 생각과 마음을 끈기 있게 들여다보세요. 로마의 스토아 철학자 에픽테토스가『엥케이리디온』에서 강조한 습관의 기적처럼, 이 책과 함께하는 30일간의 여정이 여러분의 뇌를 완벽하게 리부트Reboot하도록 도울 겁니다.

이 책은 총 4주 20일의 분량으로 구성되어 있습니다.

매주 평일 5일간은 책을 읽으며 저자의 생각과 치열하게 싸우세요. 그리고 남은 이틀은 책을 덮고 세상으로 나가세요. 서점이나 도서관에 들르거나 가족, 지인과 마주 앉아 따뜻한 커피 한잔을 사이에 두고 각자의 생각을 나눠보세요.

이렇게 30일의 여정을 끝내면 여러분에게는 돈으로 살 수 없는 세 가지 변화가 찾아올 겁니다.

첫째, 남들이 못 보는 것을 보는 독창적인 시야, 관점의 탄생입니다.

둘째, 불안한 마음 한가운데 단단한 철학적 뼈대를 세우는 정서적 복원입니다.

셋째, AI를 두려워하는 게 아니라 도구로 부리는 주인이 되는 지적 생존입니다.

이 책은 이력서에 줄 하나를 더 긋기 위해 쓰이지 않았습니다. 오히려 무의미한 스펙 경쟁에서 벗어나 AI를 부리고 세상을 리드하는 진정한 씽커Thinker로 거듭나는 법을 제안합니다. 이제 책을 들고 페이지를 넘기세요. 여러분의 뇌가 깨어납니다. 타인의 정답이 아닌 나의 질문으로 살아가는 인생이 한 줄의 문장 속에서 당신을 기다립니다. 다시 읽는 인간 Homo Lectio(호모 렉티오)가 되어 생각하는 법을 배우는 것, 이것이 바로 AI 시대를 이기는 확실한 생존 전략입니다.

　기계의 속도에 절망하지 마십시오. 인간의 깊이로 역습하십시오.
　이제, 당신이 생각할 차례입니다.

# 성장을 위한 독서 일기 가이드



독서는 책을 덮는 순간 끝나는 것이 아니라, 그 문장을 삶에 적용할 때 완성됩니다. 매일 이 질문에 답하며 여러분의 생각을 기록하세요.

### 1. 생각을 깨우는 인터러뱅interrobang의 마법

인터러뱅(‽)은 물음표(?)와 느낌표(!)가 하나로 합쳐진 기호입니다. 오늘 읽은 글이 당신의 익숙한 세계에 던진 가장 날카로운 물음표는 무엇인가요? 그 질문을 통해 새롭게 깨달은 감동의 느낌표를 함께 기록하세요.

### 2. 휴먼 라이브러리Human library

책은 때로 어떤 전문가보다 지혜로운 상담가가 되어줍니다. 당신의 고민에 답이 된 문장을 기록하세요.

### 3. 머릿속 생각의 틀 시원하게 부수기Break the Shell

그동안의 편견을 깬 도끼 같은 문장이 있나요? 그 문장을 통해 틀에 박힌 생각에서 벗어나 새로운 길을 발견했다면, 그 짜릿한 변화를 기록하세요.

### 4. 인생을 바꿀 한 문장: 당신의 가슴에 낙인처럼 찍힌 한마디는 무엇인가요?

삶의 거센 파도가 닥치고 뜻밖의 시련이 찾아올 때, 당신을 다시 일으켜 줄 단 하나의 문장은 무엇일까요? 본문 중에서 인생을 역전시킬 만큼 강렬한 에너지를 지닌 인두 같은 문장을 찾아 기록하고, 그 이유를 새겨보세요.

# 멘탈 리셋

흔들리는 나를 단단하게 붙잡는 시간

# 제1부

# 불안



## 알 수 없는 미래에
## 밤잠을 설칠 때

 **오늘의 인두 같은 한 문장**

자신을 위해 시간을 내지 못하고 사유하지 않는 자는 아무리 바쁘게 살아도 실제로는 아무것도 하지 않는 것이다.

- 루키우스 안나이우스 세네카(Lucius Annaeus Seneca, 기원전 4년경~기원후 65년)

## 오늘의 핵심 메시지

'나 이러다 AI한테 밀리는 거 아냐?' 이런 막연한 불안에 밤마다 시달리나요?

우리는 AI 덕분에 몇 초 만에 질문에 최적화된 답을 얻을 수 있습니다. 어느새 생각하는 인간의 주도권은 AI에게 넘어간 듯합니다. 감히 AI 따위가 내 생각을 결정하다니 이거야말로 화나는 일 아닐까요? 스스로 생각하지 않고 주어진 데이터에만 의존하면 인간의 뇌는 순식간에 퇴화합니다. 이대로라면 먼, 혹은 가까운 미래에 누가 뭐라고 하지 않아도 우리 스스로 자신의 가치를 의심하게 될지 모릅니다.

이제 루키우스 안나이우스 세네카와 에픽테토스가 주목한 기록 훈련, 휘폼네마타ὑπομνήματα, Hypomnemata를 만나보세요. 검색을 잠시 멈추고 내면의 목소리를 담담히 기록하세요. 누구도 흉내 낼 수 없는 내 이야기를 만드는 거죠. 다시 읽는 인간, 곧 씽커Thinker가 되기 위한 훈련을 시작하세요.

## 생각의 아웃소싱은 지적 퇴화로 가는 지름길

우리는 인류 역사상 가장 편리한 시대를 살고 있습니다. 주머니 속 스마트폰만 꺼내면 AI가 거의 1초 만에 논문을 요약해 줍니다. 복잡한 기획안의 목차도 짜주죠. 겉보기에는 과거에 한 나라의 왕도 누리지 못했을 풍요를 누립니다. 하지만 정작 우리 내면은 어떤가요? 궁금한 게 생겨도 혼자 생각하기보다 구ㅇ 또는 네이ㅇ 검색창부터 켭니다. 내비게이션 없이는 매일 다니던 길도 못 가죠. 혹시 디지털 치매에 빠진 건 아닐까요?

그런데 무서운 사실이 있습니다. 우리를 길들인 편리함이 생각하는 근육을 서서히 마비시킨다는 거죠. "이러다 AI 때문에 회사에서 잘리는 거 아닌가?"라는 불안이 밤마다 스멀스멀 올라옵니다. 하지만 다음 날 출근하면 또다시 AI가 떠먹여 주는 문장을 복사하고, AI 비서가 시키는 대로 보고서를 씁니다. 결국 나라는 존재는 검색 결과의 짜깁기가 될 참입니다. 삶의 핸들이 알고리즘에 통째로 넘어가는 중이죠. AI가 운전하는 차 뒷좌석에 앉아 불안에 떠는 꼴이네요.

그렇다면 거스를 수 없는 기술의 파도 앞에서 우리는 어떻게 살아야 할까요? 어떻게 인간 고유의 존엄성을 지키면서 살아남을까요? AI를 잘 다루는 기술을 배우는 것으로는 부족합니다. 생각의 주도권을 되찾지 못하면 우리는 언제든 갈아 끼울 수 있는 부품일 뿐이니까요. 우리는 AI를 통해 더 빨리 생각해야지, AI가 대신 생각하게 해서는 안 됩니다. AI가 범접할 수 없는 사고의 수준에 이르도록 새로운 시스템을 구축해야 합니다. 그 구체적인 실마리를 고대 스토아 철학자의 지혜인 휘폼네마타(ὑπομνήματα, Hypomnemata)에서 찾아보겠습니다.

## 엉킨 생각을 종이 위에 쏟아내 한 발짝 떨어져 보기

우리는 매일 스마트폰을 통해 수만 가지 정보에 파묻히다시피 하며 살아갑니다. SNS를 화려하게 장식하는 타인의 일상을 실시간으로 훔쳐보죠. 그러나 내 안에서 어떤 감정이 왜 피어났다 스러지는지는 모릅니다. 내 마음이 어디로 흘러가는지 까맣게 모른 채 하루, 한 달, 일 년을 지납니다.

이 지점에서 로마의 정치가이자 스토아 철학자 루키우스 안나이우스 세네카(Lucius Annaeus Seneca, 기원전 4년경~기원후 65년)를 만나야 합니다. 그는 로마 제국의 피비린내 나는 혼란 속에서 강철 같은 내면을 유지한 인물입니다. 세네카는 매일 밤 등불을 끄고 어둠 속에서 자신을 피고석에 앉혔습니다. 오늘 내가 사유의 주권을 지켰는지, 아니면 나태함에 내어주었는지 스스로를 심판하며 밤의 재판을 열었던 것입니다. 그는 하루 동안의 말과 행동을 되짚어 보고, 어떤 실수도 그냥 지나치지 않는다고 고백했습니다. 그리고 이렇게 일갈합니다.

"자신을 위해 시간을 내지 못하고 사유하지 않는 자는, 아무리 바쁘게 살아도 실제로는 아무것도 하지 않는 것이다."

이것이 휘폼네마타Hypomnemata의 핵심입니다. 이 단어는 그리스어 '휘포hypo, ~아래에'와 '므네메mneme, 기억, 기록'의 합성어입니다. 직역하면 기억의 보조 수단 또는 비망록으로, 자아를 단련하기 위한 영적 훈련의 기록으로서 중요한 의미를 갖습니다. 프랑스 철학자 미셸 푸코(Michel Foucault, 1926년~1984년)는 이 단어를 아주 중요하게 다뤘어요. 그는 휘폼네마타를 단순히 기록이 아니라 자기를 돌보는 도구라고 불렀습니다.

휘폼네마타는 평범한 일기가 아니었습니다. 여기저기서 읽고 들은 좋은 문장, 스승의 가르침, 자신의 성찰을 한곳에 모으고, 철학적 원리들을 기록하며 내면을 단단하게 구축하는 영혼의 무기고입니다. 이 내면의 일기는 마치 비행기의 블랙박스 같으며, AI 개발자가 오류 수정을 위해 데이터를 분석하는 것과도 비슷합니다. 휘폼네마타는 내 사고 시스템을 업그레이드하기 위해 매일의 기분과 행동을 꼼꼼히 기록한 영혼의 로그 북logbook입니다.

인간의 뇌는 교묘합니다. 생각하기를 귀찮아하는 나태함에 빠지면, 보고 싶은 것만 보고 믿고 싶은 것만 믿는 인지적 편향에 빠집니다. 하지만 종이 위에 직접 적은 문장은 자신을 속이지 않습니다. 이 기록이 쌓여야 내가 어떤 상황에서 무너지는지, 그 약점을 어떻게 극복할지에 대한 데이터베이스가 확보됩니다. 세상 그 어떤 슈퍼컴퓨터도 분석하지 못하는 데이터이며, 여러분만이 지닌 전문성의 원천이 됩니다.

우리는 앞으로 렉티오(사유와 성찰의 독서)를 통해 얻은 깊은 통찰을 휘폼네마타에 기록할 겁니다. 눈으로 읽고 흘려보내는 데이터와 달리, 손으로 기록한 휘폼네마타는 존재의 일부가 됩니다.

# 문장으로 옮기는 순간 시작되는 마음의 수술

성찰이 막연한 다짐으로 끝나지 않고 진짜 실력이 되려면 훈련이 필요합니다. 로마 시대의 노예 출신의 스토아 철학자 에픽테토스(Epiktetos, 55년경~135년경)는 그의 저서 『엥케이리디온』(김재홍 역, 그린비, 2025)에서 뜬구름 잡는 위로 대신, 뼈 때리는 조언을 합니다.

"변화는 결심이 아니라 채점의 영역이다. 뇌를 믿지 말고 숫자를 믿어라. 화내지 않은 날들을 기록하라. 그 숫자가 당신의 인격이다."

욱하는 성격을 고치고 싶다면 무작정 참겠다고 다짐하지 마세요. 대신 눈으로 확인할 수 있게 화를 안 낸 날을 기록하세요. 에픽테토스는 나쁜 습관을 끊고 새로운 마음의 길을 내는 데 30일이 걸린다고 말합니다. 이 루틴이 쌓이면 그것은 우리의 새로운 본성이 됩니다. 이처럼 휘폼네마타는 마음을 갉아먹는 부정적 감정을 도려내는 정밀 수술 도구입니다. 현대 심리학의 대가 제임스 펜 베이커(James W. Penne Baker, 1950년~) 교수는 자신에게 쓰는 글이 트라우마를 치유한다는 사실을 과학적으로 증명했습니다. 그는 이렇게 강조합니다.

"감정을 기록할 때 주어만 바꿔도 놀라운 변화가 일어난다."

왜 주어 하나 바꿨다고 상황이 확 달라질까요? '나', '내가'라는 주어에 갇히면 내 감정의 우물에 깊이 빠져 비련의 주인공이 되기 쉽습니다. 고통에 매몰됩니다. 하지만 주어를 '너', '그들' 혹은 '그'와 같은 제삼자로 바꿔 써보세요. 상황이 달라집니다. 마치 관객석에 앉아 남의 영화를 보듯, 상황에서 한 걸음 떨어지게 되지요. 비극이 아니라 객관적인 사건으로 보이기 시작합니다. 이렇게 시야가 넓어지면 감정에 압도되지 않고 냉철한 이성을 되찾습니다.

"내가 무시당해서 아프다"에서 "그 사람이 예의 없이 행동했다"로 시선이 옮겨갑니다. 내 불행이 아니라, 단지 상대방의 문제 행동으로 객관화가 되는 셈이지요. 이렇게 심리적인 거리를 두면 감정에 휩쓸리지 않고 차분한 이성을 되찾습니다.

로마 황제이자 스토아 철학자인 마르쿠스 아우렐리우스(Marcus Aurelius, 121년~180년)가 전쟁터 한복판에서 쓴 『명상록』(박문재 역, 현대지성, 2018)이 그 증거입니다. 그는 황제라는 살인적인 중압감 속에서도 매일 아침 펜을 들어 자신에게 마음의 백신을 놓았습니다.

"오늘 마주칠 무례한 인간들 때문에 기분 상하지 마라. 그들은 나를 공격하는 게 아니다. 그저 품격이라는 그릇이 깨진, 오류투성이 인간일 뿐이다. 남의 오류 때문에 화를 내는 건 어리석은 일이다."

마르쿠스 아우렐리우스는 상대의 무례함을 자신에 대한 공격으로 받아들이지 않았습니다. 그들의 오류 탓으로 돌림으로써 평온을 지킵니다. 이런 마음의 근육은 매일 자기의 마음과 생각을 기록하고 훈련하는 사람이 누리는 축복입니다.

## AI가 쓴 것처럼 매끈하지 않아도 진심을 담아

처음 질문으로 돌아갑니다. AI가 시를 쓰고 그림도 그리는 시대입니다.

이 압도적인 기술의 파고 속에서 우리는 어떻게 살아야 할까요? 해답은 최신 기술을 배우는 데 있지 않습니다. 오히려 가장 아날로그적인 행위, 펜을 들어 종이 위에 꾹꾹 눌러쓰는 기록입니다. 에픽테토스가 말한 휘폼네마타는 외부의 소음을 차단하고 오직 내면의 소리에 귀를 기울이는 작업입니다. 잠들기 전 휴대폰을 끄고 빈 노트와 펜을 준비하세요. 그리고 AI나 검색창에 질문하는 대신, 자신에게 물어보세요.

"오늘 나는 무엇 때문에 흔들렸는가?"
"그 불안의 실체는 무엇인가?"

머릿속을 둥둥 떠다니던 막연한 불안을 붙잡으세요. 직접 문장으로 옮겨 적는 순간, 흐릿하던 불안은 해결해야 할 명확한 과제가 됩니다. 내가 주도권을 쥐고 문제를 정의하는 그 순간부터 달라집니다. 상황에 끌려가는 피해자가 아니라 상황을 해결하는 주체가 됩니다. 남의 생각을 수동적으로 소비하는 구경꾼이 되지 마세요. 나만의 사유를 발전시키는 주인으로 변모해야 합니다. 그 과정은 고통스럽지만 아름답습니다.

AI가 삽시간에 추려내는 정답은 편리하지만 내 영혼을 살찌우지는 못합니다. 서툴더라도 직접 고민하고 뱉어낸 문장은 다릅니다. 누구도 모방할 수 없는 나만의 지혜로 축적됩니다. 그 기록이 쌓여 역사가 되고, 그 역사가 '나'라는 고유한 브랜드를 만듭니다.

나태함이 밀려올 때 혹은 알 수 없는 불안이 영혼을 짓누를 때, 과거에 쓴 글들을 펼쳐보세요. 그 속에는 이미 위기를 이긴 경험으로 무장한 지혜가 숨 쉬고 있습니다. 그것은 어떤 슈퍼컴퓨터도, 어떤 AI도 검색하거나 훔칠 수 없는 데이터베이스입니다. 기록하는 행위는 흩어진 마음을 모아 다시 일어서게 하는 영혼의 재건 작업입니다.

AI의 편리함에 기대어 사고하기를 멈추지 마세요. 매일 밤 자신과 독대하며 써 내려간 투박한 문장이 우리를 대체 불가능한 존재로 우뚝 세워줍니다. 세상의 속도에 휩쓸리지 않고 나만의 속도로 생각하고 기록하는 사람, 그 사람이 바로 시대가 필요로 하는 진정한 지성인입니다.

오늘부터 휘폼네마타를 시작하세요.

본문의 깊은 사유를 내 것으로 만들기 위해서는 눈으로 읽는 것을 넘어, 직접 손으로 기록하는 과정이 필요합니다. 오늘, 철학자들처럼 나 자신과 대화해 보세요.

# PART 1. 인문학의 지혜 적용하기

## 1. 내 마음의 인격 채점표와 로그 기록

에픽테토스는 변화란 결심이 아니라 채점의 영역이라고 말합니다. 참자고 백 번 다짐하는 것보다, 내가 언제 무너지고 언제 버텨냈는지 숫자로 직시할 때 진짜 인격이 만들어집니다.

오늘 하루, 평소 같으면 욱했을 상황에서 잠시 멈춰 선 순간이 있었나요? 그 장면을 휘폼네마타를 쓰듯 기록하세요. 단순히 점수만 매기지 말고, 그때 내 마음에서 어떤 생각이 스쳤기에 멈출 수 있었는지, 그 성공의 원동력을 분석하세요. 반대로 실패했다면, 내 인격의 그릇을 깨뜨린 오류 데이터가 무엇이었는지 정직하게 직면하세요.

예시)

**오늘의 평온 점수: +1점(10점 만점)**

**상황**　　상사의 무리한 수정 요청에 화가 치밀었다.

**성찰**　　예전 같으면 노여움으로 하루를 망쳤겠지만, 오늘은 이건 상사의 업무 스타일일 뿐 나에 대한 공격이 아니라고 생각하며 3초간 호흡을 가다듬었다. 내 사고 시스템에 거리두기라는 새로운 코드가 입력된 기분이다.

## 2. 주어를 바꿔 불안을 도려내는 마음의 수술

AI 시대에 우리가 불안한 이유는 삶의 주도권을 알고리즘에 뺏기고 있기 때문입니다. 펜 베이커 교수는 주어만 바꿔도 요동하는 감정의 감옥에서 벗어날 수 있다고 조언했죠.

지금 당신의 머릿속을 둥둥 떠다니는 막연한 불안 하나를 붙잡으세요. 그 문장에서

'나'를 빼고 '그' 혹은 '그녀'를 넣어 제삼자의 이야기처럼 종이 위에 쏟아냅니다. 내가 비련의 주인공이 아니라 객관적인 관찰자가 될 때, 그 불안은 어떻게 달라 보이나요? 흐릿했던 불안이 해결해야 할 과제로 변하는 수술의 과정을 직접 경험하며 기록하세요.

**예시)**

**수술 전** 나는 AI에 뒤처질까 봐 불안해.

**수술 후** 그녀는 기술 변화의 속도에 압도당해 불안을 느낀다. 하지만 그녀에게 필요한 것은 속도가 아니라 방향이다. 그래서 매일 밤 그녀만의 사유 데이터를 쌓는 값진 훈련을 시작했다.

# PART 2. 독서 일기를 위한 네 가지 질문

### 1. 생각을 깨우는 인터러뱅interrobang의 마법

인터러뱅(?!)은 물음표(?)와 느낌표(!)가 하나로 합쳐진 기호입니다. 오늘 읽은 글이 당신의 익숙한 세계에 던진 가장 날카로운 물음표는 무엇인가요? 그 질문을 통해 새롭게 깨달은 감동의 느낌표를 함께 기록하세요.

[?] ________________________________________________

[!] ________________________________________________

### 2. 휴먼 라이브러리Human library

책은 때로 어떤 전문가보다 지혜로운 상담가가 되어줍니다. 당신의 고민에 답이 된 문장을 기록하세요.

### 3. 머릿속 생각의 틀 시원하게 부수기Break the Shell

그동안의 편견을 깬 도끼 같은 문장이 있나요? 그 문장을 통해 틀에 박힌 생각에서 벗어나 새로운 길을 발견했다면, 그 짜릿한 변화를 기록하세요.

**4. 인생을 바꿀 한 문장: 당신의 가슴에 낙인처럼 찍힌 한마디는 무엇인가요?**

삶의 거센 파도가 닥치고 뜻밖의 시련이 찾아올 때, 당신을 다시 일으켜 줄 단 하나의 문장은 무엇일까요? 본문 중에서 인생을 역전시킬 만큼 강렬한 에너지를 지닌 인두 같은 문장을 찾아 기록하고, 그 이유를 새겨보세요.

**오늘의 추천 도서**

『스토아주의』, 장바티스트 구리나 저, 김유석 역, 글항아리, 2016.

# 결핍



나는 어차피
안 돼!

## 오늘의 인두 같은 한 문장

신발에 흙이 묻었다고 길을 탓할 게 아니라, 그 길을 걷는 내 발(영혼)이 튼튼한지 점검하라.

— 소크라테스(Σωκράτης, Sōkrátēs, 기원전 470년경~기원전 399년)

## 오늘의 핵심 메시지

완벽한 환경이 갖춰져야 성공할 수 있다고 믿나요? 그 믿음은 우리를 끊임없이 남과 비교하게 만들고, 결핍이라는 자기 비하의 늪으로 밀어 넣죠. 흙수저라는 핑계 뒤에 숨어 한계를 그으면, 영원히 상황의 노예가 됩니다.

가장 낮은 곳에서 철학을 꽃피운 소크라테스와 프리드리히 니체를 만나보세요. 현실의 진흙탕을 혐오하지 않고 성장의 재료로 삼는 거리의 파토스Pathos of distance를 배웁니다. 거기서 결핍을 나만의 고유

# 남 탓, 환경 탓, 시대 탓…

SNS를 켜면 온통 나보다 잘난 사람뿐입니다. 입만 열면 수십억 자산가, 태어날 때부터 금수저인 사람들의 화려한 일상이 내 초라한 현실을 비웃는 것 같습니다. '나는 흙수저라 안 돼… 부모님이 조금만 더 밀어줬다면….' 하는 원망이 목구멍까지 차오르나요? 더 나은 환경, 더 많은 돈이 있어야 빛날 수 있다고 믿나요? 완벽한 조건이 갖춰져야 성공할 수 있다는 믿음은 우리를 결핍이라는 감옥에 가둡니다.

냉정하게 따져보세요. 과연 환경이 바뀌면 원하지 않는 현실에서 구원받을 수 있을까요? 어설픈 핑계 뒤에 숨어서 성장을 멈춘 자신을 합리화하는 건 아닐까요? 남을 탓하면 당장 고통은 덜지만, 아무것도 주체적으로 창조하지 못하고 무기력해집니다. 나를 끌어줄 동아줄이 없음을 한탄하느라 정작 내 안에 있는 가능성의 씨앗은 말라비틀어지는 거죠.

열악한 환경에서도 위대한 정신을 꽃피운 사람은 무엇이 달랐을까요? 못난 외모와 가난에도 아테네 최고의 지성으로 불린 소크라테스, 평생 병마와 싸우면서도 생을 긍정한 프리드리히 니체의 삶은 뼈아픈 질문을 던집니다. 환경을 탓하며 주저앉을 것인가, 아니면 그 결핍마저 성장의 발판으로 삼을 것인가. 그 해답을 찾아 진흙탕 속에서 보석을 캐내는 마음공부를 시작합니다.

# 줏꺾마가 아니라 환경에 무릎 꿇는 마음?

많은 이들이 철학을 그저 배부른 사람이나 하는 일로 생각해요. 당장 카드 값 막기도 힘든데 무슨 철학이냐고 묻기도 하죠. 철학은 남부러울 것 없는 좋은 동네에 살면서 돈과 시간이 남아도는 사람들이나 즐기는 고상한 취미로 여겨지곤 해요. 특히 청년들에게 철학은 사치입니다. 철학책을 읽는다고 하면 "지금 뜬구름 잡는 소리 할 때냐? 스펙 쌓고, 인맥 만들고, 취업하기도 바쁜데."라는 핀잔을 듣죠. 철학은 곧잘 한가한 은퇴자나 기웃거리는 한물간 학문으로 취급됩니다.

과연 그럴까요? 이 견고한 편견을 산산조각 내는 결정적인 증거가 있습니다. 고대 그리스 철학자 소크라테스(Σωκράτης, Sōkrátēs, 기원전 470년경~기원전 399년)입니다.

그는 우리가 상상하는 것처럼 조용한 서재에 앉아 우아하게 사색하던 학자가 아닙니다. 그의 철학은 생존을 위협받는 거칠고 시끄러운 곳에서 탄생했습니다. 철학이 진흙탕 같은 현실을 돌파하는 강력한 무기였던 거죠.

그가 탄생한 곳은 웅장한 아테네의 신전이 아니라 무덤과 도자기 공방이 섞인 도공들의 도시 케라메이코스Kerameikos의 지저분한 뒷골목입니다. 당시 아테네에는 12미터 높이의 거대한 성벽이 있었습니다. 적을 막는 방패이자 빈부 격차를 가르는 선이었죠. 케라메이코스는 성벽 밖의 위험한 동네였고 기원전 12세기부터 공동묘지로 사용되었습니다. 소크라테스는 이 근처, 빈민과 매춘부들이 드나들던 알로페케Alopeke에서 태어나 칼날 같은 현실을 온몸으로 겪으며 자랐습니다.

당시 아테네 사람들도 우리처럼 외모와 돈에 집착했습니다. 거리에는 금박 조각상이 넘쳐나고, 사람들은 가난한 약자를 가차 없이 밀어냈습니다. 화려한 성벽 안쪽이 욕망의 도시라면 성벽 밖은 그야말로 생존의 전쟁터였습니다. 삶과 죽음이 뒤엉킨 곳, 그곳이 소크라테스의 무대인 케라메이코스입니다. 비정한 세상 속에서 케라메이코스의 도공들은 묵묵히 그릇을 빚고, 소크라테스는 흙먼지 속에 죽음과 삶의 냄새가 진동하는 거리에서 이렇게 소리칩니다.

"신발에 흙이 묻었다고 길을 탓할 게 아니라, 그 길을 걷는 나의 발(영혼)이 튼튼한지를 점검하시오."

소크라테스에게 환경은 주어지는 것일 뿐, 나를 결정하는 것이 아닙니다. 그는 삶으로 자신이 믿는 바를 설득력 있게 증명했습니다. 가난이나 열악한 환경이 인간의 영혼을 더럽히지 못합니다. 진짜 무서운 건 환경에 무릎 꿇는 마음입니다. 환경이 이러니 나는 안 된다고 생각하는 순간, 영혼은 빛을 잃습니다. 소크라테스는 나는 누구인가를 묻는 생각의 힘이 인간을 지키는 막강한 무기임을 보여줍니다. 결핍은 부끄러워할 일이 아닙니다. 오히려 나라는 존재를 더 깊게 들여다보게 만드는 귀한 거울입니다.

많은 사람이 소크라테스를 떠올리면 고상한 표정으로 우아하게 토론하는 현자를 상상합니다. 하지만 천만의 말씀입니다.

먼저 그가 매일 드나들던 아고라 광장을 볼까요? 시장이기도 한 아고라는 출세에 눈먼 욕망으로 뜨겁게 불타는 용광로였습니다. 당시 귀족 청년들은 오늘날 성공의 상징이라는 명품과 외제차로 자신의 가치를 증명하려는 이들과 참 비슷했습니다. 그들은 더 높이 출세하려고 웅변술을 배우느라 여념이 없었죠. 그들 주변에는 거액의 수강료를 챙기는 족집게 과외 선생인 소피스트Sophist들이 득실거렸습니다.

또 돈만 내면 흑을 백으로 바꿔주겠다고 떠드는 사기꾼과 권력을 유지하기 위해서 수단과 방법을 가리지 않는 정치가들이 뒤엉켜 있었습니다. 그

곳이 소크라테스의 주요 활동 무대입니다.

더 충격적인 것은 그의 고향 알로페케의 풍경입니다. 무려 400년간 사용된 공동묘지가 거기 있었죠. 아테네인들은 장애를 갖고 태어난 아이를 가차 없이 버렸고, 그 아이들이 묘지에 묻혔습니다.

자연환경은 어땠을까요? 아테네 귀족들이 목욕한 물이 성 밖으로 흘러나와 알로페케의 개천이 됩니다. 빈민들은 그 물을 마시며 매일을 연명하고, 생계를 위해 몸을 파는 남자들과 여자들은 밤낮으로 거리를 쏘다녔습니다.

아테네의 사회적 부조리 역시 말할 나위가 없었습니다. 고대에는 전쟁이 나면 성벽 밖에 있는 이들은 누구도 지켜주지 않았습니다. 심지어 나라에서 무기를 보급하는 대신 군인 각자가 마련해서 전쟁에 나서야 합니다. 무기의 종류에 따라 값이 매겨져 있습니다. 그래서 가난한 이들은 제대로 된 방패도 없이 녹슨 칼자루 하나 쥐고 전쟁터로 끌려가 죽었습니다.

그런데 소크라테스는 이 부패한 시대를 한탄하고, 자기 배만 불리는 이들을 비난하며 인생을 낭비하지 않습니다. 분노만 하지 않습니다. 그는 어떻게 그곳에서 철학을 꽃피웠을까요?

이를 독일의 철학자 프리드리히 니체(Friedrich Nietzsche, 1844년~1900년)가 설명합니다. 그는 1887년 저서 『도덕의 계보』(김정현 역, 책세상, 2002)에서 그 비결을 거리의 파토스Pathos of distance라고 명명합니다. 이 말은 남보다 높은 곳에 서서 세상을 내려다본다는 뜻이 아닙니다. 그 무엇도 혐오하거나 배제하지 않고, 세상 모든 것을 고귀한 존재로 바라보는 깊고 넓은 눈을 뜻합니다.

우리네 보통 사람들은 세상을 좁고 편협한 눈으로 봅니다. 내 마음에 드는 건 챙기고, 싫은 건 단박에 잘라냅니다. '실패한 인생은 쳐다보기도 싫어.', '돈만 밝히는 저속한 부자들은 꼴도 보기 싫어.' 하며 가난한 자는 구질구질해서 피하고, 권력과 명예에 취해 자기만 아는 자들은 역겨워합니다. 호불호好不好를 따져 세상을 반쪽짜리로 만들죠.

하지만 거리의 파토스를 지닌 사람은 다릅니다. 이들은 이분법적인 잣대를 거둡니다. 무엇도 혐오하거나 배제하지 않는 고귀한 눈이 있습니다. 이들은 초라하거나 실패한 이들을 경멸하지 않습니다. 반대로 권력과 명예, 물질에 기대어 사는 가진 자 또한 같은 눈으로 포용합니다. 모두를 존중받고 사랑받을 만한 인간으로 바라보는 넉넉함이 있습니다.

이들의 눈에는 비천한 것도, 혐오스러운 것도 없습니다. "저 사람은 왜 저럴까?"라며 손가락질하는 대신, "저 모습 또한 치열하게 살아가는 인간의 단면이구나."라고 여기며 연민과 이해의 시선으로 봅니다.


철학은 이 지점을 동물과 인간을 가르는 결정적 순간으로 봅니다. 동물은 썩은 고기나 위협적인 대상을 보면 본능적으로 피하거나 공격합니다. 하지만 인간은 다릅니다. 인간은 눈앞의 불쾌한 현실이나 타인의 추한 모습도 높은 차원의 의미로 바꿀 줄 압니다. 본능적인 혐오와 배제를 이겨내고 그 너머의 가치를 발견하는 것, 이것이 철학이 말하는 초월Transcendence이자 승화Sublimation입니다.

이런 승화의 과정을 가장 잘 보여주는 게 바로 예술가예요. 진정한 예술가는 캔버스에 예쁜 꽃만 그리지 않거든요. 썩어가는 과일이나 찌그러진 깡통, 고통으로 일그러진 얼굴도 화폭에 담아 멋진 작품으로 만들어내죠. 남들이 쓰레기라고 버린 것도 예술가의 눈을 통과하면 명작이 되는 법이에요. 이건 단순히 재활용하는 리사이클링Recyding을 넘어선 거예요. 새로운 가치를 더해 예술로 차원을 높이는 업사이클링Upcyding이죠. 그래서 쓰레기나 잡동사니로 만든 예술 작품을 정크 아트Junk Art라고 부르기도 해요.

거리의 파토스를 가진 사람도 이 예술가들과 똑같아요. 가장 밑바닥의 비참함부터 꼭대기의 오만함까지, 세상에 존재하는 모든 것을 혐오가 아닌, 사랑의 눈으로 껴안습니다. 그러다 보니 그 안에서 아무도 발견하지 못한 삶의 지혜와 아름다움을 기어이 찾아냅니다. 소크라테스가 지옥 같은 알로페케와 욕망의 아고라 한복판에서 철학을 꽃피울 수 있었던 이유도 바로 이런 시선 덕분이에요.

결국 인간을 인간답게 만드는 힘은 구별 짓기가 아니라 품어 안기에 있습니다. 어떤 상황과 사람도 혐오하지 않고, 삶을 완성하는 소중한 조각으로 받아들이세요. 이런 넉넉한 눈을 가진 인생은 그 자체로 하나의 예술 작품입니다. 지금 무엇을 보고 있나요? 혹시 미움과 편견 때문에 세상의 절반을 못 본 척 눈감아 버린 건 아닌지 생각해보세요.

## 현실의 가시는 나를 깨우는 알람

이제 눈이 바뀌었다면 손을 움직일 차례입니다. 앞서 우리는 세상 모든 것이 내 삶을 예술로 만드는 재료라고 했습니다. 하지만 우리는 곧잘 연장을 탓하고, 재료를 탓하며 가능성의 문을 닫아버립니다.

'회사가 엉망이라 실력을 발휘할 수 없어.', '상사가 꼰대라 배울 게 없어.', '내가 흙수저라 이래…' 혹시 이런 핑계 뒤에 숨어 있나요? 소크라테스가 대도시의 하수구나 다름없는 알로페케에서 수천 년을 이어온 위대한 철학을 낳은 사실을 기억하세요. 지혜는 정돈된 서재가 아니라 괴롭고 불편한 현실에 숨어 있습니다.

왜 하필 그럴까요? 편안함은 우리를 잠들게 하지만, 불편함은 우리를 잠에서 깨우니까요. 숨 막히는 지옥철에 끼어 출근하는 시간은 역설적으로 타인의 고단함을 생생하게 이해할 수 있는 공감 훈련장입니다. 반복되는 업무가 지루해 미칠 것 같은 순간도 마찬가지죠. 지루함을 견디는 과정이 성실함의 근육을 키우고, 더 효율적인 방법을 도출하는 창의력의 산실이 됩니다.

말이 안 통하는 동료 때문에 속이 터지는 순간은 어떤가요? 그 답답함은 내 인내의 한계를 시험하고, 나를 넓은 아량을 가진 그릇으로 빚어내는 결정적인 타이밍입니다. 바로 우리가 배운 거리의 파토스를 발휘해 인생의 반전을 만들 기회죠. 남들은 짜증으로 소모해 버리는 시간을 성장의 재료로 낚아채세요.


'힘들어도 긍정적으로 생각하자'는 뻔한 위로는 하지 않겠습니다. 까닭 없는 긍정은 잠시 고통을 잊게 하는 진통제니까요. 우리에게 필요한 건, 독하고 치열한 조각가의 태도입니다.

'이 지독한 상황도 한 번뿐인 내 삶을 위한 재료다. 자, 여기서 무엇을 깎아낼 것인가?'를 자기에게 물으세요. 망치와 조각칼을 드세요. 그리고 내 인생을 가로막는 장애물을 나를 다음 단계로 올라서게 해줄 디딤돌로 깎아내세요. 인과관계는 명확합니다. 재료가 거칠수록, 작품은 단단하고 아름다워집니다.

최악의 꼰대 상사를 만났나요? 그를 욕하느라 에너지를 낭비하지 마세요. 대신 그를 반면교사反面教師로 삼으세요. 그를 보며 '나는 절대로 저렇게 늙지 않겠다'고 다짐하세요. 그 다짐이 훗날 존경받는 리더가 되게 합니다.

단순 업무에 지쳤나요? 나만의 효율적인 시스템을 만드는 실험을 해보세요. 하찮아 보이는 일을 내 실력을 높이는 성장의 발판으로 삼으면 업무의 격이 달라집니다.

흙수저라서 억울한가요? 가난하다고 부끄러워하지 마세요. 그 결핍을 온실 속 화초들은 죽었다 깨어나도 모를, 바닥을 쳐본 자의 강인한 생존력으로 바꾸세요. 진흙탕 현실에서 기어이 '의미'라는 꽃을 피우세요. 진흙을 반죽해 세상에 없던 도자기를 빚으세요. 환경이나 사람을 탓하기보다 묵묵히 내 작품을 만드는 태도가 니체와 소크라테스가 강조한 고귀한 삶의 품격입니다.

# 방구석 1열의 자리를 털고 일어나

처음 질문으로 돌아갑니다. 내 삶을 보며 이번 생은 흙수저라 망했다는 자조 섞인 한숨이 절로 나온다면 앞으로 어떻게 다르게 살아야 할까요? 부모 탓, 세상 탓만 하며 인생이 흘러가는 대로 구경만 할 건가요? 아니면 기어이 보람 있는 내일을 만드는 주인공이 될 건가요?

소크라테스와 니체의 거리의 파토스를 상기하세요.

가장 먼저 할 일은 마음에 엉겨 붙은 과거의 원망을 털어버리는 것입니다. 환경이 아니라 그 환경에 굴복해 넋을 놓고 있는 나태함이 나를 망친다는 사실을 직시하세요.

부모가 물려준 게 없다고, 가진 게 없다고 주저앉아 울고 있기엔 인생이 짧습니다. 결핍은 구멍이 아니라 무언가를 채워 넣을 가능성의 공간입니다. 어쩌면 신이 준 선물 포장지일지도 모르죠. 겉보기에는 구겨지고 초라해도 그 안에 영혼의 성장을 위한 비밀이 숨어 있으니까요.

당신의 결핍을 예술로 승화시키는 창조자로서 남은 인생길을 걷길 응원합니다.

본문의 깊은 사유를 내 것으로 만들기 위해서는 눈으로 읽는 것을 넘어, 직접 손으로 기록하는 과정이 필요합니다. 오늘, 철학자들처럼 자신과 대화해 보세요.

# PART 1. 인문학의 지혜 적용하기

### 1. 내 영혼의 신발 점검하기

소크라테스는 신발에 흙이 묻었다고 길을 탓하기 전에, 그 길을 걷는 내 발, 즉 영혼이 얼마나 단단한지 먼저 돌아보라고 말해요. "부모님이 부자였다면", "회사가 더 좋았다면" 하며 환경만 원망하고 있나요? 그러는 사이 정작 소중한 내 영혼은 돌보지 못한 채 내버려 두고 있는 건 아닐까요?

지금 나를 위축되게 만드는 환경적 결핍 한 가지를 기록하세요. 환경에 굴복하는 대신, 오늘 나를 위해 할 수 있는 작은 행동은 무엇일까요?

**예시)**

부족한 통장 잔고 때문에 늘 주눅이 들었다. 하지만 돈이 없는 게 문제가 아니라, 돈이 없으니 아무 것도 못 한다고 단정 지은 게 문제였다. 오늘부터는 내 실력을 기를 공부를 1시간씩 하기로 했다.

### 2. 거리의 파토스로 빚어내는 인생 예술

니체는 세상의 추하고 불쾌한 것도 예술의 재료로 삼는 거리의 파토스를 가졌다고 했죠. 진정한 예술가는 찌그러진 깡통도 명작으로 만듭니다.

오늘 나를 짜증나게 한 상황이나 사람을 떠올리세요. (예: 사사건건 트집 잡는 상사, 꽉 막힌 출근길 등) 그 상황에 대한 불만으로 에너지를 낭비하지 말고, 나를 성장시킬 재료로 바꿔볼까요? 그 불편함이 어떤 인내심과 통찰을 선물했는지, 인생 조각가의 시선으로 문장을 완성하세요.

*말이 안 통하는 동료 A는 내 인내심의 한계를 시험한다. 그와 대화하며 감정을 다스리는 법을 배우고 있으니, 그는 까다롭지만 유익한 친구인 셈이다.*

# PART 2. 독서 일기를 위한 네 가지 질문

### 1. 생각을 깨우는 인터러뱅interrobang의 마법

인터러뱅(⁈)은 물음표(?)와 느낌표(!)가 하나로 합쳐진 기호입니다. 오늘 읽은 글이 당신의 익숙한 세계에 던진 가장 날카로운 물음표는 무엇인가요? 그 질문을 통해 새롭게 깨달은 감동의 느낌표를 함께 기록하세요.

[?] ___________________________________________

[!] ___________________________________________

### 2. 휴먼 라이브러리Human library

책은 때로 어떤 전문가보다 지혜로운 상담가가 되어줍니다. 당신의 고민에 답이 된 문장을 기록하세요.

### 3. 머릿속 생각의 틀 시원하게 부수기Break the Shell

그동안의 편견을 깬 도끼 같은 문장이 있나요? 그 문장을 통해 틀에 박힌 생각에서 벗어나 새로운 길을 발견했다면, 그 짜릿한 변화를 기록하세요.

### 4. 인생을 바꿀 한 문장: 당신의 가슴에 낙인처럼 찍힌 한마디는 무엇인가요?

삶의 거센 파도가 닥치고 뜻밖의 시련이 찾아올 때, 당신을 다시 일으켜 줄 단 하나의 문장은 무엇일까요? 본문 중에서 인생을 역전시킬 만큼 강렬한 에너지를 지닌 인두 같은 문장을 찾아 기록하고, 그 이유를 새겨보세요.

**오늘의 추천 도서**

『아테네의 변명』, 베터니 휴즈(Bettany Hughes) 저, 강경이 역, 옥당, 2014.

다시, 읽는 인간 HOMO LECTIO

# 혼란

## 인생의 방향을 잃고
## 미로를 헤맨다면

### 오늘의 인두 같은 한 문장

너 자신을 알라(γνῶθι σεαυτόν, Gnothi seauton). 네가 무엇을 모르는지 깨닫는 것, 그것이 진짜 지혜의 시작이다.

― 소크라테스(Σωκράτης, Sōkrátēs, 기원전 470년경~기원전 399년)

### 오늘의 핵심 메시지

화려한 SNS 속 타인의 삶은 완벽해 보입니다. 그 사이에서 나만 뒤처진다는 조급함이 혼란을 불러옵니다. 남들이 만든 지도를 따라가느라 방향을 잃지 마세요. 목적지 없는 속도는 인생의 재앙입니다. 이제 아테네 광장의 소크라테스와 그가 삶으로 보여준 '튀모스θυμός, Thymos'를 만나보세요. 타인의 박수보다 내 안의 양심과 자부심이 더 중요합니다. 세상 풍조에 휩쓸리지 않고 자기 가치를 단단하게 세우는 법을 배웁니다. "너 자신을 알라γνῶθι, σεαυτόν"는 준엄한 명령이며, 혼란 속에서 나를 지키는 등대가 됩니다. 남의 시선이라는

## 성공의 동아줄을 잡으려다 빼앗긴 나

서점에 가면 직장에서 성공하는 법, 부동산이나 주식으로 돈 버는 법에 관한 책들이 잔뜩 쌓여 있습니다. 유〇브에는 인생의 정답을 알려주겠다는 멘토들이 넘쳐나죠. 우리는 그들이 시키는 대로만 하면 행복해질 거라 믿습니다. 그래서 닥치는 대로 요즘 핫한 지식을 머릿속에 쑤셔 넣습니다. 그런데 이상하지 않나요? 그렇게 열심히 배우고 스펙을 쌓았는데, 왜 밤마다 가슴 한구석은 뻥 뚫린 것처럼 허전할까요? 이따금 남들은 저만치 앞서가는데 나만 뒤처지는 거 아닌가 싶어 조급해집니다.

한밤중에 침대에 누워 SNS를 서핑하다 보면, 나만 빼고 다 완벽한 인생을 사는 것 같습니다. 그 눈부신 이미지들 사이에서 내 일상은 초라한 흑백영화 같죠. 남이 만든 성공의 지도를 뒤쫓아 가느라, 정작 나는 누구이고 어디로 가고 싶은지 방향을 잃었습니다. 진짜 나를 잃어가는 기분, 겉은 화려한데 속은 텅 빈 강정 같은 느낌은 우리 시대의 고질적인 질병처럼 번집니다. 이 혼돈스러운 시대에 물질과 성취만으로는 행복해지기 어렵습니다. 남의 욕망을 내 것인 줄 착각하고 좇아가지 마세요. 도착한 곳이 낭떠러지임을 뒤늦게 깨닫게 될 테니까요.

우리는 지금 정보의 비만 상태에 빠져 힘겨워합니다. 남보다 하나라도 더 알아야 살아남는다는 공포가 우리를 끊임없이 채찍질합니다. 하지만 내면의 철학이 없는 지식은 독이 됩니다. 남의 시선에 나를 맞추려 애쓸수록 진짜 나의 목소리는 작아집니다. 이것이 우리를 깊은 무기력과 혼란으로 밀어 넣는 주범입니다.

이 문제의 답을 찾기 위해 2,400년 전 그리스 아테네의 소크라테스, 그리고 고대의 지혜 속으로 탐험을 떠나 보겠습니다. 거기서 '앎'의 참된 의미를 묻기 위해서입니다. 이제 지식의 양보다 영혼의 질을 고민해야 합니다. 내가 무엇을 모르는지 인정하는 용기가 필요합니다. 그 정직한 고백 위에서 삶은 새롭게 시작됩니다.

## 남의 정답지에 나를 구겨 넣지 말고

우리가 꼭 필요하다고 믿는 지식, 곧 앎의 의미는 무엇일까요? 소크라테스 시대 아테네인들에게 지식*γνῶθι, σεαυτόν*은 일종의 생존 레이더입니다. 부와 권력을 가진 사람을 알아보는 도구죠. 누구 라인을 타느냐에 따라 출세가 결정된다고 믿었기에, 유력자와 관계 맺는 것은 최고의 지혜였습니다.

당시 아테네는 돈과 명예에 지독하게 집착했습니다. 오직 강한 자만이 배움의 대상이었고, 공부가 성공의 지름길이었습니다. 너 나 할 것 없이 남을 설득하는 기술인 수사학과 웅변술을 익혀 출세하려고 모든 에너지를 쏟았습니다. 겉모습을 화려하게 가꾸는 신체 숭배 현상도 극에 달했습니다.

우리는 어떤가요? 더 높은 자리에 올라가기 위해 지식을 쇼핑 바구니에 담고 있지 않나요? 성공 비법을 담은 강의, 부자 되는 법을 주제로 한 책과 멘토링 서비스는 항상 인기 만점입니다. 지식을 내면화하기보다 SNS에 포스팅하며, 성공한 이들과 같은 급이라고 착각합니다. 지식을 실천의 도구가 아닌 과시의 수단으로 삼는 서글픈 세태죠. 고대 그리스의 소크라테스는 맹목적인 추구의 끝은 허무와 절망이라는 사실을 목격했습니다. 그는 당대 최고의 지식인이라 일컬어지던 세 부류를 찾아갑니다. 그들은 오늘날 우리 사회의 명망가들과 무척 닮았습니다.

첫째는 권력을 거머쥔 정치가입니다. 수만 명의 추종자를 거느린 그들은 세상 모든 이치를 다 안다고 믿습니다. 하지만 소크라테스가 정의δικαιοσύνη, dikaiosynē란 무엇인가를 묻자, 상황이 돌변합니다. 그들은 대답 대신 화를 내며 자리를 피합니다. 껍데기뿐인 명예에 갇혀 알맹이는 잃어버린 꼴입니다.

둘째는 최고의 지식을 가졌다고 자부하는 시인입니다. 오늘날로 따지면 명문대 교수나 일타 강사겠죠. 그들은 화려한 수식과 복잡한 이론으로 무장했습니다. 하지만 정작 그 지식으로 삶을 구원하는 법은 모릅니다. 자신의 도덕적 위기 앞에서 비겁하게 숨습니다. 지식은 넘치지만 지혜는 빈곤하기 짝이 없습니다.

셋째는 최고의 기술을 가진 장인입니다. 현재 IT업계의 천재 개발자 같습니다. 이들은 알고리즘을 신의 경지로 짜냅니다. 하지만 그 기술이 사생활을 침해한다는 사실에는 눈을 감습니다. 코딩 기술은 알지만, 사람을 존중하는 법은 모릅니다. AI 기술은 완벽히 다루면서 동료의 슬픔에는 둔감합니다. 도구의 사용법은 아는데 삶의 의미는 모릅니다. 이에 소크라테스는 일갈합니다.

"너 자신을 알라γνῶθι σεαυτόν, Gnothi seauton."

그리스어로 번역하면 강조점이 보입니다. "알라, 너 자신을"입니다. 그리스어는 어순이 없습니다. 문장이 시작될 때 제일 앞에 나오는 말이 강조됩니다. 그럼 그노티 세아우톤은 '앎(지식)'이 중요합니다. 소크라테스는 '앎(지식)'

의 실체를 밝히고 싶었던 겁니다. 앎, 곧 참된 지식은 '나 자신'을 아는 것으로부터 출발합니다. 이 말은 단순히 내 성격을 파악하라는 뜻이 아닙니다. 소크라테스는 나를 안다는 것의 실체를 밝힙니다. 그것은 곧 내가 무엇을 모르는지 깨닫는 무지의 자각입니다. 일명 이중의 무지無知之知라고 부릅니다. "나는 아는 것이 없다는 사실을 알고 있다"는 정직한 고백이 지혜의 출발점이라는 뜻이에요.

이 지점이 왜 중요할까요? 내가 모른다는 사실을 인정해야 비로소 새로운 배움이 들어올 틈이 생기기 때문입니다. 반대로 말하면, 지혜의 가장 큰 적은 무지無知 그 자체가 아니라, '이미 다 알고 있다는 착각'입니다. 안다고 믿는 순간, 인간은 질문을 멈추고 오만에 빠지게 되거든요.

이런 맥락에서 보면, 오늘날 우리가 겪는 대혼란의 원인이 선명해집니다. 우리는 소크라테스의 경고와는 정반대의 길을 걷고 있거든요.

## 전문가라는 타이틀 뒤에 숨어 배우지 않으려는 오만

21세기를 살아가는 우리는 지식의 홍수에 떠밀려 가고 있습니다. 그런데 아이러니하게도 길은 더 막막해 보입니다. 저는 강연장에서 독서광들을 심심치 않게 만납니다. 철학, 심리학, 문학 서적을 수백 권씩 독파한 분도 많습니다. 학력은 얼마나 높은가요? 석사는 명함도 못 내밀고 박사학위는 있어야 공부 좀 했다고 말하는 시대입니다. 그런데 이상하지 않나요? 개인의 스펙은 화려하고 학력은 높아졌는데, 사회의 갈등은 갈수록 깊어집니다. 개인과 공동체 안에 혐오와 배제의 시선도 팽배하죠.

우리는 성공하고 성취할 수 있는 딱 그만큼만 공부합니다. 자격증을 딸

합격선까지 공부하면 그만이죠. 논문도 통과할 수 있는 수준까지만 씁니다. 회사에서의 업무도 마찬가지입니다. 기획을 해도 창의적으로 고민하려 애쓰지 않습니다. 대신 기획서의 디자인을 어떻게 세련되게 만들지, 상사가 어떤 취향인지에 몰두합니다. 어떻게 하면 욕 안 먹고 무난하게 지나갈까에 신경 쓰는 거죠. 우리는 "이 기획이 왜 필요한가?", "우리가 전달하려는 제일의 가치는 무엇인가?"라는 근본적인 질문을 던지지 않습니다. 질문이 사라진 자리를 생존을 위한 데이터 처리와 평판 관리가 채웁니다. 지식을 삶을 바꾸는 힘이 아니라 위기를 모면하는 도구로 소비합니다.

이런 태도가 굳어지면 생각은 한없이 얕아집니다. 사람들이 말하는 앎(지식)은 단어 속에 숨은 의도와 가치, 그 안에 담긴 의미와 감정을 헤아리지 않습니다. 그저 눈에 보이는 대로, 편한 대로 받아들이는 얄팍한 정보입니다. 하지만 아무도 중요한 질문을 던지지 않습니다. "소크라테스가 살았던 시대의 고통은 무엇이었는가?", "그는 왜 아테네 청년들에게 그런 말을 했는가?" 같은 본질적인 물음이죠. 이런 깊은 고민이 빠져 있기에 머리는 커지는데 가슴은 차갑습니다. 전공과 트렌드에 대한 지식은 쌓이는데, 상대의 입장에서 생각하는 인간다운 태도는 사라졌습니다.

그러나 참된 지식은 깊어질수록 화해와 상생의 지혜를 발휘합니다. 소크라테스는 지식은 넘치지만 정작 삶의 길은 찾을 수 없는 답답한 상태를 아포리아Aporia, ἀπορία라고 부릅니다. 뱃사람들이 폭풍 속에서 별을 잃어버려 더는 앞으로 나아갈 수 없는 '길 없음'의 상태입니다. 문제는 분명히 있으나 답이 없는 것이 아포리아입니다. 고스펙 사회에서 사는 우리가 겪는 대혼란의 실체죠.

우리는 얕은 지식의 한계를 넘어서기 위해 유대인의 오래된 지혜인 히브리어 단어, 야다Yada와 다아트Da'at를 소환해야 합니다. AI 시대에 본질적인 의미에서의 인간으로 살아남기 위해 필요한 무기입니다.

AI는 타인의 아픔을 제 것인 양 깊이 체험하는 야다의 지혜를 가질 수 없습니다. 또한 정의를 머리가 아닌 몸으로 실천하는 다아트의 경지에 도달할 수도 없죠. 이게 왜 중요할까요? 행복에 관한 책을 백 권 읽어서 줄줄 외우는 것은 일종의 정보입니다. 보통 이를 지식이라고 오해하죠. 하지만 길가에 쓰러진 이웃에게 기꺼이 손을 내미는 행동이야말로 경험으로 체득한 진짜 지식, 즉 '다아트' 그 자체입니다. 이 둘 중 무엇이 진짜 앎에 가까울까요? 당연히 후자입니다. 머리로 아는 지식은 오만을 낳습니다. 하지만 가슴으로 체험하고 손발로 실천하는 야다와 다아트는 우리를 겸손하게 만듭니다. 지식을 단순한 정보의 차원에서 삶의 태도로 끌어올리는 것만이 아포리아를 해결할 수 있습니다.

만약 우리가 이런 진정성 있는 앎을 버리고 똑똑해 보이려고만 하면 어떻게 될까요? 머리로만 채운 얄팍한 우월감은 타인의 성장을 견디지 못합니다. 내면이 텅 비어 있으니 남을 깎아내려서라도 내 가치를 증명하려 들죠. 그 결과 우리 마음속에 두 가지 치명적인 독소가 퍼져나갑니다. 바로 시기심을 뜻하는 '프토노스Φθόνος'와 중상모략을 뜻하는 '디아볼로스Diabolos'입니다.

이 낯설고 무서운 독소들은 사실 우리 일상 곳곳에 아주 교묘하게 숨어 있어요. 동료가 승진할 때 앞에서는 축하하면서도 뒤에서 비아냥거린 적 있으신가요? 이 서늘한 사무실 뒷공론이 바로 프토노스입니다. 나아가 익명 게시판에 거짓 소문을 퍼뜨려 타인의 인격을 짓밟는 끔찍한 행동이 디아볼로스죠.

결국 이 두 가지는 삶으로 살아내지 못한 가짜 지식에서 싹을 틔웁니다.

내 앎이 얕고 부족하다는 사실을 인정하기 두려우니, 남을 공격해서라도 억지 우월감을 챙기려는 비겁한 방어막입니다. 이런 병든 마음으로는 결단코 삶의 혼란을 헤쳐 나갈 수 없어요. 결국 나와 타인 모두를 깊은 파멸로 끌고 갈 뿐이니까요.

더는 알맹이 없는 지식을 자랑하지 마세요. 대신 몸으로 겪고 가슴으로 느끼는 인간다운 공부를 시작하세요. 그제야 짙은 안개가 걷히고 내가 가야 할 길이 선명하게 보일 것입니다.


## 우리에게 필요한 건 튀모스의 기개


처음 질문으로 돌아가 봅시다. 정보는 넘쳐나는데 정작 인생의 답은 찾을 길이 없습니다. 가도 가도 끝이 없는 혼란 속에서 어떻게 살아야 할까요? 남들이 그려놓은 성공 지도를 따라가느라 본질을 잃어버린 채 공허하게 살 건가요? 아니면 내면의 등대에 불을 밝히고 나의 길을 묵묵히 걸어갈 건가요?


소크라테스의 "너 자신을 알라"는 외침은 내가 무엇을 모르는지 겸허히 깨닫는 과정으로 이어집니다. 그의 말은 남의 시선보다 내 안의 양심과 용기, 즉 튀모스θυμός, Thymos를 소중히 여기라는 준엄한 명령입니다.

플라톤은 『소크라테스의 변명』(강철웅 역, 이제이북스, 2014)에서 소크라테스가 품은 튀모스의 정수를 생생히 전달합니다. 소크라테스가 재판장에서 당당했던 이유는 그의 튀모스가 아테네 시민들의 인정이 아닌, 신과 진리를 향했기 때문입니다. 시민들은 그를 사형에 처하여 존재 자체를 거부하려 했지만, 소크라테스는 "너희가 나를 죽일 수는 있어도 해칠 수는 없다"고 말했습니다. 그의 튀모스는 타인의 판결에 의해 훼손될 수 없는 내면의 성채인 것입니다. 또한 죽음으로 증명한 진실함이기도 합니다. 그는 독배를 마심으로써 아테네 시민들에게 '어떻게 살 것인가'라는 질문을 남겼고, 그 질문에 공감하는 사람들을 한 공동체로 묶었습니다. 소크라테스의 튀모스란 내 옳음을 증명하는 칼이 아니라 모두의 영혼을 닦는 거울입니다.

성숙한 튀모스는 내가 나를 어떻게 보는가를 중시합니다. 남이 몰라줘도 스스로 세운 도덕적 기준이나 가치를 지킬 때 느끼는 뿌듯함이죠. 타인의 인정에 연연하지 않는 힘은 튀모스에서 나옵니다. '세상이 나를 비난해도, 나는 내가 옳다는 것을 안다'는 기개가 있을 때, 타인의 시선에서 자유해집니다. 인정에 목매지 마세요. 동영상의 '좋아요' 숫자와 조회수에 일희일비하며 내 가치를 확인받으려 하지 마세요. 세상이 시끄러울수록 나의 목소리가 또렷이 들려야 합니다. 혼란은 길이 없어서가 아니라 내 내비게이션을 켜지 않고 남의 차를 따라가기 때문에 생깁니다. 더 깊이 내면으로 침잠하세요. 원하는 삶이 뭔지, 어떤 사람이 되고 싶은지 맹렬하게 고민하세요. 그때 우리는 유행에 휩쓸리는 낙엽이 아니라 뿌리 깊은 한 그루 나무가 됩니다.

튀모스적 태도는 남들이 다 맞다고 하는 정보나 유행 앞에서도 "내 생각은 다르다."라고 말할 수 있는 지적 기개를 갖는 것입니다. 정보에 수동적으로 휩쓸리기보다 정보를 선택하고 가공하는 주체가 되는 겁니다. 내가 나를 인정할 수 있을 때, 타인의 인정은 있으면 좋지만 없어도 상관없는 부차적인 것이 됩니다. 인간의 영혼은 스스로 세운 기준을 지킬 때 비로소 당당해지니까요. 이것이 바로 튀모스가 도달할 수 있는 최고의 경지입니다.

오늘부터 내면에서 피어나는 튀모스의 향기가 당신의 텅 빈 마음을 채우기를 소원합니다. 스스로 생각하고 판단하는 힘이 인간의 품격을 말해주니까요. 남이 작성한 정답지가 아니라 내가 직접 쓴 오답 노트가 인생을 풍요롭게 만듭니다. 틀려도 괜찮습니다. 그것이 온전히 내 생각이라면 그대로도 충분히 가치 있습니다. 세상의 기준이 아닌 나만의 기준으로 걸으세요. 세상의 속도가 아닌 나만의 보폭으로 나아가세요. 그 당당한 발걸음이 당신을 위한 이정표가 될 것입니다.

당신의 튀모스는 지금 밖을 향해 구걸하고 있나요, 아니면 안을 향해 명령하고 있나요?

본문의 깊은 사유를 내 것으로 만들기 위해서는 눈으로 읽는 것을 넘어, 직접 손으로 기록하는 과정이 필요합니다. 오늘, 철학자들처럼 자신과 대화해 보세요.

# PART 1. 인문학의 지혜 적용하기

## 1. 지적 비만을 치료하는 무지의 고백

소크라테스는 세상 모든 것을 다 안다고 착각하는 전문가들을 찾아가 그들이 정작 본질은 모른다는 사실을 일깨웠습니다. 우리도 내 삶의 의미를 캐묻는 말에는 꿀 먹은 벙어리가 되곤 하죠.

내가 잘 안다고 자부했지만, 실은 남의 생각을 내 것인 양 읊조렸던 지식은 무엇인가요? 지식의 양(스펙)을 늘리는 데 급급했던 자신을 마주하세요. 그리고 소크라테스처럼 내가 진짜 모르는 것이 무엇인지 한 문장으로 기록합니다.

예시)

*나는 재테크 서적을 수십 권 읽어 부자가 되는 법을 안다고 생각했다. 하지만 언제 내가 진짜 행복한지 아직도 모르고 있다.*

## 2. 밖을 향한 구걸을 멈추는 튀모스

우리는 SNS의 '좋아요'나 타인의 인정을 먹고 삽니다. 하지만 니체와 소크라테스는 내면의 자부심인 튀모스를 확립하라고 명령합니다. 튀모스는 스스로 세운 기준을 지켰을 때 느끼는 당당함입니다.

오늘 누군가의 눈치를 보느라고 할 말을 참거나, 남의 기준에 나를 맞추려고 애쓴 적이 있나요? 시선을 밖에서 안으로 돌리세요. 세상이 아니라, 내가 옳다고 믿는 기준 하나를 기록하세요.

예시)

*남들이 유망하다고 말하는 직종으로 옮길까 우왕좌왕하지 않겠다. 내가 가치 있다고 믿는 이*

# PART 2. 독서 일기를 위한 네 가지 질문

### 1. 생각을 깨우는 인터러뱅interrobang의 마법

인터러뱅(?!)은 물음표(?)와 느낌표(!)가 하나로 합쳐진 기호입니다. 오늘 읽은 글이 당신의 익숙한 세계에 던진 가장 날카로운 물음표는 무엇인가요? 그 질문을 통해 새롭게 깨달은 감동의 느낌표를 함께 기록하세요.

[?] _______________________________________________

[!] _______________________________________________

### 2. 휴먼 라이브러리Human library

책은 때로 어떤 전문가보다 지혜로운 상담가가 되어줍니다. 당신의 고민에 답이 된 문장을 기록하세요.

### 3. 머릿속 생각의 틀 시원하게 부수기Break the Shell

그동안의 편견을 깬 도끼 같은 문장이 있나요? 그 문장을 통해 틀에 박힌 생각에서 벗어나 새로운 길을 발견했다면, 그 짜릿한 변화를 기록하세요.

### 4. 인생을 바꿀 한 문장: 당신의 가슴에 낙인처럼 찍힌 한마디는 무엇인가요?

삶의 거센 파도가 닥치고 뜻밖의 시련이 찾아올 때, 당신을 다시 일으켜 줄 단 하나의 문장은 무엇일까요? 본문 중에서 인생을 역전시킬 만큼 강렬한 에너지를 지닌 인두 같은 문장을 찾아 기록하고, 그 이유를 새겨보세요.

**오늘의 추천 도서**

『소크라테스』, 루이 앙드레 도리옹 저, 김유석 역, 이학사, 2009.

다시, 읽는 인간 HOMO LECTIO

# 공허

열심히 사는데
마음이 텅 빈 까닭은

 **오늘의 인두 같은 한 문장**

소유가 존재를 결정하지 않는다. 당신의 가치는 당신이 가진 물건이 아니라, 당신이라는 존재 그 자체에 있다.

*- 에리히 프롬(Erich Fromm, 1900년~1980년)*

## 오늘의 핵심 메시지

"오늘 고생했으니 나한테 선물해야지." 우리는 곧잘 이런 보상 심리로 쇼핑을 합니다. 하지만 밤이 되면 공허함은 더 커지죠. 이제 에리히 프롬과 함께 소유가 아닌 존재를 향한 삶을 탐구해 보세요. 무언가를 가져야 안심하는 강박에서 벗어날 때입니다. 충만한 존재 지향To be의 삶을 배워야 합니다. 소유가 가치를 결정한다는 착각을 버려야 진짜 내가 빛을 발합니다. 소비라는 찰나의 마취에서 깨어나세요. 스스로 빛나는 존재의 기쁨을 회복할 시간입니다.

# 택배 상자가 무거울수록 깊어지는 허무

힘든 하루 끝 퇴근길에 우리는 스마트폰을 켭니다. 쇼핑 앱을 뒤적이며 장바구니에 물건을 담죠. 그 짧은 설렘은 마약처럼 달콤합니다. 결제 버튼을 누르는 순간, 뇌에서는 도파민이 솟구치죠. 현관문 앞에 쌓인 택배 상자를 뜯을 때는 세상을 다 가진 기분입니다. 하지만 그 짜릿함은 오래가지 않습니다. 새 옷을 입고 명품 가방을 들고 외출했다 돌아왔을 때를 떠올려 보세요. 화장으로 애써 가렸던 공허함이 밀물처럼 영혼에 다시 밀려듭니다.

자본주의는 가짜 행복을 주입합니다. 이걸 사면 특별해진다는 광고에 홀려 욕망의 포로가 되죠. 우리는 물건을 사는 게 아니라 쇼핑이 주는 짧은 망각을 삽니다. 난 이 정도는 살 수 있는 사람이라고 되뇌죠. 이 악순환을 끊지 못하면 평생 자본주의의 노예로 남습니다. 나를 사랑하는 법을 엉뚱한 데서 찾는 거죠.

소비가 자존감이 된 시대에 존재의 충만함은 온데간데없고, 우리는 정보와 경험도 물건처럼 소유하려고 안달입니다. 남들이 본 영화는 나도 봐야 하고, 남들이 가본 핫플레이스에 나도 꼭 가야 합니다. SNS에 올릴 사진 한 장을 찍으려고 풍경을 즐길 시간을 제물로 바칩니다.

이런 태도는 우리를 비교의 나락으로 밀어 넣습니다. 어떻게 해야 텅 빈 마음을 오래도록 남을 행복으로 채울까요? 에리히 프롬의 지혜를 빌려 이 공허를 끝낼 근원적인 처방을 내려 봅니다. 소유의 노예에서 존재의 주인으로 나아가는 첫걸음을 떼는 길입니다.

# 나, 오직 나

　나를 아끼는 마음은 부끄러운 게 아닙니다. 나를 제대로 사랑할 줄 알아야 타인도 진심으로 품을 수 있으니까요. 문제는 올바른 자기 사랑과 이기심을 혼동하는 데 있습니다. 아리스토텔레스(Ἀριστοτέλης, Aristotle, 기원전 384년~기원전 322년)는 『니코마코스 윤리학』(조대홍 역, 돋을새김, 2008)에서 우리 편견을 깨는 발칙한 질문을 던집니다.

　"훌륭한 사람은 자기 자신을 누구보다 사랑하는 사람이어야 합니다. 나를 진심으로 아끼기에, 내 영혼이 기뻐할 만한 고귀한 일들을 골라서 행동합니다. 이렇게 나를 기쁘게 하려고 시작한 행동들은 결국 다른 사람들에게도 큰 유익을 줍니다. 그러니 올바른 일을 하는 것, 순간의 유혹에 나를 내던지지 않고 자신을 절제하는 것, 그리고 인간다운 품격을 완성하는 일에서만큼은 그 누구보다 앞서겠다는 뜨거운 자기애(自己愛)를 가지세요."

　자기 사랑을 오해하지 마세요. 나 혼자만 잘 먹고 잘살자는 이기적인 욕심을 부리라는 뜻이 아니에요. 아리스토텔레스는 이런 고결한 자기 사랑을 '아레테(Arete, 탁월함)'라고 불렀어요. 이는 단순히 착한 마음이 아니라 내면의 실력을 단단하게 키우는 과정입니다. 남들이 하니까 무작정 따라 하려는 충동을 이겨내는 절제력, 그리고 어떤 상황에서도 정직을 지켜내는 성실함을 모두 포함하는 말이죠.

　저는 철학 강의를 할 때 이 아레테를 꼭 강조해요. 청소년들을 만날 때면 강의 첫머리에 항상 이렇게 묻습니다.

　"여러분, 철학을 제대로 배우고 나면 확 달라져야 하는 게 있어요. 그게 뭘까요?"

그러면 아이들은 어른들에게 배운 모범 답안을 하나둘 내놓아요. "유식해질 것 같아요.", "윤리 과목 성적이 오르겠죠.", "수능 볼 때 철학 지문을 쉽게 풀 수 있을 것 같아요." 가끔은 구글이나 애플에서도 철학 전공자를 앞다퉈 뽑는다며, 철학을 성공과 돈의 지름길로 여기는 답변도 나옵니다. 실제로 애플은 정치 철학의 권위자인 조슈아 코헨 교수를 영입해 직원들에게 철학적 사고를 가르치기도 했으니까요.

하지만 저는 단호하게 말해줍니다. 철학을 제대로 배우고 나면 눈에 띄게 달라지는 건 따로 있다고요. 예를 들면, 더 이상 유행을 좇아 값비싼 브랜드 옷을 입지 않아도 마음이 전혀 위축되지 않아요.


어머니가 어느 날 이렇게 말씀하신다고 해보죠.

"애들 입은 패딩 참 예쁘더라. 너 요즘 공부 열심히 하니까 엄마가 그 비싼 패딩 하나 사줄게."

이럴 때 아이들은 자기 안의 소유욕을 기분 좋게 절제하며 당당하게 말할 수 있어야 해요.

"엄마, 마음은 감사해요. 하지만 저는 그 비싼 패딩 없어도 돼요. 상표가 없어도 저한테 잘 어울리고 제 마음에 들면 그만이거든요."

이렇게 말할 수 있는 단단한 자존감이 바로 일상 속의 철학입니다. 등굣길에 160만 원짜리 자전거를 타는 친구들 앞에서도 절대 기죽지 않는 마음이죠. 맹목적으로 유행에 휩쓸리지 않고 나만의 보폭을 꼿꼿하게 유지하는 힘이에요. 남들이 다 몰려가는 길보다, 내가 옳다고 믿는 가치를 뚝심 있게 선택하는 힘이 생기거든요.

저는 철학하는 인간이 어떻게 다른지 아이들에게 조금 더 극단적으로 설명해 줍니다.

"시험지가 유출됐다고 가정해 볼까요? 몰래 답만 외우면 누구나 명문대에 갈 수 있는 상황이에요. 하지만 철학을 가슴에 품은 사람은 당장의 성공을 거머쥐고 싶은 욕망을 절제합니다. 내 양심을 속이느니 차라리 대학에 떨어지는 쪽을 택하죠."

양심을 지키느라 기꺼이 실패를 껴안는 용기. 이것이 아리스토텔레스가 말한 진짜 자기 사랑의 실체입니다. 남이 보지 않아도 나만의 원칙을 지키며 스스로 내면의 입법자가 되는 거죠. 우리는 시키는 대로 움직이는 기계보다 훨씬 존귀한 존재니까요.

여기 나무 두 그루가 있습니다. 한 그루는 가지 끝에 화려한 조명을 잔뜩 매달았지만 뿌리가 얕아 작은 바람에도 픽 쓰러져요. 반면 다른 한 그루는 겉모습은 소박해도 땅속 깊이 튼튼한 뿌리를 내렸죠. 아리스토텔레스가 말한 자기 사랑은 바로 이 깊은 뿌리를 가꾸는 일과 같아요. 나만의 원칙을 지키는 아레테를 갖추면, 남의 시선에 휘둘리지 않고 내 중심을 꽉 잡는 독립성이 생깁니다. 그런데 참 신기하죠? 남에게 기대지 않고 스스로 당당해지는 이 마음이, 오히려 타인과 나를 더 끈끈하게 이어주는 마법 같은 도구가 되거든요. 내가 나에게 당당하니 굳이 남을 시기하거나 이기려 들 필요가 없는 거죠. 그 넉넉한 여유가 타인을 품어 안는 연대로 이어집니다.

여기서 아리스토텔레스가 말한 고귀한 자기애와 우리가 경계해야 할 이기심의 차이가 극명하게 드러납니다. 인지치료의 창시자인 정신과 의사 아론 벡Aaron Beck이 흥미로운 연구 결과를 발표했어요. 일상에서 '나I, Me, My'라는 단어를 유독 자주 쓰는 사람은 심혈관 질환에 걸릴 위험이 훨씬 높다는 겁니다. 세상의 중심이 오직 '나'뿐이라, 늘 나에게만 매몰되어 사는 자기중심적 편향이 몸과 마음을 갉아먹기 때문이죠.

이기심에 눈이 먼 사람은 늘 세상이 적으로 가득 차 보입니다. "저 사람이 나를 무시하나?", "내가 손해 보는 거 아냐?"라며 온종일 전전긍긍하게 되죠. 결국 나만 생각하는 그 뾰족한 마음이 타인을 찌르기 전에, 독이 되어 나 자신의 건강을 먼저 무너뜨립니다. 아리스토텔레스의 자기 사랑이 나를 살리는 명약이라면, 아론 벡이 지적한 이기심은 나를 죽이는 독약인 셈입니다.

아론 벡이 경고했듯이 '나'만 외치는 이들의 심장은 안에서부터 굳어갑니다. 이것은 단순한 질병이 아니라 인간성 상실이 보내는 절박한 신호예요. 아리스토텔레스에 따르면, 모든 존재의 아레테는 그 본질적인 목적을 얼마나 잘 수행하느냐에 달려 있습니다. 칼의 아레테가 무언가를 잘 베어낼 때 증명되듯, 사회적 동물인 인간의 아레테는 타인을 존중하고 공동체와 조화를 이룰 때 비로소 완성됩니다.


오늘날 알고리즘은 너만 생각하라고 속삭이며 우리를 편협한 세상에 고립시킵니다. 하지만 진정한 아레테는 인간 사이의 벽을 허뭅니다. 나를 사랑한다는 핑계로 이기적인 행동을 합리화하지 마세요. 그것은 사랑이 아니라 영혼을 병들게 하는 욕심일 뿐입니다. 우리는 인간다움의 모든 것이 담긴 인문학 독서를 통해 나를 내려놓고 타자의 세계로 건너가야 합니다. 타인의 아픔에 공감하고 '나'라는 좁은 울타리를 넘어설 때, 우리 안의 '아레테Arete, 탁월함'는 비로소 눈부시게 완성됩니다.

하지만 현실을 돌아보면 마음이 참 씁쓸해집니다. 우리는 내면의 아레테를 단단하게 다지는 대신, 눈에 보이는 화려한 것들로 나를 포장하는 데 더 많은 에너지를 쏟거든요. 더 많은 돈, 더 높은 자리, 더 좋은 인맥을 끌어모으느라 하루하루 쉴 틈 없이 바쁘게 살아갑니다. 심지어 내 곁에 있는 가족이나 연인조차 내 성공을 빛내줄 소유물처럼 움켜쥐려고 하죠.

그런데 참 이상한 일입니다. 그렇게 남부럽지 않게 꽉꽉 채워 넣으며 누구보다 열심히 살았는데, 문득 걸음을 멈추면 가슴 한구석이 뻥 뚫린 것처럼 시리고 공허해집니다. 도대체 왜 그럴까요? 그 텅 빈 마음의 정체를 알기 위해서는 우리가 세상을 대하는 방식을 완전히 뒤집어봐야 합니다.

## 소유에서 존재로

우리는 내면을 채우는 '존재' 대신, 겉모습을 불리는 '소유'라는 덫에 걸려 가짜 사랑의 늪에서 허우적거리고 있거든요. 에리히 프롬(Erich Fromm, 1900년~1980년)은 저서 『소유냐 존재냐』(차경아 역, 까치, 2020)에서 이 지독한 공허함과 불행의 원인을 날카롭게 짚어냅니다. 그는 현대인들이 무엇을 소유했느냐가 내 가치를 결정한다고 굳게 믿고 있다고 지적해요. 이런 '소유 지향적 삶'에 깊이 중독된 것이 텅 빈 가슴을 안고 살아가는 우리들의 서글픈 현실입니다.

이 태도가 관계를 어떻게 망치는지 보여주는 생생한 사례가 있습니다. 홀로 고생하며 아들을 키워낸 어느 어머니의 이야기입니다. 그녀는 온갖 풍파를 견디며 오직 아들의 성공만을 바라보고 삽니다. 마침내 아들은 모두가 부러워하는 명문대 법대에 당당히 합격합니다. 어머니에게 아들은 자신의 거친 세월을 보상받는 유일한 통로입니다. 기다리던 아들의 졸업식 날입니다. 어머니는 이제 고생 끝에 낙이 올 것이라 굳게 믿습니다. 그런데 아들이 졸업장을 손에 든 바로 그날, 여자 친구를 데려와 갑작스러운 폭탄 선언을 하네요. "이제 학교도 마쳤으니 이 친구와 당장 결혼하고 싶어요."

어머니는 축복 대신 참담한 배신감에 휩싸입니다. "내가 너를 어떻게 키웠는데! 이제 겨우 호강하나 싶었더니 결혼이라니! 이건 정말 죽 쒀서 개 주는 꼴이야!"라며 어머니는 울부짖습니다.

이 어머니에게 아들은 독립된 인격체가 아니라 그녀의 고생이 헛되지 않았음을 증명하는 보상입니다.

사랑을 소유로 착각할 때 우리는 심각한 마음의 병에 걸립니다. 아론 벡은 『성격장애의 인지치료』(민병배. 유성진 역, 학지사, 2008)를 통해 자기애성 성격장애의 특징을 분석합니다. 자기애성 성격장애는 단순한 성격의 문제가 아닙니다. 타인을 나를 위한 도구로 보는 인식의 장애입니다. 타인을 도구로 보면 진정한 관계를 맺지 못합니다. 이런 소유의 욕망은 부부 관계에도 해를 끼칩니다. 자기애가 강한 배우자는 남편이나 아내를 인테리어 리모델링하듯 자기 마음에 들게 뜯어고치려고 합니다.

"당신이 그러면 내 체면이 뭐가 돼?"

이 말 속에는 상대를 소유물로 여기는 뒤틀린 자기애가 숨어 있습니다. 상대를 있는 그대로 보지 않고, 내 성공을 과시하고 욕망을 채우는 일종의 트로피로 치부하는 겁니다.

이런 사람은 친구에게도 손익계산서를 들이밉니다. "내가 이만큼 해줬으니 너도 이만큼 내놔야지." 하는 겁니다. 상대가 기대에 부응하지 않으면 곧장 관계를 끊어버립니다. 이것은 우정이 아니라 비즈니스죠. 상대를 소유하려 들지 마세요. 황량하고 외로운 인생길을 함께 걷는 고마운 동무로 인정하세요. 그래야 관계의 숨통이 트입니다. 존재 지향적인 사랑은 상대의 독립성을 존중하는 데서 시작됩니다.

## 소유가 주는 짝퉁 만족보다
## 존재 자체로 빛나는 삶의 품격

처음 질문으로 돌아갑니다. 매일 택배 상자가 쌓이고 명품을 휘감아도 어느 순간 밀려드는 공허감은 피할 수 없습니다. 우리는 더 이상 소유의 갈증에 갇혀 고립된 나르시시스트로 살아서는 안 됩니다. 인간의 참된 가치를 발견하고 타인과 연대하는 인생을 선택하세요. 에리히 프롬은 단호히 설파합니다. 우리의 가치는 소유Having가 아닌 존재Being 자체에 있다고…. 텅 빈 통장 잔고보다, 텅 빈 영혼에 대해 염려해야 합니다. 유통기한이 짧은 소유의 쾌락에 넘어가 소중한 시간을 낭비하지 마세요. 소유에 집착할수록 마음은 더 가난해집니다.

존재의 빛을 밝히기 위해서는 나를 비우는 연습이 필요합니다. 남에게 보여주기 위한 가짜 만족을 하나씩 덜고, 그 빈 자리에 향기 나는 호모 렉티오의 시간을 채우세요. 무엇을 할 때 가장 나다운지, 어떻게 살고 싶은지 고민하는 시간. 그 사유가 쌓여 한 사람의 깊이를 만듭니다.

이렇게 우리는 시선을 안으로 돌려 호모 렉티오, 즉 읽는 인간의 지혜를 빌려야 합니다. 호모 렉티오는 세상이 던져주는 가짜 이미지와 광고의 유혹을 그대로 삼키지 않습니다. 대신 문장 사이의 행간을 읽듯 삶의 맥락을 이해하고, 잠잠한 사유를 통해 자기 인생의 정답을 써 내려갑니다. 남들이 SNS의 '좋아요' 숫자에 매달릴 때, 영혼을 깨우는 한 문장에 깊이 침잠합니다. 이러한 딥 리딩Deep Reading, 곧 관조적 독서를 의미하는 렉티오의 시간이 쌓일 때, 눈부신 존재의 아우라가 형성됩니다. 나의 가치는 명품 가방에 달린 가격표로 결정되지 않습니다. 오랜 시간 자신을 정성껏 가꾸어 얻은 존재의 깊이가 내 손에 든 낡은 가방마저 값지게 보이도록 만들어야 합니다. 소유의 무게를 줄이고 생각의 깊이를 더할 때, 당신은 AI도 흉내 낼 수 없는 삶의 주인공이 될 것입니다.

본문의 깊은 사유를 내 것으로 만들기 위해서는 눈으로 읽는 것을 넘어, 직접 손으로 기록하는 과정이 필요합니다. 오늘, 철학자들처럼 자신과 대화해 보세요.

# PART 1. 인문학의 지혜 적용하기

### 1. 물건 뒤에 숨은 '가짜 나'와 작별하기

에리히 프롬은 소유가 존재를 결정하지 않는다고 했지요. 하지만 우리는 곧잘 명품이나 유행하는 물건을 가져야만 내가 더 가치 있는 사람이 된 것 같은 착각에 빠지곤 합니다.

최근 한 달 동안, 정말 필요해서가 아니라 남들에게 뒤처지기 싫어서 혹은 허전한 마음을 채우려고 샀던 물건이 있나요? 그 물건을 샀을 때의 짧은 기쁨과 그 뒤에 찾아온 공허함을 솔직하게 기록하세요. 만약 그 물건이 없더라도 당신을 빛나게 해줄 당신만의 고유한 매력은 무엇인지 생각하며 문장을 완성하세요.

**예시)**

*SNS에서 유행하는 비싼 운동화를 샀다. 신었을 땐 당당한 기분이 들었지만, 집에 돌아와 신발장을 보니 결국 신발 하나가 늘었을 뿐 내 마음의 허기는 그대로였다. 신발이 없어도 나는 성실하게 내 길을 걷는 사람이라는 사실을 잊지 말아야겠다.*

### 2. 관계를 소유가 아닌 존재로 대하기

사랑을 소유로 착각하면 상대를 내 마음대로 휘두르고 싶어집니다. 지금 누군가를 내 뜻대로 바꾸려 하거나, 내가 해준 만큼 돌려받기를 기대하며 계산기를 톡톡 두드리고 있나요? 그의 이름을 적고, 그 사람을 독립된 하나의 세계로 인정하기 위해 내려놓아야 할 욕심이 뭔지 기록하세요.

**예시)**

*딸이 내가 원하는 대학에 가길 바라는 것은 대리 만족을 위해서였다. 아이가 스스로 그려나*

# PART 2. 독서 일기를 위한 네 가지 질문

### 1. 생각을 깨우는 인터러뱅interrobang의 마법

인터러뱅(?!)은 물음표(?)와 느낌표(!)가 하나로 합쳐진 기호입니다. 오늘 읽은 글이 당신의 익숙한 세계에 던진 가장 날카로운 물음표는 무엇인가요? 그 질문을 통해 새롭게 깨달은 감동의 느낌표를 함께 기록하세요.

[?] _______________________________________________________________

[!] _______________________________________________________________

### 2. 휴먼 라이브러리Human library

책은 때로 어떤 전문가보다 지혜로운 상담가가 되어줍니다. 당신의 고민에 답이 된 문장을 기록하세요.

### 3. 머릿속 생각의 틀 시원하게 부수기Break the Shell

그동안의 편견을 깬 도끼 같은 문장이 있나요? 그 문장을 통해 틀에 박힌 생각에서 벗어나 새로운 길을 발견했다면, 그 짜릿한 변화를 기록하세요.

### 4. 인생을 바꿀 한 문장: 당신의 가슴에 낙인처럼 찍힌 한마디는 무엇인가요?

삶의 거센 파도가 닥치고 뜻밖의 시련이 찾아올 때, 당신을 다시 일으켜 줄 단 하나의 문장은 무엇일까요? 본문 중에서 인생을 역전시킬 만큼 강렬한 에너지를 지닌 인두 같은 문장을 찾아 기록하고, 그 이유를 새겨보세요.

**오늘의 추천 도서**

『에리히 프롬과 현대성』, 라이너 풍크 저, 박규호 역, 영림카디널, 2003.

제1부 멘털 리셋

# 미움

누군가를 미워하느라
내 마음은 지옥

## 오늘의 인두 같은 한 문장

좋지 않은 사람은 좋은 사람의 거울이 된다. 타인을 통해 자신을 비춰보라.

- 노자(老子, 기원전 6세기경)

## 오늘의 핵심 메시지

숨 쉬는 소리조차 거슬리는 사람이 있다면, 상대의 문제가 아닙니다. 내 마음이 보내는 위험 신호입니다. 타인에게 던지는 비난은 내 열등감과 그림자가 밖으로 투사된 결과입니다. 칼 구스타프 융과 노자의 지혜를 빌려 타인이라는 거울 앞에 섭니다. 성난 손가락질을 멈추고 내 안의 상처 입은 자아를 안아주세요. 오늘은 미움에 갇힌 나에게 해방의 자유를 선언하는 날입니다.

# 그가 싫은 건, 내 상처가 아파서

유독 눈에 거슬리고 목소리도 듣기 싫은 사람은 직장이나 모임에 꼭 한 명씩 있습니다. 그의 말과 행동 하나하나가 신경을 사정없이 긁어대죠. 집에 돌아와도 분노는 좀체 가라앉지 않습니다. 씻으려고 욕실에 들어가도 그의 얼굴이 떠올라 씩씩댑니다. 자려고 누웠는데 낮에 들은 기분 나쁜 말투가 귓가에 맴돌아 잠을 설칩니다.

"그 인간은 대체 왜 그래?"

우리는 보통 분노의 원인을 상대의 못된 성격이나 무례한 행동에서 찾습니다. 하지만 그 사람만 문제일까요? 미움이라는 감정은 일방통행이 아닙니다. 상대가 내뿜는 부정적인 에너지보다 그 에너지를 증폭시키는 내 안의 수신기가 더 문제일 때가 많습니다. 미움은 내 영혼이 어딘가 고장 났으니 빨리 고쳐달라고 보내는 긴급 구조 신호니까요. 이 감정은 단순한 성격 차이에서 나오지 않습니다. 타인을 향한 비판은 인정하고 싶지 않은 내 그림자가 외치는 비명입니다.

혐오와 갈등이 판치는 시대, 우리는 미워하는 데 막대한 에너지를 낭비합니다. 그 파괴적 에너지는 부메랑이 되어 내 소중한 일상을 갉아먹고, 삶을 바라보는 나의 시선을 황폐하게 만듭니다. 그렇다면 어떻게 미움의 고리를 끊고 평화를 되찾을까요? 이제 그 해답을 찾기 위해 노자와 칼 구스타프 융의 지혜를 빌려 미움의 정체를 파헤쳐 봅시다.

나를 고통스럽게 하는 사람의 얼굴 뒤에 숨은 진실을 마주할 준비가 되었나요? 거울 속의 나를 만나는 일은 아프지만 가장 확실한 구원의 방편입니다.

# 미움의 고리를 끊으려면

왜 우리는 자꾸 남 탓을 할까요? 스위스의 분석심리학자 칼 구스타프 융(Carl Gustav Jung, 1875년~1961년)은 그림자라는 개념으로 그 수수께끼를 풉니다. 심리학에서의 그림자Shadow는 햇빛이 비칠 때 나타나는 실제 그림자처럼 일생 동안 우리 뒤를 졸졸 따라다니며 우리를 괴롭히는 존재입니다. 내가 인정하기 싫은 억눌린 나지요. 도덕이나 체면 때문에 의식 아래 눌려 있는 어두운 성격과 욕망의 파편들입니다.

우리는 자신의 그림자를 감당하기 힘들어 그 책임을 남에게 훌쩍 떠넘기지요. 심리학은 이것을 투사Projection라고 부릅니다. 투사가 일어날 때 우리는 거친 말투로 남을 비난합니다. "표정이 왜 저래?", "사람 참 덜 됐어.", "왜 저렇게 건방지지?" 같은 말들은 내 결점을 감추려는 무의식의 발로입니다.

우리 주변에서 흔히 보는 사례를 하나 들까요?

평소 점잖고 도덕적이라고 칭송받는 공직자가 있습니다. 그런데 그는 부정부패에 관한 TV 뉴스를 들으면서 지나치다 싶을 만큼 화를 냅니다. "저런 인간은 사회에서 격리해야 해! 정말 위선적이고 파렴치하군!"이라며 목소리를 높이는군요. 그런데 나중에 알고 보니 이 사람도 부정하게 뒷돈을 챙기는 사람이었습니다.

왜 이런 일이 벌어질까요? TV 뉴스 속의 범죄자가 마음 깊이 숨겨둔 그림자를 건드렸기 때문입니다. 내 안에도 추악한 면이 있다는 사실을 인정하기가 죽기보다 싫은 거지요. 그래서 내 안의 오물을 즉시 다른 사람에게 투척하는 셈입니다. 남을 거세게 비난할수록 나는 깨끗한 사람처럼 느껴지기 때문입니다. 비겁하게 타인을 쓰레기통쯤으로 여기는 거죠.

또 다른 예도 있습니다. 아내의 외도를 병적으로 의심하며 괴롭히는 한 남편의 이야기입니다. 아내는 결백했지만 남편의 의심은 좀처럼 멈추지 않네요. 대체 왜 그럴까요? 여기에는 두 가지 비겁한 진실이 숨어 있습니다.

첫째로 남편은 마음속 외도 욕구를 스스로 감당하지 못합니다. 나쁜 마음을 먹었다고 인정하기엔 자존심이 허락하지 않기 때문이죠. 그래서 아내에게 오물을 덮어씌웁니다. 아내가 문제다, 아내가 바람기가 있다고 믿으며 자신을 철저히 속이는 중입니다. 둘째로 남편 자신이 아내 주변 남자에게 성적 매력을 느꼈을 가능성도 큽니다. "내 마음이 흔들리는데 아내라고 안 흔들리겠어?"라는 무의식의 논리가 작동한 결과입니다.

결국 남편은 내면의 욕망을 아내라는 거울에 비춥니다. 그리고 그 거울을 향해 침을 뱉는 셈입니다. 악플과 혐오 표현도 이와 같은 맥락입니다. 누군가를 비난하는 진짜 이유는 그가 내 부끄러운 진실을 들춰내기 때문입니다.

그림자는 착한 사람이 되기 위해 억지로 쓰레기통에 처박아둔 내 일부입니다. 쓰레기를 치우지 않고 덮어 두면 나중에 악취가 진동하죠. 내가 저 사람을 왜 미워하는지 정직하게 돌아보세요. 그 질문 끝에서 도망치고 싶었던 진짜 나를 만날 겁니다.


우리는 흔히 내가 싫어하는 사람에게서 내 결핍을 발견합니다. 유달리 돈을 밝히는 사람을 경멸한다면, 내가 돈에 연연하는 속물일 가능성이 높죠. 잘난 척하는 동료가 꼴 보기 싫다면, 내가 평상시에 거드름을 피우는 인간일지도 모릅니다. 미움은 이처럼 숨기고 싶은 비밀이 드러나는 통로입니다.

이 감정의 투사는 관계의 숨통을 조이는 밧줄이 되기도 합니다. 자존감이 낮은 부모가 자녀의 실수에 불같이 화를 내는 이유는 자기의 열등감 때문이죠. 내 감정을 상대에게 뒤집어씌우면 그 관계는 무너지게 되어 있습니다.

이제 남을 향해 뻗었던 손가락을 천천히 거두세요. 그리고 "왜 이렇게 민감하게 반응할까?"라고 조용히 자신에게 물으세요. 이 질문은 고통스럽지만 나를 가둔 감옥에서 나가기 위한 유일한 열쇠입니다. 내 그림자를 인정할 때, 타인을 있는 그대로 바라볼 여유가 생깁니다.

뉴욕 칼 융 연구소의 창립 멤버인 에드워드 위트몽(Edward c. Whitmont, 1912년~1998년)은 그림자는 이상적인 자아가 되기 위해 억눌러 온 인격의 일부라고 말합니다. 비난의 화살이 사실은 내 치부를 향하고 있음을 깨닫는 과정이 필요합니다. 그래야 미움과 분노의 고리를 끊을 수 있습니다. 내 그림자를 직시하는 용기만이 우리를 타인이라는 지옥에서 탈출하게 만듭니다.

## 감정의 터닝 포인트

미움에서 벗어나려면 어떻게 해야 할까요? 고대 중국 철학자 노자(老 f, 기원전 6세기경)는 나쁜 사람은 착한 사람의 거울이라고 말합니다. 그는 타인을 통해 배우는 이 이치를 요묘要妙라고 합니다. 나를 화나게 하는 사람은 내 상태를 비추는 거울이라는 뜻이지요. 제 고백을 하나 들려드릴게요.

어느 날 아파트 진입 전 사거리에서 우회전을 해야 했습니다. 그런데 횡단보도에서 녹색등이 켜졌어요. 그래서 잠시 멈춰 기다렸습니다. 그런데 뒤차가 계속 경적을 울리며 전조등을 번쩍입니다. 그러다 갑자기 제 앞을 가로막더니, 운전자가 창문을 열고 문신을 새긴 팔을 내밀어 차마 입에 담지 못할 욕설을 퍼붓습니다. 저는 일절 대응하지 않았습니다. 겉보기에는 잘 참았죠.

하지만 집에 돌아온 뒤 그의 잔상이 저를 괴롭힙니다. 이때 깨닫습니다. 남을 미워할 때 어둠에 사로잡혀 고통받는 건 나라는 사실을. 그 문신남은 저를 잊었지만 저는 미움에 사로잡혀 허우적댔으니까요.

노자가 말한 요묘要妙는 미움을 성찰로 바꾸는 담금질입니다. 나를 괴롭히는 사람은 내 인격의 날카로운 모서리를 깎아내기 위해 쓰이는 고마운 숫돌입니다. 그를 미워하는 대신, 내 안의 무엇이 반응하는지 살피세요. 거울이 더럽다고 그 거울을 깨뜨려봐야 내 얼룩은 사라지지 않습니다.

우리는 상대를 용서하면서 자비를 베푸는 양 생색냅니다. 하지만 용서는 나를 위한 이기적인 선택입니다. 미움의 줄을 끊지 못하면 평생 그의 영향력 아래 있어야 하니까요.

내 안의 폭력성과 무례함을 인정하면 세상이 달리 보입니다. 거리에서 무례한 사람을 만나도 나에게도 저런 면이 있다고 가볍게 넘길 수 있습니다. 이는 도덕적 결벽증에서 벗어나 인간의 본질을 수용하는 지혜로운 태도입니다. 내가 완벽하지 않다는 고백은 타인의 부족함을 견디게 하는 든든한 힘이 됩니다.

상대를 뜯어고치는 일은 불가능에 가깝습니다. 하지만 내 마음의 온도를 조절하는 일은 언제라도 가능합니다. 미움의 불길에 기름을 붓지 마세요. 지금 내 안의 어떤 그림자가 말을 거는지 들여다보세요. 이 멈춤이 당신을 지옥에서 천국으로 옮겨놓을 겁니다. 상대를 위해서가 아닙니다. 미움에 잠식되어 나락으로 치닫는 나를 위해서입니다. 내게도 이런 면이 있다는 사실을 인정하면 상대의 행동에서 자유로워집니다. 이것이 상대를 뜯어고치려는 헛된 시도를 거두고 나에 집중할 때 얻는 값진 보물입니다.

# 우리, 화해의 정원에서

처음 질문으로 돌아갑니다. 그 사람 때문에 일상이 지옥인가요? 내 미움은 정당해 보이고, 내가 도덕적 우위에 서 있다는 착각을 불러일으킵니다. 그러나 우리가 타인에게서 발견하는 참을 수 없는 결함은 내면에 은밀하게 도사리고 있는 그림자의 투영입니다.

누군가를 싫어하는 진짜 이유는 그가 나 스스로에게 금지한 욕망과 태도를 아무렇지 않게 노출하기 때문입니다. 내가 억압한 이기심, 공격성을 다른 사람이 투명하게 드러낼 때, 우리의 무의식은 격렬하게 반응합니다.

어둠을 부정할수록 우리 등 뒤에 늘어진 그림자는 거대해지고, 세상은 점점 미운 사람들로 가득 찹니다. 반대로 우리가 심연으로 내려가 자기와 대화를 시작할 때, 타인은 사랑과 용서가 필요한 약하고 불완전한 인간으로 보이게 됩니다.

미움에서 벗어난다는 것은 성인군자가 되는 과정이 아니라, 온전함을 회복하는 싸움입니다. 타인을 향한 미움으로 인생을 소진할지, 미움을 도약을 위한 정련精鍊의 기회로 삼을지 선택할 때가 왔습니다. 저 사람의 어떤 행동이 내 그림자를 건드리는지 자신을 붙들고 끈질기게 물어보세요. 내 못난 점도 포용할 줄 알아야 우울의 먹구름 너머 화창한 봄날을 향유할 수 있습니다.

본문의 깊은 사유를 내 것으로 만들기 위해서는 눈으로 읽는 것을 넘어, 직접 손으로 기록하는 과정이 필요합니다. 오늘, 철학자들처럼 자신과 대화해 보세요.

# PART 1. 인문학의 지혜 적용하기

### 1. 내 안의 그림자가 보낸 SOS

칼 구스타프 융은 누군가 거슬린다면, 상대방에게 내 그림자가 투사되었을 가능성이 높다고 말합니다. 남을 비난함으로써 내가 깨끗한 것 같다는 착각에 빠져서는 안 되겠죠.

오늘 당신의 신경을 날카롭게 긁어댔던 그 사람의 행동 하나를 떠올려 보세요. 혹시 그 모습이 나의 약점이나 결핍을 닮지 않았나요? 내 그림자가 뭐라고 말하는지, 도망치고 싶었던 내 모습은 무엇인지 기록하세요.

**예시)**

*동료가 성과에 대한 자랑을 늘어놓는 모습이 보기 싫었다. 생각해 보니, 나도 누구보다도 인정받고 싶지만 겸손해야 한다는 생각에 입을 다문 것뿐이다. 속으로는 남들이 알아주기를 바랐다. 내 인정 욕구를 동료를 통해 깨닫게 됐다.*

### 2. 미움을 성찰로 바꾸는 요묘 要妙

노자는 나쁜 사람도 좋은 사람의 거울이 된다고 했습니다. 마음에 안 드는 사람이 있나요? 그의 무례함이나 이기심이 어떤 가르침을 주나요? 용서는 우리를 꼼짝 못하게 만든 미움의 족쇄를 푸는 열쇠입니다. 나 자신을 위해 오늘 내릴 수 있는 영리한 선택은 무엇인지 기록하세요.

**예시)**

*무례한 운전자를 보며 왈칵 화를 내기보다, 내 폭력성을 길들이는 훈련의 기회로 삼기로 했다. 퇴근 후 가족과 보내는 저녁 시간을 망치고 싶지 않다. 행복한 마음으로 하루를 마감하는*

# PART 2. 독서 일기를 위한 네 가지 질문

### 1. 생각을 깨우는 인터러뱅interrobang의 마법

인터러뱅(?!)은 물음표(?)와 느낌표(!)가 하나로 합쳐진 기호입니다. 오늘 읽은 글이 당신의 익숙한 세계에 던진 가장 날카로운 물음표는 무엇인가요? 그 질문을 통해 새롭게 깨달은 감동의 느낌표를 함께 기록하세요.

[?] _______________________________________________

[!] _______________________________________________

### 2. 휴먼 라이브러리Human library

책은 때로 어떤 전문가보다 지혜로운 상담가가 되어줍니다. 당신의 고민에 답이 된 문장을 기록하세요.

### 3. 머릿속 생각의 틀 시원하게 부수기Break the Shell

나의 낡은 편견을 깨부순 '도끼' 같은 문장이 있었나요? 그 문장을 통해 익숙한 습관 속에 숨겨져 있던 '새로운 길'을 발견했다면, 그 짜릿한 변화를 기록하세요.

### 4. 인생을 바꿀 한 문장: 당신의 가슴에 낙인처럼 찍힌 한마디는 무엇인가요?

삶의 거센 파도가 닥치고 뜻밖의 시련이 찾아올 때, 당신을 다시 일으켜 줄 단 하나의 문장은 무엇일까요? 본문 중에서 인생을 역전시킬 만큼 강렬한 에너지를 지닌 인두 같은 문장을 찾아 기록하고, 그 이유를 새겨보세요.

**오늘의 추천 도서**

『내 그림자에게 말 걸기』, 로버트 존슨 저, 신선해 역, 가나출판사, 2020.

다시, 읽는 인간 HOMO LECTIO

# 인생 역전

무너진 일상을 다시 일으키려면

# 제2부

# 무기력



## 내면의 엔진이
## 꺼진 이유

### 오늘의 인두 같은 한 문장

나를 죽이지 못하는 고통은 나를 더 강하게 만들 뿐이다. 네 운명을 사랑하라(Amor Fati).

*- 프리드리히 니체(Friedrich Nietzsche, 1844년~1900년)*

## 오늘의 핵심 메시지

무기력한 상태는 단순히 기운이 없는 상태가 아닙니다. 삶의 주권을 남에게 넘기고, 안락함이라는 소파에서 일어나지 못할 때 찾아오는 영혼의 병입니다. 니체는 묻습니다. 남이 정한 길을 따라가며 안도하는 '최후의 인간'으로 남을 것인가, 아니면 고통 속에서 독보적인 가치를 빚어내는 '초인Übermensch, 위버멘쉬'이 될 것인가. 무기력을 돌파하는 힘은 내 운명을 온전히 껴안는 태도에서 시작됩니다.

# 충전이 필요해

아침에 눈을 뜨는 게 설레나요? 한숨부터 나오나요? 우리는 습관처럼 이번 생은 망했다고 내뱉습니다. 로또 같은 요행을 바라거나 부질없는 희망 뒤로 숨기도 하죠. 고통은 피하되 노력은 하기 싫습니다. 무기력은 평범한 게으름의 문제가 아닙니다. 내 삶의 결정권이 남의 손에 넘어갔을 때 영혼이 보내는 비명입니다. 그냥 내버려두면, 영혼에 끼는 두터운 녹이 되어 마음의 동력을 모조리 갉아먹죠. 그러니 남들이 짜놓은 판 위에서 수동적으로 움직이지 마세요. 삶의 주인 자리를 비워두면, 불안과 허무가 그 공간을 대신할 테니까요.

시련 없는 평화가 과연 존재할까요? 인생이라는 그림은 즐거움과 괴로움이 씨줄과 날줄처럼 얽혀 있습니다. 눈앞의 힘든 일이 언젠가 거저 해결될 거라고 믿는다면, 그건 껍질이 까져 빨갛게 드러난 상처를 방치하는 행위입니다. 더 이상 삶의 방관자가 되지 마세요.

마취에서 깨어나려면 통증이 따르기 마련입니다. 통증은 당신이 살아 있다는 분명한 증거죠. 익숙하다고 절망에 머무는 것은 후에 더 큰 후회를 불러올 위험한 선택입니다. 편안하고 안전한 길만 걷다가는 아무것도 아닌 사람으로 끝나게 됩니다.

오늘은 독일 철학자 프리드리히 니체의 망치를 들어 낡은 운명론을 철저히 부수려 합니다.

# 온실 속 화초는 그만

앞서 말한 무력감은 현대의 뿌리 깊은 허무주의의 연장선에 있습니다. 절대적인 의미와 가치가 사라진 세상에서 우리는 길을 잃고 헤맵니다. 이때 두 가지 선택지가 있죠. 초인Übermensch이 되거나, 최후의 인간으로 남는 것입니다. 니체는 위버멘쉬(초인)라는 이상향을 제시하기 위해 그 반대급부인 최후의 인간을 보여줍니다.

최후의 인간은 아무 고민 없이 안락함과 생존만을 추구하며, 창조적 의지를 상실한 존재를 뜻합니다. 우리 시대를 보세요. 시류에 뒤처질까 안달하며 주식, 코인 투자에 뛰어들고, 서울에 남부럽지 않은 집 한 채를 마련하리라는 욕심에 영혼의 소리는 잊은 지 오래입니다.

그런데 참 이상한 일입니다. 안락에 중독된 이들이 누구보다도 초조하고 부산해 보입니다. 신경과민인가 싶죠. 의미라는 인생의 닻을 잃어버린 사람은 남보다 빨리 가는 것에서 존재 가치를 확보하려 합니다. 목적지도 모른 채 앞서야 한다는 일념에 사로잡힌 것이죠. 왜 그럴까요? 공허함을 채우려고 속도와 효율에 집착하기 때문입니다. 잘 살고 있다는 걸 증명하고 싶으니까요. 내면에 가득 차 있어야 할 정신의 힘이 바닥나면, 그 결핍을 불안과 초조로 메꾸려 하는 게 인지상정입니다. 이런 상태에서는 타인을 배려할 여유가 없습니다. 이런 사람을 니체는 최후의 인간이라고 부릅니다.


절대적 신이 사라진 최후의 인간들 사이에는 새로운 여신이 등극합니다. 예를 들어 건강과 아름다움 같은 거죠. 외모를 가꾸는 것 자체가 잘못은 아닙니다. 다만 외모지상주의의 밑바닥에는 영혼의 목적지를 잃은 대중의 본성이 깔려 있습니다. 눈에 보이는 육체를 완벽하게 통제해서 불안을 잠재우고 싶은 것이죠. 내면의 가치를 증명할 길이 없으니 매끈한 피부와 탄탄한 근육으로 살아 있음을 확인받고 싶어 합니다. 겉모습에 매달리는 집착은 최후의 인간이 보여주는 슬픈 자화상입니다.

이탈리아의 철학자 조르조 아감벤(Giorgio Agamben, 1942~)은 이를 호모 사케르Homo Sacer라고 명명합니다. 아감벤은 현대 사회를 거대한 수용소로 봅니다. 거기 갇힌 무기력한 호모 사케르는 "내가 무엇을 해도 세상은 변하지 않는다"고 자조합니다. 삶에 대한 주도권을 포기하는 거죠.

숏폼, 쇼핑 중독도 우리를 생각, 즉 사유의 정지 상태로 몰아넣습니다. 특히, 연중무휴의 오락장이라 할 스마트폰이 늘 손바닥 위에서 우리를 유혹하죠. 침대 위에서 엄지손가락 하나로 세상을 유랑하고, 혼밥과 함께 하는 숏폼 영상이 베프인 당신. 남들이 산 물건을 장바구니에 담으며 내일은 더 행복할 거라고 자위하는 당신. 유○브와 SNS는 당신에게 속삭입니다. "애쓰지 마, 골치 아프게 생각하지 말고 이 영상이나 봐."

현대판 호모 사케르는 육체적으로 죽임을 당하지는 않지만, 사회적 · 정신적으로 살해당합니다. 우리 식으로 말하면 존엄성을 잃고 그저 하루하루 버티는 거죠. 노동과 성과를 강요하는 사회에서 왜 사는지를 잊고 성실한 톱니바퀴로 사는 겁니다. 안타깝게도 그 기계적인 움직임 속에 진짜 나는 흔적 없이 사라집니다.

이에 니체는 "너의 고독 속으로 도망쳐라! 너는 작고 가련한 자들에게 너무 가까이 살고 있다"고 역설합니다. 지금 당신의 손에서 스마트폰을 던져 버리고, 독서라는 고독한 공간으로 들어가십시오. 거기서 수천 년 전의 거인들과 진지하게 대화를 하십시오. 유○브의 짧은 요약본에서는 접할 수 없는 깊은 사유의 무게를 느끼십시오. 문장 하나하나에 밑줄을 그으며 인식의 지평을 확장할 때, 책 속의 활자가 영혼에 상처를 낼 때, 그 틈으로 불쑥 생명의 의지가 솟구칠 것입니다.

# 이제는 일어날 시간

　안락함이라는 감옥에서 무기력하게 죽어가는 최후의 인간을 넘어설 유일한 길은 초인Übermensch이 되는 일이지요. 초인은 현재에 안주하지 않고 스스로 새로운 의미를 만드는 사람입니다. 독일어로 위버Über는 '넘어서는', 멘쉬Mensch는 '인간'을 뜻합니다. 즉, 끊임없이 어제의 나를 넘어서는 인간을 일컫죠. 초인은 유행을 좇지 않고 삶의 본질에 집중합니다.

　예를 들어 볼까요? 요즘은 다들 아파트 평수를 넓히는 데 급급하지요. 화장실 하나짜리 집에서 두 개짜리로 이사하는 게 평생의 꿈이 되곤 하네요. 실제로 화장실 개수 늘리는 꿈만 꾸다가 생을 마감하는 사람도 참 많습니다. 이 말은 죽을 때 그 사람의 가치가 고작 화장실 개수로 평가된다는 뜻이기도 하지요. 이것이 바로 니체가 경고한 '최후의 인간'의 비참한 모습이지요.

　반면, 대기업 부장이어도 더 높은 임원이 되려고 밤낮없이 일하기보다, 부하직원의 실수나 미숙함을 묵묵히 채워주는 여유를 가진 사람이 있습니다. 사회복지사라면 안정적인 연금을 위해 사회복지 전담 공무원이 될 수도 있지요. 하지만 편하게 책상에 앉아 민원만 받지 않고, 남들이 꺼리는 고생을 사서 하는 복지사도 있습니다. 복지 사각지대에 놓인 이웃은 없는지 굳이 현장으로 나가 살피는 수고를 기꺼이 감당하지요. 이들은 자신의 유익을 좇아 적당히 편하게 살 수 있는데도, 안 해도 되는 수고를 행복하게 짊어집니다. 이들이야말로 니체가 말하는 진짜 초인이지요.

왜 이들을 가리켜 초인이라고 할까요? 이 지점에서 니체는 '영혼'이라는 아주 중요한 화두를 던집니다. 니체는 이 순간을 긍정하는 사람에게 비로소 영혼이 생긴다고 말해요. 영혼을 뜻하는 그리스어 아우토키네톤αὐτοκίνητον, autokineton은 '스스로 움직이는 것'이라는 뜻입니다. 인간은 껍데기뿐인 기계와 달리 영혼을 가지고 있지요. 그런데 안타깝게도 최후의 인간은 마치 영혼이 없는 것처럼 살아갑니다. 남의 시선, 명예, 권력, 물질이 삶의 전부인 줄 알지요. 모든 가치가 그저 땅바닥에 머물러 있습니다. 니체는 이들을 가리켜 '영혼이 없는 기계'의 움직임과 같다고 꼬집었어요. 겉으로는 분주해 보이지만 속은 텅 빈 상태이지요. 이들은 더 큰 삶의 가치가 있다는 사실을 잊은 채, 영혼이 들려주는 묵직한 음성을 철저히 무시합니다.

집에서 반려견이나 반려묘를 키우는 분들은 아마 느끼실 겁니다. 이 동물들은 영혼이 없기 때문에 먹고, 마시고, 잠자는 본능만 매일 반복하지요. 그런데 우리 인간마저 고작 이런 짐승의 본능에만 집중하며 살아가려 합니다. 유명한 호텔에서 호캉스를 즐기는 게 유일한 낙인 사람, 호텔에서 비싼 망고 빙수를 먹는 꿈, 유럽을 횡단하는 크루즈 여행만이 인생의 전부인 것처럼 사는 삶이지요.

"짐승은 죽어서 가죽을 남기고 인간은 이름을 남겨야 한다"는 헛된 명예욕에 사로잡혀, 정작 내 안에서 스스로 움직이는 영혼의 동력은 꺼트린 채 살아가고 있는 겁니다.


이런 안락함에 취한 삶은 결국 우리의 영혼을 병들고 잠들게 합니다. 반대로 진정으로 깨어난 영혼은 우리에게 전혀 다른 곳을 보라고 속삭이지요. 소아암 병동에서 힘겹게 생명을 이어가는 아이들을 보라고 말합니다. 마실 물이 없어 오염된 물을 먹는 이들, 단칸방 지하에서 라면 한 끼로 하루를 연명하는 이웃을 보라고 외치네요. 우리 영혼은 세상의 아픔을 향해

'열정'을 품으라고 계속해서 일깨워 줍니다.

여기서 갑자기 타인의 고통을 보라며 열정을 이야기하니 조금 낯설게 들리시나요? 이것이 바로 앞서 말한 대기업 부장과 사회복지사가 기꺼이 고생을 사서 하는 이유와 연결됩니다. 열정은 단순히 신나고 즐거운 에너지가 아닙니다. 고통을 감내하면서까지 끝까지 밀고 나가는 무거운 힘이지요. 열정에 해당하는 영어 단어 Passion의 뿌리를 들여다보면 '고통'이라는 의미와 정확히 맞닿아 있습니다. 열정의 어원은 라틴어 Passio(파시오)입니다. 이 단어는 '겪다', '참다', '고통받다'라는 뜻을 품고 있지요. 원래 이 단어는 내가 주도적으로 무언가를 즐기는 게 아니라, 외부의 힘에 의해 고통을 당하는 수동적인 상태를 뜻했습니다.

아주 쉽게 말씀드릴게요. 영혼이 제대로 깨어난 인생은 나 혼자만의 얄팍한 즐거움만 추구하지 못합니다. 나도 누군가에게 빚을 진 인생으로 살아 숨 쉬고 있음을 깨닫기 때문이지요. 이런 빚진 자의 의식을 가지게 되니, 기꺼이 다른 사람의 고통Passio에 동참하며 수고를 짊어지게 됩니다.

그런데 참으로 놀라운 사실이 있어요. 우리 영혼이 이렇게 타인의 고통을 끌어안으며 제 역할을 다할 때, 오히려 세상의 물질이 주지 못하는 벅찬 기쁨을 누리게 된다는 겁니다. 안 해도 되는 수고를 감당하며 행복해하는 초인의 비밀이 바로 여기에 있지요.


자, 이제 조용히 묻고 싶습니다. 지금 여러분은 어떤 삶에 열정을 쏟고 계신가요?

만일 여러분의 꿈이 그저 "나도 부자가 되어서 좋은 아파트에 살아야지.", "열심히 학위를 마치고 안정적인 교수로 임용되어야지.", "어떤 주식을 사야 내 재산을 불릴 수 있을까?"에만 머물러 있다면, 우리는 진짜 가난한 사람이 되고 맙니다. 고작 그런 세속적인 조건들만이 인간의 유일한 성취가 되어서는 안 되지요.

그것만 바라보고 살면 우리의 삶은 늘 고통스럽습니다. 아무리 발버둥 쳐도 뜻대로 되지 않는 성공과 실패를 쳇바퀴 돌듯 반복하다가, 결국 깊은 침체의 늪에 빠져 허우적대고 말 테니까요.

여러분, 가난해도 괜찮습니다. 실패해도 괜찮습니다. 내가 간절히 꿈꾸던 직장에 못 들어가도 괜찮습니다. 그렇게 밤낮없이 공부해서 석박사 학위를 취득했는데 당장 취업이 안 돼도 괜찮습니다. 세상 사람들이 세상의 잣대만 들이밀며 여러분을 향해 실패한 인생, 운 없는 인생이라고 생각 없이 떠들어델 때, 절대 그 가벼운 말에 상처받지 마세요. 인생의 진실은 그게 아니니까요.

여러분 앞에는 내가 계획하지도, 전혀 예상하지도 못한 '또 다른 길'이 반드시 열린다는 사실을 굳게 믿으세요. 그리고 그저 오늘 하루, 지금 내게 주어진 일에 묵묵히 최선을 다하면 됩니다.

이것이 바로 니체가 우리에게 그토록 전하고 싶었던 핵심입니다. 니체가 말한 아모르 파티 Amor Fati, 즉 '운명애'의 진짜 얼굴이지요. 네 운명을 사랑하라는 이 말은, 실패한 현실 앞에서 그저 팔자려니 하고 무기력하게 체념하라는 뜻이 절대 아닙니다.

비록 내 계획대로 풀리지 않은 뼈아픈 시련일지라도, 그 안에서 반드시 열릴 새로운 길을 믿으며 오늘을 단단하게 살아내는 것. 남들이 우러러보는 성공이 없어도 내게 주어진 삶을 능동적으로 껴안는 것. 그것이 온갖 고통을 넘어 내 운명의 진짜 주인이 되는 가장 묵직하고 위대한 도전입니다.

# 챌린지 밈<sub>meme</sub> 대신 나만의 막춤을

처음 질문으로 돌아갑니다. 눈을 떠도 기대할 것 없는 하루, "이번 생은 망했다."라는 무기력 앞에서 무엇을 해야 할까요? 프리드리히 니체는 단호하게 외칩니다.

"네 운명을 사랑하라!"

이것은 체념이 아닙니다. 정처 없이 남이 정한 길을 걷는 최후의 인간이 되기를 거부하세요. 안정이고 편안한 삶만 찾다가는 아무 흔적도 없이 사라집니다. 가치를 창조하는 초인이 되세요. 나를 죽이지 못하는 고통은 나를 강하게 만들 뿐입니다. "내 인생은 왜 이럴까." 한탄할 시간에 "이 고통으로 어떤 근육을 키울까?"를 질문하세요. 역경을 나를 단련하는 운동 기구로 삼으세요.

아무도 나를 보지 않고 어떤 보상도 없다면, 뭘 할 때 제일 가슴이 뛰나요? 당신의 가슴이 시키는 일을 하세요. 실패해도 괜찮습니다. 비가 오면 비를 맞으며 춤을 추고, 바람이 불면 바람을 타고 날아오르세요. 무기력은 인생의 운전대를 놓을 때 찾아오는 병입니다. 다시 핸들을 잡고 있는 힘을 다해 액셀을 밟으세요. 무대 뒤에 숨어 남을 부러워하지 말고 지금 당장 무대 위로 올라가세요. 내가 사랑한 운명이 곧 내가 됩니다. 생(生)이 끝날 때까지 내 리듬에 맞춰 멋진 춤을 추며 나아가세요.

본문의 깊은 사유를 내 것으로 만들기 위해서는 눈으로 읽는 것을 넘어, 직접 손으로 기록하는 과정이 필요합니다. 오늘, 철학자들처럼 나 자신과 대화해 보세요.

# PART 1. 인문학의 지혜 적용하기

### 1. 최후의 인간에서 벗어나 엔진의 시동 걸기

니체는 안락함을 목적 삼아 남의 속도에 맞춰 사는 군상들을 최후의 인간이라 불렀습니다. 자기 자신이 움직이는 아우토키네톤을 잃어버리면, 겉으로 바빠도 속은 무기력한 상태에 빠집니다.

오늘 하루, 정말 원해서 한다기보다 뒤처질까 봐 불안해서 혹은 스마트폰을 보며 흘려보낸 시간이 얼마나 되나요? 남이 밀어줘야 움직이는 수레처럼 수동적이었던 시간을 계산해 보세요. 그리고 나를 가슴 뛰게 하는 작은 목표를 정해보세요.

**예시)**

*퇴근 후 아무 생각 없이 두 시간이나 숏폼 영상을 봤다. 남의 일상이나 구경하며 시간을 낭비하니 찝찝한 기분이다. 내일부터는 읽으려고 사놓고 그냥 책장에 꽂아 놓은 책들을 10페이지씩 읽으면서 내 영혼의 엔진을 스스로 돌려보겠다.*

### 2. 내 운명의 가장 못난 조각을 사랑하기, '아모르 파티'

인생은 즐거움과 괴로움이 섞인 직물과 같습니다. 시련을 피하려고만 하면 우리는 영원히 온실 속 화초로 남게 되지요. 니체는 나를 죽이지 못하는 고통이 나를 더 강하게 만든다고 했습니다.

지금 당신의 운명 중에서 가장 마음에 안 들어 버리고 싶은 못난 조각 하나를 골라보세요. 그 조각을 원망하며 에너지를 쓰는 대신, 그것을 나를 단련하는 숫돌로 삼아본다면 어떻게 바꿀 수 있을까요? 그 결핍이 나에게 어떤 단단한 근육을 만들어주고 있는지, 내 운명을 기어이 껴안는 초인의 시선으로 기록하세요.

**예시)**

늘 남보다 느린 내 일처리 속도가 불만이었다. 하지만 이 느림 덕분에 나는 누구보다 꼼꼼하게 본질을 들여다볼 수 있는 근육을 키웠다. 이 지독한 느림 또한 내 운명의 소중한 조각임을 인정하고, 이를 활용해 나만의 깊이 있는 결과물을 만들어내기로 했다.

# PART 2. 독서 일기를 위한 네 가지 질문

### 1. 생각을 깨우는 인터러뱅interrobang의 마법

인터러뱅(?!)은 물음표(?)와 느낌표(!)가 하나로 합쳐진 기호입니다. 오늘 읽은 글이 당신의 익숙한 세계에 던진 가장 날카로운 물음표는 무엇인가요? 그 질문을 통해 새롭게 깨달은 감동의 느낌표를 함께 기록하세요.

[?] ______________________________________________

[!] ______________________________________________

### 2. 휴먼 라이브러리Human library

책은 때로 어떤 전문가보다 지혜로운 상담가가 되어줍니다. 당신의 고민에 답이 된 문장을 기록하세요.

### 3. 머릿속 생각의 틀 시원하게 부수기Break the Shell

그동안의 편견을 깬 도끼 같은 문장이 있나요? 그 문장을 통해 틀에 박힌 생각에서 벗어나 새로운 길을 발견했다면, 그 짜릿한 변화를 기록하세요.

### 4. 인생을 바꿀 한 문장: 당신의 가슴에 낙인처럼 찍힌 한마디는 무엇인가요?

삶의 거센 파도가 닥치고 뜻밖의 시련이 찾아올 때, 당신을 다시 일으켜 줄 단 하나의 문장은 무엇일까요? 본문 중에서 인생을 역전시킬 만큼 강렬한 에너지를 지닌 인두 같은 문장을 찾아 기록하고, 그 이유를 새겨보세요.

**오늘의 추천 도서**

『인생교과서 니체: 너의 운명을 사랑하라』, 이진우·백승영 공저, 21세기북스, 2016.

**제2부** 인생 역전

# 권태

어제 같은 오늘,
오늘 같은 내일

## 오늘의 인두 같은 한 문장

그것을 위해서라면 살 수도 있고 죽을 수도 있는 나만의 이념을 찾아라.

*- 쇠렌 키에르케고르(Søren Kierkegaard, 1813년~1855년)*

## 오늘의 핵심 메시지

입 밖으로 내뱉는 순간, 삶의 모든 농도가 옅어지는 마법의 주문이 있습니다. 바로 "그게 그거지 뭐."라는 냉소입니다. 이 문장은 달관이 아니라 더 이상 경이로울 것도, 투쟁할 것도 없다고 단언하는 영혼의 항복 선언문입니다. 이 말 한마디에 아침에 일어나 마시는 커피 한잔의 쌉싸름함도, 퇴근길 붉게 물든 노을의 경이도 무의미로 격하됩니다. 고정관념은 우리를 보호하는 대신, 외부의 신선한 생명력을 차단하는 두터운 방음벽이 되었습니다. 하지만 권태는 영혼이 보내는 절실한 신호이기도 합니다.

> “이렇게 살지 마.”
> 오늘 쇠렌 키에르케고르와 함께 그것을 위해 살 수도, 죽을 수도 있
> 는 한 가지를 발견해 보려 합니다. 우리의 매일이 설렘으로 바뀔 수
> 있도록….

## 권태라는 불청객

작가 이상에게 권태는 아무 일 없는 평화가 아니라, 아무 일도 일어날 수 없는 절망이었습니다. 이상은 그의 수필 『권태』(권영민 역, 민음사, 2017)에서 끝없이 되풀이되는 풍경을 통해 그 절망감을 묘사합니다.

어제 본 마당의 싸리나무를 오늘도 봅니다. 어제처럼 이웃집 김 서방을 마주치고, 아침을 먹고 나도 할 일이 없습니다. 그의 앞에는 빈 도화지 같은 하루가 덩그러니 놓여 있습니다. 뭐라도 좋으니 빈칸을 채워보라고 하나 봅니다. 뭐라도 안 하면 견딜 수 없는 지루한 하루가 시작된 겁니다.

권태에 빠진 우리도 작가 이상의 절망을 말하지 않아도 이해합니다. 출근도, 식사도, 대화도 해야 하니까 하는 무채색의 행위입니다. 아침에 눈을 뜨면 스마트폰부터 확인합니다. 어제 본 쇼츠와 비슷한 영상, 어제와 같은 뉴스. 오전 9시 사무실 모니터가 켜지면 폰트 크기 11, 줄 간격 160% 같은 사소한 규격들이 내 세계의 전부입니다. 부장님의 잔소리는 배경음악이고, 커피 한잔의 각성 효과는 30분을 못 넘깁니다. 퇴근길에 지친 몸을 버스에 싣고 인별그램으로 연예인이 즐기는 오마카세를 구경하지만, 질투하기도 귀찮습니다.

주부라고 다를까요? 빨래 바구니를 비우면 설거지통이 차고, 집 안을 정

리하고 돌아서면 아이가 금세 바닥에 장난감을 늘어놓습니다. 티도 안 나는 이놈의 가사 노동에는 도무지 마침표가 없나 봅니다. 저녁 찬거리를 고민하며 마트 매대를 서성이다가 중얼거립니다.

"뭐 별거 있나, 이렇게 사는 거지."

겉으론 아무 문제없이 평온한데 속으론 이렇게 사는 게 맞나 의문이 듭니다. 몇 년이 지나도 바뀌지 않을 내 모습에 숨이 턱 막히죠. 철학에서는 이런 상태를 실존적 위기라고 칭합니다.

"나는 무엇을 위해 이토록 바쁘게 사는가?"

이 본질적인 질문에 대답하지 못할 때 영혼이 뿌리째 흔들립니다.

권태라는 불청객이 찾아올 때, 많은 사람이 이를 스트레스나 비타민 부족 정도로 여깁니다. 그래서 운동을 하거나 명상을 하는 등 응급처치에 급급하죠. 이런 활동도 당연히 기분 전환에 도움이 됩니다. 하지만 이는 엔진 오일 경고등이 켜졌는데 무시하고 달리는 차와 같습니다. 지금 당신이 느끼는 지루함은 변화가 필요하다는 영혼의 쪽지입니다. 그러하기에 권태는 역설적으로 구원의 시작입니다.

세상이 강요한 의미를 한꺼번에 걷어내세요. "그게 그거지 뭐."라는 허무를 끝까지 밀어붙여, 삶을 덮고 있던 가짜 의미들을 낱낱이 분해하는 것입니다. 텅 빈 캔버스 앞에 서야 내가 직접 그릴 그림의 윤곽이 보이기 때문입니다.

# 뭘 해도 재미없어

우리는 역사상 가장 많은 정보를 보유한 세대로 불립니다. 비극의 단초가 여기에 있죠. 아는 건 많은데, 인생의 길에 메마른 목을 축일 지혜의 우물은 바닥을 드러내고 있으니까요. 권태의 이유도 모른 채 삶을 땜질하듯 살아가는 우리에게 가장 시급한 건 무엇일까요?

덴마크 철학자 쇠렌 키에르케고르(Søren Kierkegaard, 1813년~1855년)는 현대인을 예리하게 비판합니다. 인생이라는 저택에서 정신과 영혼이라는 본채는 휑하니 비워두고, 육체적 쾌락과 물질이라는 지하실에만 머물려 한다고 말이죠. 그는 이를 심미적 인생관이라고 지칭합니다. 인생을 마치 쇼핑 리스트처럼 대하는 거죠.

심미적 단계에 머무는 사람은 언제나 새로운 자극을 찾아 타인의 욕망을 되새김질하며 살아갑니다. 유행하는 맛집에 가고 취미를 공유하나, 내 고유한 결단이 빠져 있습니다. 극도로 매운 음식, 자극적인 가십, 넷ㅇ릭스의 수만 가지 콘텐츠에 열광하면서 밋밋한 일상을 잊고 살아 있다는 감각을 느끼려고 바둥거립니다. 그럼에도 불구하고 그 끝은 매한가지죠. 이것이 이 시대의 역병인 지루함의 정체입니다.

사람을 만나도 궁금한 게 없고, 대화는 '그냥 그래.', '똑같지 뭐.'라는 답변으로 수렴됩니다. 메신저에서는 진심 어린 글귀 대신 의미 없는 이모티콘이나 'ㅋㅋㅋ'로 대화를 때웁니다. 관계도 교감이 아닌 정보 교환이나 의무로 변질됩니다. 내 삶이 권태로운데 타인의 삶이 궁금할 리 없습니다.


뇌는 권태를 고통으로 인식합니다. 한 실험에서는 아무것도 없는 방에 사람을 혼자 두자, 지루함을 견디지 못한 참가자 남성 중 67%, 여성 중 25%가 자신에게 전기 충격을 가하는 쪽을 택했습니다. 권태가 행복과 불행을 좌우한다는 반증이죠. 부와 명예를 손에 쥔 사람도 오늘도, 내일도 목적 없이 되풀이되는 인생에 허무를 느낍니다. 자신을 모르는 상태에서 얻은 성공은 사막 위의 신기루이기 때문입니다.

## 검색창에서 찾을 수 없는 삶의 의미

어느 날 문득 낯선 얼굴을 마주합니다. 눈동자엔 생기가 없고, 입가는 무표정에 길들어 있습니다. 아침부터 저녁까지 날마다 성실하게 하루를 해치웁니다. 지하철 안에서 수없이 다른 이들과 부딪히지만, 그 누구도 서로의 이름을 궁금해 하지 않습니다. 우리는 약속이나 한 듯이 직사각형 스크린으로 숨어들어, 드라마 주인공의 화려한 인생을 훔쳐보며 위로받으려 합니다. 그러다 필연적으로 내 존재가 지워진 삶이 가져오는 권태와 마주치죠.

권태는 인간을 이대로는 살 수 없다는 절망으로 밀어붙입니다. 그 벼랑 끝에서 인간은 비로소 죽음에 이르는 절망을 직시하고, 신 혹은 자기 존재 앞에 단독자로 서는 도약을 감행합니다. 인생의 전환이 절망으로부터 시작되는 거죠. 저서『키르케고르의 이것이냐 저것이냐 읽기』(이명곤 역, 세창미디어, 2017)에서 쇠렌 키에르케고르는 절망이 영혼을 깨우는 강력한 각성제라고 말했습니다. 우리는 비로소 타인이 원하는 모습이 아닌 진짜 자아를 마주하게 됩니다.

키에르케고르는 가족을 연달아 잃는 고통을 겪었습니다. 그 과정에서 머리로 아는 지식이 삶의 무게를 견디는 데 전혀 도움이 되지 않는다는 사실을 깨달았죠. 그가 어느 바닷가의 바위 위에서 찾은 답은 이것입니다.

"진리는 객관적인 정보가 아니다. 죽음 앞에서도 후회 없이 이것을 위해 살았다고 말할 수 있는 절대적 가치가 나의 진리다.”

이 진리가 우리 영혼의 중심에 세워야 할 이념입니다.

제 지인 중에 대기업에 다니던 엄마가 있습니다. 태어나면서부터 앞을 못 보는 딸을 위해 자신의 꿈은 고이 접었죠. 거의 매일 재활치료를 위해 병원을 전전하지만, 이 삶은 결단코 낭비일 수 없습니다. 엄마 없이 하루도 살 수 없는 아이에게 생명을 나눠주고 있기 때문입니다. 제 또 다른 지인은 일류 대학병원의 교수 겸 의사로 평생을 보냈습니다. 그는 은퇴 후 아프리카 탄자니아에 병원을 세우고 외과 수술을 위한 의료 기술을 현지 의사들에게 전수했습니다. 시설도 장비도 제대로 갖추지 못한 열악한 곳에서 미래에 수많은 생명을 살릴 젊은 의사들을 가르치기 위해서입니다.

이들처럼 절대 가치를 지닌 사람은 일상의 지루함에 무너지지 않습니다. 자신이 왜 살아야 하는지가 분명하기 때문입니다.


우리가 권태에 시달리는 이유는 나보다 훨씬 더 큰 그 무엇이 없어서인지도 모릅니다. 바꿔 말하면, 사랑하고 책임져야 할 고귀한 책임과 부담이 필요합니다. 그 무게가 우리를 바닥에 단단히 고정시키는 닻이 되어 인생의 풍랑을 견디게 합니다.

그러한 삶의 의미는 검색창에서 찾아지지 않습니다. 화면을 끄고, 관심을 끌기 위해 아우성치는 외부로 향한 창문을 닫고, 소리 없는 시간 속에 될수록 오래 머무십시오. 갑작스레 자극이 차단된 방 안의 정적은 견디기 힘들지 모릅니다. 하지만 그 불안은 마비된 감각이 살아나고 있다는 반가운 소식입니다.

# 어린 시절처럼 가슴 뛰는 삶을 원한다면

처음 질문으로 돌아갑니다. 내일이 전혀 기대되지 않는 숨 막히는 권태 속에서 우리는 어떻게 살아야 할까요? 키에르케고르는 절벽 끝에서 우리에게 외칩니다. 남들이 내미는 정답 말고 그것을 위해서라면 죽어도 좋을 나만의 이념을 찾으라고요. 먹고사는 생존의 차원을 넘어, 가슴을 뛰게 하는 소명Calling을 찾으세요. 내가 무엇을 할 때 시간 가는 줄 모르는지, 무엇을 위해 열정을 바치고 싶은지 치열하게 고민하세요.

진리를 발견한 사람은 내일이 기대되고, 흑백이던 일상이 총천연색 모험으로 바뀝니다. 오늘 내가 흘린 땀방울의 의미를 알기 때문입니다. 비싼 물건이 주는 만족감은 삽시간에 물거품으로 변하지만, 절대 가치를 위해 헌신하는 기쁨은 갈수록 깊어집니다. 이것이 권태라는 어두운 터널을 너끈히 통과하게 만드는 등불입니다.

오늘 하루가 지루했다면, 다시 어린 시절처럼 가슴 뛰는 삶을 원한다면 자신에게 물으세요.

"고통을 피할 수 없다면, 나는 무엇을 위해 기꺼이 고통받을 것인가?"

오늘 밤 고요한 방에서 영혼과 독대하세요. 그리고 남은 인생을 무엇에 바칠 것인지 작정하세요. 누군가를 깊이 사랑하거나 해결되지 않은 세상의 아픔 하나를 내 몫으로 짊어지겠다고 결심한다면, 우리의 회색빛 시간은 다음 페이지로 넘어갈 것입니다.

본문의 깊은 사유를 내 것으로 만들기 위해서는 눈으로 읽는 것을 넘어, 직접 손으로 기록하는 과정이 필요합니다. 오늘, 철학자들처럼 자신과 대화해 보세요.

# PART 1. 인문학의 지혜 적용하기

### 1. 자조 섞인 웃음와 작별하기

권태는 아무 일도 없는 평화가 아닙니다. 더 이상 기대할 것이 없다는 영혼의 항복 선언문이지요.

최근 당신이 "그게 그거지 뭐." 혹은 "똑같지 뭐."라고 말한 적은 언제인가요? 당신의 마음이 '이렇게 살지 마.'라고 심장을 쿡 찌르는 문장을 찾으세요. 맛집 리스트나 최신 트렌드 말고, 당신의 감각을 깨운 사소한 경이로움이 무엇이었는지 기록하세요.

**예시)**

*매일 똑같은 서류 뭉치를 보며 "다 먹고살려고 하는 짓이지 뭐."라고 중얼거렸다. 하지만 오늘 퇴근길에 우연히 본 무지개가 너무 아름다워서 잠시 숨이 멎는 것 같았다. 내 영혼은 여전히 아름다운 것을 갈망하고 있는데, 내가 애써 무시하며 지하실에만 숨어 있었다는 사실을 깨달았다.*

### 2. 살 수도 죽을 수도 있는 이념 찾기

진리는 죽음 앞에서도 후회 없이 "이것을 위해 살았다."라고 말할 수 있는 절대적 가치입니다. 검색창에서는 찾을 수 없는, 당신이 기꺼이 고통을 감수하더라도 책임지고 싶은 가치는 무엇인가요? 당신만의 북극성, 그 소중한 이념 하나를 문장으로 기록하세요.

**예시)**

*나는 성장하는 즐거움을 나누며 살고 싶다. 당장의 승진이나 연봉보다, 내가 배운 지식으로 누군가의 앞길을 비춰줄 때 살아 있음을 느낀다. 그러기 위해서라면 지루한 공부와 스트레스*

# PART 2. 독서 일기를 위한 네 가지 질문

### 1. 생각을 깨우는 인터러뱅interrobang의 마법

인터러뱅(?!)은 물음표(?)와 느낌표(!)가 하나로 합쳐진 기호입니다. 오늘 읽은 글이 당신의 익숙한 세계에 던진 가장 날카로운 물음표는 무엇인가요? 그 질문을 통해 새롭게 깨달은 감동의 느낌표를 함께 기록하세요.

[?] ___________________________________________

[!] ___________________________________________


### 2. 휴먼 라이브러리Human library

책은 때로 어떤 전문가보다 지혜로운 상담가가 되어줍니다. 당신의 고민에 답이 된 문장을 기록하세요.


### 3. 머릿속 생각의 틀 시원하게 부수기Break the Shell

그동안의 편견을 깬 도끼 같은 문장이 있나요? 그 문장을 통해 틀에 박힌 생각에서 벗어나 새로운 길을 발견했다면, 그 짜릿한 변화를 기록하세요.


### 4. 인생을 바꿀 한 문장: 당신의 가슴에 낙인처럼 찍힌 한마디는 무엇인가요?

삶의 거센 파도가 닥치고 뜻밖의 시련이 찾아올 때, 당신을 다시 일으켜 줄 단 하나의 문장은 무엇일까요? 본문 중에서 인생을 역전시킬 만큼 강렬한 에너지를 지닌 인두 같은 문장을 찾아 기록하고, 그 이유를 새겨보세요.

.

**오늘의 추천 도서**

『키르케고르, 나로 존재하는 용기』, 고든 마리노 저, 강주헌 역, 김영사, 2019.


다시, 읽는 인간 HOMO LECTIO

# 중독

## 팍팍한 현실을
## 잊고 싶어서

### 오늘의 인두 같은 한 문장

쾌락을 뒤쫓는 자는 왕처럼 군림하려 하지만, 결국 자신이 즐기는 대상의 비참한 노예가 될 뿐이다.

- 쇠렌 키에르케고르 (Søren Kierkegaard, 1813년~1855년)

## 오늘의 핵심 메시지

우리는 고된 현실이 가져다준 공허와 우울을 피하려고 게임이나 도박, 탄수화물, 술과 마약 같은 자극에 의존합니다. 하지만 자극을 갈아타는 도피는 자기 파괴적입니다. 끈질긴 중독의 사슬을 끊으려면 욕망을 억누르는 것만으로는 부족합니다. 얄팍한 자극을 단번에 밀어낼 만큼 압도적이고 의미 있는 것, 나 아닌 무언가를 사랑해야 합니다. 가장 가치 있는 기쁨이 내면을 채울 때, 비로소 중독에서 벗어나 주체적 자유를 누리게 됩니다.

**제2부** 인생 역전

# "잊기 위해서지."

생텍쥐페리의 책 『어린왕자』(김보희 역, 페리버튼, 2025)를 기억하시나요? 어린왕자는 고향 별 B612를 떠나 세 번째 행성에서 술꾼을 만납니다. 그는 셀 수 없이 많은 술병 앞에 말없이 앉아 있었죠.

어린왕자가 묻습니다.

"왜 술을 마셔요?"

술꾼은 대답합니다. "잊기 위해서지."

측은한 마음이 든 어린왕자가 다시 묻습니다.

"무엇을 잊기 위해서요?"

그러자 술꾼은 푹 고개를 숙이며 서글픈 고백을 합니다.

"부끄럽다는 걸 잊기 위해서지. 내가 술을 마시고 있다는 사실이 부끄러워!"

이 짧은 대화는 우리 시대가 앓고 있는 중독의 본질을 아주 날카롭게 꿰뚫고 있습니다. 우리는 고통스러운 현실을 마주하기 두려울 때, 무언가에 기대어 스스로의 눈을 가려버리거든요. 현대인을 병들게 하는 중독은 크게 세 가지 모습으로 나타납니다.

첫 번째는 자극이라는 안개 속으로 도망치는 '쾌락 중독'입니다. 여기서 술은 단순히 알코올만을 뜻하지 않아요. 손에서 놓지 못하는 숏폼 영상, 밤새워 하는 게임, 도박과 마약까지 아주 다양합니다. 여기에 중독이라는 이름표가 붙는 순간, 목적은 단 하나가 됩니다. 팍팍한 현실의 고통을 외면하고 잊어버리는 거죠. 하지만 이런 감각적인 마취제는 깨어나고 나면 더 지독한 현실을 마주하게 만들 뿐입니다. 문제는 이 습관이 감각적인 쾌락에 국한되지 않는다는 점입니다.

두 번째는 사회적으로 박수까지 받는 교묘한 덫, 바로 '일중독'입니다. 재독 철학자 한병철은『피로사회』(김태환 역, 문학과지성사, 2012)에서 현대인이 스스로를 착취하여 탈진 상태에 이르렀다고 진단합니다. 사색적 삶을 잃고, 활동에 고착되어 중단하는 능력을 상실한 거죠.

번아웃Burn-out된 이들은 쉬지 않고 일해야 마음이 놓입니다. 푹 쉰 적이 별로 없다고 자랑합니다. 바쁘지 않을 때는 묘한 죄책감에 시달립니다. 타인의 칭찬과 인정을 통해 존재 가치를 확인하려고 스스로를 채찍질하고, 일의 효율과 성공에 집착합니다. 몸과 정신에 오래전에 경고등이 들어왔어도 대수롭지 않게 넘깁니다. 오히려 아직 끄떡없다고 자신의 건재를 과시하려 들죠.

맹목적인 성실과 여백을 허락지 않는 삶은 번아웃으로 이어집니다. 번아웃은 에너지가 고갈되는 데서 그치지 않습니다. 내면이 하얀 재가 되어버리고 남은 공허가 또 다른 중독을 부르고, 상황을 급속히 악화시킵니다. 살기 위해, 그 끔찍한 무기력을 잊기 위해 우리는 또 다른 무언가에 의존합니다. 하루에도 몇 잔씩 카페인을 들이붓고, 밤마다 폭식과 과음을 반복합니다. 심지어 안정제에 기대어 간신히 잠이 들죠.

시간을 창조적으로 보내는 법을 잊어버린 대가는 이토록 참혹합니다. 자신과 오롯이 마주하는 시간을 두려워하면 자아는 필연적으로 무너집니다. 번아웃을 극복하는 건 고사하고, 우울증과 분노조절장애 같은 정신 질환에 시달릴 가능성도 높아집니다.


마지막 세 번째는 가장 비겁하고 파괴적인 '정의 중독'입니다. 타인을 향해 화살을 돌리는 중독입니다. 내면의 허무가 쾌락과 일로도 채워지지 않을 때, 정의 중독에 빠집니다. 뇌과학자 나카노 노부코의 책『정의 중독』(김현정 역, 시크릿하우스, 2021)에 따르면, 이 중독에 빠진 사람은 나와 생각이 다른 사람을 '악惡'으로 규정해요. 그리고 상대를 공격하면서 자신이 엄청나게 올바른 일을 하고 있다는 착각과 함께 강렬한 쾌감을 느낍니다.

스위스의 분석심리학자 칼 구스타프 융도 정의 중독에 관해 이렇게 일침을 가했습니다.

"모든 형태의 중독은 악이다. 그것이 술이든, 몰핀이든, 이상주의든."

혹시 기사를 보며 일면식도 없는 유명인의 작은 실수에 강렬한 혐오를 느끼거나 악플을 달아본 적이 있나요? 나에게 직접 피해를 준 것도 아닌데, 신상 정보까지 샅샅이 뒤져 만천하에 공개하며 상대를 쓰레기라고 매도합니다.

'욕먹어도 싸다.', '개념이 없다.', '저런 짓을 하다니!', '절대 용서 못 해….'

정의 중독자들은 인격 살해, 나아가 저주에 가까운 발언을 쏟아내며 폭주합니다. 누가 더 논리적이고 잔인하게 상대를 깎아내리는지 경쟁하는 것 같죠. 텅 비어버린 자신의 내면을 타인에 대한 분노로 채우려다, 어느새 공감 능력을 잃고 괴물이 되어버린 겁니다.

이 세 가지 중독은 겉모습만 다를 뿐, 결국 내적 허무라는 하나의 뿌리에서 뻗어 나옵니다. 도파민의 노예로 생을 마감하지 않으려면, 고통스럽더라도 텅 빈 내면과 직면하는 당당한 자유인이 되어야 하죠.

도대체 우리는 왜 이토록 속이 텅 빈 것처럼 허무할까요? 무엇이 두려워서 쾌락과 일, 타인을 향한 분노 속으로 헐떡이며 도망치는 걸까요? 이 지독한 공허함의 정체를 밝히기 위해, 이제 덴마크의 철학자 쇠렌 키에르케고르의 서재로 문을 열고 들어가 보겠습니다. 그는 우리가 중독에 빠질 수밖에 없는 이유를 아주 명쾌한 철학적 개념으로 풀어내거든요.

# 오늘은 뭘하고 놀까

덴마크의 철학자이자 신학자인 쇠렌 키에르케고르<sub>(Soren Kierkegaard, 1813년~1855년)</sub>는 그의 저서 『키르케고르의 이것이냐 저것이냐 읽기』<sub>(이명곤 역, 세창미디어, 2017)</sub>에서 인간의 삶을 세 단계로 나눕니다. 바로 심미적 실존, 윤리적 실존, 영적 실존입니다.

여기서 짚고 넘어가야 할 중요한 단어가 있습니다. 바로 실존<sub>Existence</sub>입니다. 실존이란 뭘까요? 실존은 쉽게 말해, 우리 인생에 처음부터 정해진 사용 설명서가 없다는 뜻이에요. 스마트폰이나 자동차 같은 물건은 공장에서 만들어질 때부터 쓰임새가 딱 정해져 있죠. 하지만 인간은 다릅니다. 우리는 아무런 목적이나 정해진 정답 없이 이 세상에 먼저 태어났어요.

그래서 "나는 누굴까?", "앞으로 어떻게 살아야 할까?"를 매 순간 스스로 묻고 답을 찾아야만 합니다. 누가 대신 결정해 주지 않으니, 내가 내리는 크고 작은 선택들이 켜켜이 쌓여 비로소 진짜 '나'라는 사람을 완성해 가는 거죠. 이렇게 내 삶을 피하지 않고 스스로 책임지려는 당당한 태도가 바로 실존입니다.

하지만 정답 없는 삶을 매 순간 온전히 책임지는 건, 솔직히 참 버겁고 무서운 일이에요. 그래서 우리는 평소에 세상이 짜준 정교한 대본 뒤로 숨어버립니다. 누군가의 부모, 평범한 직장인, 성실한 시민이라는 역할극에 푹 빠져 지내는 거죠. 이 꽉 짜인 틀 안에 있을 때는 불안할 틈이 없어요. 내가 오늘 하루 뭘 해야 할지 세상이 다 정해주니까요.

하지만 실존의 거울 앞에 서는 순간, 화려한 무대 조명과 대본은 일제히 사라집니다. 아무 배역도, 매뉴얼도 없는 텅 빈 무대에 나만 덩그러니 남겨지는 거죠. 이때 우리는 깨닫습니다. 모든 선택은 오로지 내가 책임져야 한다는 것을. 내 인생의 의미를 그 누구도 대신 말해주지 않는다는 사실 말입니다.

키에르케고르는 이 상태를 자유의 현기증이라고 이름 지었습니다. 벼랑 끝에 설 때, 우리는 나 스스로 뛰어내릴 수 있다는 막중한 선택의 자유 때문에 더 어지러움을 느낍니다. 인생을 맘대로 할 수 있다는 무한한 자유가 캄캄한 공허와 불안 속으로 우리를 밀어 넣는 것입니다.

상상해 보세요. 20년 동안 매일 아침 7시에 일어나 찜통 같은 버스를 타고 출근하던 직장인이 있습니다. 회사는 매일 할 일을 정하고 지시를 내립니다. 싫긴 해도 편하죠. 그런데 갑자기 회사를 그만두었습니다. 월요일 아침에 눈을 떴는데 갈 곳이 없습니다. 아무도 전화하지 않고, 뭘 하라는 지시도 없습니다. 하루 24시간을 내 의지로 채워야 합니다. 이때 밀려오는 어지럼증과 막막함이 자유의 현기증입니다. 마음대로 살아도 된다는 무한한 자유가 있는데, 막상 그 자유를 어떻게 쓸지 몰라 가슴 한구석이 뻥 뚫린 것처럼 허해지는 거죠. 이것이 철학자들이 말하는 실존적 공허입니다.

우리는 텅 빈 무대 위에 홀로 서 있는 공포를 견디지 못합니다. 그래서 본능적으로 이 어지러운 자유로부터 도망치려고 합니다. 앞서 말한 세 가지 중독(쾌락, 일, 정의)은 바로 이 자유의 현기증을 피하기 위해 우리가 기꺼이 숨어드는 마음의 대피소였던 겁니다. 손쉬운 예로, 마음이 허할 때 먹기 위해 사는 사람처럼 맛집을 검색하고, 식당 앞에 몇 시간씩 줄을 서서 인별그램에서 본 그 음식을 먹어야 직성이 풀리는 사람도 있죠. 그러나 어린왕자의 술꾼처럼 '잊기 위해서' 의존한 쾌락은 우리를 두 가지 잔인한 덫에 가둬 버립니다.

첫 번째는 효용체감의 법칙입니다. 무더운 여름날 들이키는 시원한 맥주 첫 모금은 세상을 다 가진 듯 짜릿하지요. 하지만 석 잔, 넉 잔 넘어가면 감동은 사라지고 배가 불러옵니다. 다른 자극도 마찬가지입니다. 어제 나를 벅차게 했던 맛집의 풍미가 오늘은 시시해집니다. 쾌락의 한계치는 높아지고, 더 강한 자극을 찾아야 하는 악순환에 빠집니다.

두 번째 덫은 쾌락이 끝난 뒤 어김없이 찾아오는 부재의 고통입니다. 마치 숙취와 같죠. 시끌벅적한 파티가 끝나고 혼자 방문을 열고 들어갔을 때 느낀 적막함을 기억하시나요? 쾌락이 사라진 자리에는 평범한 일상이 아니라 마음을 쥐어짜는 끔찍한 갈증과 불안이 기다리죠.


우리는 주변을 맴도는 허무를 피하려고 세 가지 중독─쾌락, 일, 정의─사이를 병적으로 오갑니다. 이 심미적 실존은 감각적인 소비 거리를 찾다가 지루해지면, 성과를 내기 위해 일에 집착합니다. 그러다 지치면 인터넷을 뒤져 누군가의 잘못을 비난하며 새로운 도파민을 얻습니다. 자기 의지로는 통제 불가능한 욕구와 감정에 종속된 상태입니다. 즐거운 기분 자체가 인생의 목적이 되었죠.

왜 우리는 한 가지 즐거움에 만족하지 못할까요? 키에르케고르는 바람둥이 돈 후안Don Juan을 예로 들어 그 이유를 설명합니다. 돈 후안은 연애 상대가 누구인지 개의치 않습니다. 오직 '지금 기분이 짜릿한가?'라는 기준이 모든 걸 결정하죠. 우리도 이 바람둥이와 꽤 닮았습니다. 연인을 바꾸듯 직장을 옮기고, 유행이 지나면 멀쩡한 물건을 버립니다. 자극에 대한 내성이 생겨서 어제 만족했던 것으로는 오늘 웃기 어려우니까요. 내면의 그릇이 커지긴커녕 자극의 문턱만 높아진 셈입니다.

키에르케고르가 말한 심미적 실존은 오직 재미와 즐거움을 찾습니다. 그 끝은 말할 필요 없이 우울과 절망이죠. 중독의 사슬에서 풀려나려면 의미와 정면으로 마주해야 합니다.

# 고요의 거울 앞에 서서

그렇다면 내 삶의 진짜 의미는 도대체 어디에 숨어 있을까요? 안타깝게도 그것은 화려한 파티장이나 자극적인 숏폼 영상 속에는 없습니다. 내 삶의 의미를 찾으려면, 우리는 기꺼이 짜릿한 자극을 끊어내고 '지루함'이라는 고요한 터널로 걸어 들어가야 하거든요.

키에르케고르는 바로 이 지점에서, 끊임없이 새로운 자극만 찾아 헤매는 돈 후안을 아주 신랄하게 비판해요. 매 순간 낯설고 짜릿한 것만 좇아서는 절대 깊이 있는 삶을 살 수 없다는 거죠. 그렇다면 쾌락의 늪을 빠져나와 그가 말한 한 차원 높은 삶, 즉 윤리적 실존으로 넘어가려면 어떻게 해야 할까요?

정답은 의외로 간단합니다. 지루함을 묵묵히 견디며 하나를 깊게 파고드는 반복의 힘을 기르는 거예요.

어제 읽은 책을 오늘 다시 펼쳐서 읽습니다. 익숙한 사람과 오랜 시간 깊고 신실한 사랑을 나눕니다. 남이 당장 알아주지 않아도 제 자리를 묵묵히 지킵니다. 겉보기엔 매우 지루해 보이는 이 반복 속에 실존의 신비가 숨어 있습니다. 내면을 단단하게 지탱해 주는 평안이 도파민의 짜릿함을 대신하는 거죠.

이 힘을 기르기 위해 거쳐야 할 필수 관문이 있습니다. 심심함을 견디는 일입니다. 이 단조로운 적막을 감당할 때 비로소 다음 단계인 윤리적 실존으로 나아가는 문이 열립니다. 내 삶의 책임과 가치를 선택하고 완성하는 힘은 소음이 차단된 고요 속에서 길러집니다.


로마의 황제 네로(Nero, 37년~68년)의 삶이 이를 증명합니다. 그는 세상의 모든 쾌락을 다 맛보았으나 종국에는 지독한 권태에 빠졌습니다. 더는 자신을 흥분시킬 만한 것이 없었죠. 그러자 로마 시내를 불태우는 광기를 부립니다. 활활 타는 불길과 시민들의 비명 속에서 자신이 살아 있음을 느끼고자 했던 것입니다.

오늘날의 현대인들에게 네로의 광기는 다른 형태로 나타납니다. 바로 어디론가 도망치고 싶은 강박입니다. 과학철학자 이안 해킹(Ian Hacking, 1936년~2023년)은 이 상태를 일시적인 마음의 병이라 진단했습니다. 삶의 반복적인 굴레를 견디기 힘들어서 휴일에는 무작정 집을 떠나야 직성이 풀립니다. 주말마다 공항과 관광지가 인산인해를 이루죠.

세상의 온갖 시끄러운 소리와 급변하는 유행이 내 마음을 마구 흔들수록, 우리는 억지로라도 다시 책을 펼쳐야 합니다. 사실 독서는 도파민에 중독된 우리 뇌가 가장 혐오하는 행위예요. 즉각적인 보상도 없고, 끊임없이 뇌의 에너지를 갉아먹으며, 깊이 생각해야 하는 고통을 수반하기 때문이죠.

그러나 우리의 치유는 바로 그 고통스럽고 지루한 지점에서 시작됩니다. 책을 읽으며 타인의 깊은 사유와 만나고, 내 삶을 찬찬히 돌아보는 느린 시간. 그 소리 없는 반복과 시간의 축적이야말로 인간의 잃어버린 존엄을 되찾아줄 훌륭한 해독제입니다.

하지만 솔직히 고백하자면, 조용히 책을 읽고 사색에 잠기는 행위만으로는 우리 안에서 꿈틀대는 강렬한 욕망을 완벽하게 재우기가 참 힘듭니다. 나쁜 쾌락을 덜어내고 텅 비워진 내면은, 결국 무언가 더 압도적이고 뜨거운 에너지로 채워지기를 맹렬하게 갈망하기 마련이거든요. 이 채워지지 않는 갈증 때문에 우리는 또다시 헛된 자극의 늪을 기웃거리게 됩니다.

# 중독을 치료하는 처방전

처음 질문으로 다시 돌아가 봅니다. 30년 동안 철학을 가르치고 책을 써 온 저 역시 중독에서 완전히 자유롭지 못합니다. 나를 병들게 하는 습관인 줄 뻔히 알면서 수시로 넘어집니다. 번아웃이 올 만큼 일중독에 매였다가 다음번에는 정의 중독에 함몰되기도 합니다. 인터넷을 뒤지다가 어느 정치인이나 연예인에 대한 가십성 기사를 접하고, 저도 모르게 가시 돋친 말을 뱉은 적도 있습니다.

이 중독의 굴레에서 어떻게 해방될까요? 유한한 인간은 중독의 사슬을 완벽히 끊어내기 어렵습니다. 우리는 끊임없이 무언가에 사로잡혀 살아갑니다. 그럼, 중독에서 완전히 벗어나는 것을 최종 목표로 삼는 게 맞을까요? 그것은 욕구 자체를 아예 포기하라는 말과 같습니다. 현실적으로 불가능하죠.

우리 삶을 병들게 하는 중독을 해결하는 역설적인 길이 있습니다. 억지로 끊는 것이 아니라, 더 나은 무언가에 푹 빠지는 겁니다. 이 얘기를 들으면 여러분도 '아하' 하면서 고개를 끄덕이실 거예요.

방송에서 보여준 가수 션의 815 런Run은 마라톤 그 이상의 울림을 주었습니다. 션은 매년 광복절에 독립유공자의 후손들을 돕기 위해 81.5km를 달립니다. 주거 여건이 열악한 독립유공자 후손들의 집을 지어주기 위한 것으로, 2024년 기준 누적 기부금은 수십억 원에 달합니다.

션은 홍보대사 역할만 하는 것이 아니라 직접 몸을 갈아 넣어 기부의 가치를 증명합니다. 8월의 기록적인 폭염 속에서 쉬지 않고 달리는 그의 모습은 보는 이들에게 그의 진심의 깊이를 전해 줍니다. 815 런을 위해 션은

50대 중반을 바라보는 나이에도 완벽한 신체 상태를 유지합니다.

그는 혼자 달리지 않습니다. 박보검, 윤세아 등 동료 연예인들은 물론, 수천 명의 일반인 러너들이 함께 달리며 인증샷을 올립니다. "나도 누군가에게 도움이 될 수 있다"는 성취감을 대중에게 선물한 것이죠. 선은 나눌 때 가장 행복하다고 말합니다. 타인을 돕는 행위는 돕는 이의 자존감을 높이고 삶의 의미를 부여합니다.

선은 사람들을 고립된 방에서 끌어내어 공동체적 목표로 연결했고, 이 건강한 연결이 그들을 중독적인 일상에서 벗어나게 한 것이죠. 그는 매년 반복되는 캠페인을 통해 기부를 하나의 놀이이자 문화로 정착시켰습니다. 마라톤뿐만 아니라 연탄 배달, 루게릭 요양병원 건립 등 그가 손대는 프로젝트마다 참여형 기부가 일어납니다. 이는 대중에게 내가 낸 815원이, 내가 달린 8.15km가 누군가의 집이 된다는 효능감을 심어주었습니다.


선의 사례가 말해주듯이, 절대 안 할 거라고 이 악물고 참는 방식으로는 중독에서 벗어날 수 없습니다. 인간의 마음은 텅 빈 상태를 견디지 못하기 때문입니다. 나쁜 중독을 밀어내려면, 그 자리를 훨씬 강하고 아름다운 기쁨으로 채워야 합니다. 작은 나를 뛰어넘는 원대한 가치 안에서 만족하고 기뻐하는 자유를 경험해 보세요. 세상의 휘황찬란한 유혹도 시시한 장난감이라는 진실을 깨닫게 될 겁니다. 눈부신 태양이 떠오르면 촛불이 필요 없는 것과 동일한 이치죠. 결국 중독을 이기는 길은 더 사랑할 만한 것을 발견하는 여정입니다. 일상을 갉아먹는 얄팍한 위안을 과감하게 내려놓으세요.

본문의 깊은 사유를 내 것으로 만들기 위해서는 눈으로 읽는 것을 넘어, 직접 손으로 기록하는 과정이 필요합니다. 오늘, 철학자들처럼 나 자신과 대화해 보세요.

# PART 1. 인문학의 지혜 적용하기

## 1. 내가 도망치고 싶은 현실 마주하기

어린왕자가 만난 술꾼은 술을 마신다는 사실이 부끄럽다며 그 수치심을 잊으려고 또 술을 마셨습니다. 우리도 때로 공허감이나 불안이라는 '자유의 현기증'을 잊으려고 쇼핑, 술, 혹은 일에 중독됩니다.

당신이 요즘 일상의 고통이나 허무를 잊기 위해 습관적으로 매달리는 자극은 무엇인가요? 그 자극이 끝난 후의 기분을 솔직하게 기록하세요. 당신의 진짜 고민이나 외면하고 싶던 마음의 소리가 무엇인지 가만히 생각해 보는 시간을 가지세요.

### 예시)

퇴근 후나 주말에도 습관적으로 메신저를 확인하며 일을 손에서 놓지 못한다. 노트북을 덮으면 뭘 할지 몰라서 휴대폰만 보게 된다. 사람들과 친해지고 싶은데, 관계 맺는 게 거북하고 서툴러서 바쁘다는 핑계 뒤에 숨고 싶은가 보다.

## 2. 중독을 밀어낼 압도적 기쁨 찾기

중독을 이기는 방법은 가치 있고 아름다운 무언가에 푹 빠지는 겁니다. 가수 션이 마라톤과 기부를 통해 삶의 의미를 찾았듯, 우리에게도 나쁜 중독을 밀어낼 더 나은 중독이 필요합니다.

나를 파괴하는 중독을 대신할 만큼, 당신의 가슴을 뛰게 하거나 누군가에게 도움을 줄 수 있는 '건강한 몰입'의 대상은 무엇인가요? 당장 거창한 일이 아니어도 좋습니다. 당신이 기꺼이 시간과 정성을 쏟고 싶은 가치 있는 일 하나를 정하고, 그 일을 할 때 어떤 충만함을 느끼고 싶은지 문장으로 완성해 보세요.

*남을 손가락질하며 내 인격을 갉아먹는 정의 중독을 끊기 위해, 주말마다 1시간씩 고전 문장을 필사하는 '사유 중독'에 빠져봐야겠다. 거인의 지혜를 내 손으로 옮겨 오래 간직할 수 있는 필사 노트를 만들고, 옛 습관이 튀어나올 때마다 읽어야겠다.*

# PART 2. 독서 일기를 위한 네 가지 질문

### 1. 생각을 깨우는 인터러뱅interrobang의 마법

인터러뱅(‽)은 물음표(?)와 느낌표(!)가 하나로 합쳐진 기호입니다. 오늘 읽은 글이 당신의 익숙한 세계에 던진 가장 날카로운 물음표는 무엇인가요? 그 질문을 통해 새롭게 깨달은 감동의 느낌표를 함께 기록하세요.

[?] ______________________________________________

[!] ______________________________________________

### 2. 휴먼 라이브러리Human library

책은 때로 어떤 전문가보다 지혜로운 상담가가 되어줍니다. 당신의 고민에 답이 된 문장을 기록하세요.

### 3. 머릿속 생각의 틀 시원하게 부수기Break the Shell

그동안의 편견을 깬 도끼 같은 문장이 있나요? 그 문장을 통해 틀에 박힌 생각에서 벗어나 새로운 길을 발견했다면, 그 짜릿한 변화를 기록하세요.

### 4. 인생을 바꿀 한 문장: 당신의 가슴에 낙인처럼 찍힌 한마디는 무엇인가요?

삶의 거센 파도가 닥치고 뜻밖의 시련이 찾아올 때, 당신을 다시 일으켜 줄 단 하나의 문장은 무엇일까요? 본문 중에서 인생을 역전시킬 만큼 강렬한 에너지를 지닌 인두 같은 문장을 찾아 기록하고, 그 이유를 새겨보세요.

**오늘의 추천 도서**

*『죽음에 이르는 병』*, 쇠렌 키에르케고르 저, 임규정 역, 한길사, 2016.

**제2부** 인생 역전

# 상실

잃어버린 마음이
나를 부를 때

 **오늘의 인두 같은 한 문장**

사람들은 개나 닭을 잃어버리면 찾을 줄 알면서, 정작 잃어버린 마음(방심, 放心)은 찾을 줄을 모르는구나.

- 맹자(孟子, 기원전 372년경~기원전 289년경)

## 오늘의 핵심 메시지

누구든 아끼는 반려견을 잃어버리면 온 동네를 뒤집을 듯 찾아다 닙니다. 그런데 타인의 시선과 스펙 쌓기에 팔려 간 내 마음은 찾을 줄 모르네요. 우리는 이렇게 웃픈 상실의 시대를 살고 있습니다. 오늘 우리는 맹자의 뜰을 거닐며 잃어버린 마음을 되찾는 구방심求放心의 지혜를 배웁니다. 낮 동안 세상에 뺏긴 마음을 밤의 고요 속에서 되찾으세요. 나를 인생의 주인 자리에 다시 앉히는 치열한 마음 수양을 시작하세요.

# 내 마음은 가출 중

어느 날 길가 전신주에 붙은 전단을 봤습니다. 잃어버린 강아지를 찾는 내용이었습니다. 사례금이 무려 500만 원이나 되더군요. 다른 이에게는 그저 개 한 마리일지 모릅니다. 하지만 주인에게는 돈으로 환산할 수 없는 가족인 거죠. 온 동네를 샅샅이 뒤져서라도 녀석을 다시 품에 안으려는 간절함이 가슴에 와닿았습니다.

그런데 문득 기이한 이질감을 느꼈습니다. 반려견이 사라지면 온 힘을 다해 찾는데, 내 삶의 평온을 결정하는 마음을 잃으면 왜 그리 무심할까요?

전국시대 철학자 맹자(孟子, 기원전 372년경~기원전 289년경)는 저서 『맹자孟子』(맹자 저, 김원중 역, 휴머니스트, 2021) '고자 상' 편에서 현대인의 급소를 찌르는 통찰을 남겼습니다. 사람들은 닭이나 개가 도망가면 찾으면서 자기 마음이 몸 밖으로 빠져나갔을 때는 찾을 줄 모른다고 꼬집었지요. 맹자가 말한 마음은 하늘이 준 본성을 뜻합니다. 그 마음을 잃으면 결과적으로 열매가 없는 껍데기 인생을 사는 거죠.

언젠가 100여 명의 명문대 재학생을 대상으로 강연할 때의 일입니다. 저는 세계관이 무엇이냐고 물었습니다. 하지만 돌아온 것은 당혹스러운 침묵이었습니다. 세계관이 뭐냐고 되묻는 학생도 있었죠. 그 학생들에게는 남들이 부러워할 스펙은 있어도 삶을 지탱하는 가치는 없었습니다.

오늘 우리는 맹자의 지혜를 통해 잃어버린 마음을 집으로 데려오는 구방심求放心의 여정을 시작합니다. 밖으로 향했던 시선을 안으로 옮기는 그 작은 결단이 방황을 멈추는 시작입니다. 마음이라는 반려자가 다시 내 곁으로 돌아올 때 우리는 참된 인생을 살게 됩니다.

# 옆집 잔디밭 구경하느라 내 정원엔 잡초만 가득

그렇다면 맹자가 강조한 이 구방심求放心은 현대인에게 왜 유독 중요하고 절실할까요?

우리는 텅 빈 존재의 외벽을 화려한 스펙으로 치장하는 데 열을 올립니다. 그 사이 SNS상에 보여지는 디지털 페르소나와 실제의 나 사이의 간극이 점점 커집니다. 타인의 '좋아요'라는 승인에 내 존재 가치를 맡기는 순간, 맹자가 말한 본연의 마음은 밖으로 떠돌게 됩니다. 게다가 하루가 다르게 변하는 기술사회에서 마음이 한곳에 머물지 못하고 속도에 휩쓸리는 상태, 이것이 현대판 방심放心입니다. 내 인생이 내가 아닌 다른 무언가에 좌지우지되죠. 마음이 정박하지 못하고 흩어져 내적 동력이 고갈되면 무기력해지고, 외부의 자극을 쫓아 밖으로 팔려 나가면 중독을 낳습니다.

도대체 우리는 왜 이토록 속절없이 밖으로 휘둘리며 소중한 마음을 잃어버리는 걸까요? 이 '마음 실종' 상태를 해결하고 인간다움을 회복하는 길, 그것이 바로 맹자가 강조한 구방심求放心입니다. 흔히 맹자의 철학을 두고 단순히 '인간은 원래 착하게 태어났다'고 오해하곤 합니다. 하지만 맹자의 진짜 가르침은 다릅니다. 하늘이 우리 인간의 내면에만 아주 특별한 선물로 심어주신 고귀한 마음이 있다는 뜻이죠. 그런데 우리가 치열한 현실의 유혹이나 먹고사는 욕심에 휩쓸리다 보면, 하늘이 준 이 귀한 마음을 속절없이 잃어버리게 됩니다. 그래서 밖으로 도망친 마음을 다시 찾아 내 안의 집으로 데려오는 구방심이야말로 우리 삶에 가장 필수적인 수양이라고 거듭 강조한 겁니다.


구방심求放心을 실천하려면 먼저 우리가 무엇에 눈이 멀어 마음을 잃었는지 알아야 합니다. 맹자는 이를 설명하기 위해 '인작人爵'과 '천작天爵'이라는 두 가지 개념을 제시합니다. 한자어라 조금 낯선 용어죠? 제가 아주 쉽게 풀어드릴게요.

먼저 인작(人爵)이란 한마디로 세상이 내 어깨에 달아주는 완장입니다. 사장, 교수 같은 직함이나 억대 연봉, 아파트 평수 같은 것들이죠. 하지만 인작은 남이 부여한 자격이라 세상이 언제든 뺏어갈 수 있는 불안한 껍데기입니다. 우리가 타인의 반응에 일희일비하고 스펙 쌓기에 목숨을 거는 건, 바로 이 뺏기기 쉬운 인작에만 내 존재 가치를 몽땅 걸어두었기 때문입니다.

반면에 천작(天爵)은 하늘이 내린 훈장으로, 내가 스스로 닦아가는 단단한 인격입니다. 타인에 대한 따뜻한 공감(인, 仁), 어떤 상황에서도 굽히지 않는 올바른 소신(의, 義), 나 자신과 세상에 대한 흔들림 없는 진심(충, 忠), 그리고 관계의 밑바탕이 되는 단단한 신뢰(신, 信)처럼 세상이 아무리 뒤집혀도 절대 변하지 않는 불변의 가치를 뜻하죠. 천작은 내가 어떤 자리에 있느냐가 아니라 어떤 사람인가에 집중합니다. 세상의 권력과 돈은 남이 뺏어갈 수 있지만, 천작은 설령 세상이 무너진다 해도 결코 사라지지 않는 나만의 고유한 명예입니다.

이쯤 되면 이런 반문이 드실 겁니다. 당장 먹고살기도 바쁜데 마음을 불러들이라니, 너무 추상적이고 뜬구름 잡는 소리 같으신가요? 어차피 자본주의 사회에서는 취업하고 돈 버는 인작에 매달려 살 수밖에 없는 게 현실 아니냐고요. 맞습니다. 저도 그 답답한 현실을 잘 압니다. 하지만 내 마음을 잃어버린 채 오직 생존이라는 껍데기에만 목을 매면 우리 삶이 어떻게 시들어버리는지, 제가 직접 겪은 일화를 하나 들려드릴게요.

얼마 전, 한 대학교에 강연을 하러 갔을 때입니다. 그날은 졸업을 앞둔 세무회계학과 계열 4학년 학생 100여 명을 만나는 자리였어요. 쉬는 시간에 학생들과 대화를 나누다가 저는 깜짝 놀랐습니다. 세무회계 분야는 찾아보면 취업할 곳이 정말 무궁무진하거든요. 그런데 대다수 학생들의 유일한 꿈이 그저 세무사 사무실에 취업하는 것이었습니다.

궁금해진 제가 학생들에게 한 명씩 물어보았어요. 도대체 어떤 목적을 가지고 이 전공을 선택했냐고요. 돌아온 대답은 제 가슴을 먹먹하게 만들었습니다.

"친구가 같이 가자고 해서 왔어요. 근데 공부가 너무 재미없어요."
"엄마가 이 학과 가면 취업 잘된다고 해서요."
"수능 성적에 맞춰서 온 거예요. 전공은 별로 안 중요하고, 그냥 학교 간판만 보고 결정했어요."

사실, 이렇게 등 떠밀리듯 학교에 입학한 것 자체가 잘못된 건 아닙니다. 돌이켜보면 우리의 일생은 어쩌면 수많은 우연한 만남과 예측하지 못한 사건, 그리고 그 모든 과정과 경험이 쌓여 만들어지는 것이니까요.

진짜 문제는 그다음부터 시작됩니다. 막상 입학해 보니 적성에 안 맞는다며 친구를 원망하고, 왜 여길 보냈냐며 엄마 탓을 합니다. 대학교수가 못 알아듣는 강의를 해서 허송세월을 보냈다고 핑계를 대죠. 학교에서 진로와 취업 정보를 제대로 제공해 주지 않아서 4학년이 되도록 취업처조차 모른다고 불평합니다. 요즘 취업 불황이라 내가 선택한 학과는 비전이 없다느니, 앞으로 AI가 대체할 직업이라느니 하며 온갖 환경과 상황에 완벽하게 지배당해 버립니다.

여러분, 이 청년들의 모습이 어떻게 보이시나요? 오직 취업해서 남들처럼 안정적인 삶을 누리는 것, 즉 세상이 주는 껍데기인 인작人爵에만 온 신경이 팔린 전형적인 모습입니다. 내 인생인데 내 결정은 하나도 없고, 엄마의 기대나 친구의 권유, 수능 점수라는 외부의 잣대에 짐짝처럼 질질 끌려다니고 있어요. 이 학생들은 지금 제 눈앞에 앉아 있지만, 맹자가 말한 진짜 자기 마음은 이미 가출해 버린 지 오래인 겁니다.

한번 상상해 보세요. 세무회계학과 학생 100명 중 99명이 자신의 우연한 선택을 그저 실패라고 단정 지으며 환경을 탓하고 있다면 어떨까요? 아마 그 99명은 평생 남이 정해준 틀 안에서 불평만 늘어놓으며 세상에 끌려다닐 겁니다.

하지만 잃어버린 마음을 되찾은 사람, 즉 하늘이 준 마음을 회복한 단 한 사람은 완전히 다릅니다. 99명이 환경에 완벽하게 지배당할 때, 마음을 찾은 나는 능동적으로 내 삶을 뚫고 나갑니다. 그중에 한 명은 우연히, 혹은 어쩔 수 없이 선택한 일이라도 그것을 섣불리 실패로 평가하지 않고 오히려 새로운 기회의 문으로 삼습니다.

남들이 교수의 강의를 못 알아듣겠다며 원망만 하고 있을 때, 이 사람은 원망 대신 교수실 문을 직접 두드려 찾아갑니다. 그리고 이해할 때까지 수단과 방법을 가리지 않고 밤을 새우며 파고들죠. 학교의 취업지원센터에서 졸업 후 진로를 잘 지도해 주지 않는다고 불평할 시간에, 내 인생을 내가 책임진다는 자세로 직접 센터를 찾아갑니다. 그것으로 부족하면 정부에서 위탁 운영하는 청년지원센터 등을 수소문해 기어코 스스로 길을 찾아내죠. 특강이 열리면 '왜 저런 따분한 강사를 불렀나.' 하고 지루해하는 대신, 단 하나의 지식이라도 내 것으로 소화하기 위해 매서운 눈빛으로 몰입합니다.

이것이 바로 구방심求放心이 우리에게 주는 진짜 세속적인 힘입니다. 주어진 환경을 탓하는 노예가 아니라, 그 안에서 능동적인 주체로 우뚝 서서 세상을 이끌어가는 힘. 내 속이 단단하게 채워지면, 당장 취업 준비로 막막한 현실 앞에서도 남과 비교하며 흔들리지 않습니다. 밖으로 나돌던 마음이 비로소 제 자리를 찾아 정박하게 되니까요.

　그렇다면 여기서 근본적인 궁금증이 생깁니다. 99명의 학생은 왜 환경의 노예가 되어버렸고, 단 1명의 학생은 어떻게 그 팍팍한 현실을 뚫고 나갈 단단한 에너지를 가질 수 있었을까요? 그 차이는 바로 내면을 지탱하는 주춧돌이 있느냐 없느냐에 달려 있습니다. 맹자는 우리 모두의 내면에 이 거친 세상을 이겨낼 고귀한 설계도가 이미 들어 있다고 말합니다. 그것이 바로 마음의 씨앗인 사단四端입니다.

　우리가 앞서 말한 능동적인 1명이 되어 내 인생을 책임지려면, 하늘이 우리 마음속에 미리 심어두신 이 네 가지 특별한 선물부터 다시 깨워야 합니다. 타인의 고통을 보고 안타까워하는 측은지심惻隱之心, 자기 잘못을 부끄러워하고 불의를 미워하는 수오지심羞惡之心, 남을 배려하고 양보하는 사양지심辭讓之心, 그리고 옳고 그름을 바르게 분별하는 시비지심是非之心입니다.

　이 사단은 단순한 도덕 교과서 속 이야기가 아닙니다. 예를 들어, 수오지심이 살아있는 학생은 환경 탓만 하며 허송세월하는 자기 모습을 부끄러워할 줄 압니다. 시비지심이 작동하는 학생은 지금 내 인생이 남의 손에 휘둘리는 것이 잘못되었다는 걸 명확히 분별해 내죠. 이 네 가지 마음의 씨앗이 단단하게 뿌리를 내릴 때, 비로소 세상이 주는 완장인 인작에 목매지 않고 나만의 고유한 향기인 천작을 피워낼 수 있는 겁니다.

　인간 내면의 비옥한 땅에 이 귀한 씨앗들을 심었다고 칩시다. 정원을 돌봐야 할 주인이 밖으로만 나돈다면 그 땅은 어찌 변할까요? 하늘이 준 씨앗은 물 한 방울 먹지 못해 말라비틀어지고, 그 자리에 욕망이라는 지독한 잡초만 무성해져 결국 내 삶은 황폐해지고 말 겁니다.

　겉으로 보이는 화려한 정원보다 중요한 것은 그 안을 매일매일 정성껏 돌보는 주인의 다정한 손길입니다. 이제 밖으로 나돌던 마음의 고삐를 쥐고 내면의 정원으로 돌아오세요. 그래야 우리의 인격에서 은은하고 깊은 향기가 피어납니다. 씨앗은 주인의 발소리를 듣고 자란다는 말이 있지요. 남의 잔디밭(인작)이 얼마나 푸른지 구경하느라, 내 정원(천작)을 황폐하게 방치하지 마세요. 도망친 나를 다시 불러 앉혀 내 인생을 단단하게 만드는 것, 이것이 구방심求放心의 핵심입니다.

## 낮은 생존의 시간, 밤은 가치의 시간

그런데 여기서 한 가지 숙제가 남습니다. 내 정원을 돌봐야 할 주인의 발소리를 도대체 언제 들려줄 수 있느냐는 것이죠. 앞서 말한 능동적인 주체로 살아가려면 엄청난 에너지가 필요해요. 하지만 낮 동안 치열한 생존 현장에서 구르고 나면 마음은 이미 너덜너덜해지기 마련이죠. 마음의 배터리가 방전된 상태에서는 사단이라는 씨앗을 돌볼 여유조차 생기지 않습니다.

맹자 역시 이런 현실적인 고단함을 잘 알았습니다. 그래서 그는 무작정 마음을 찾으라고 윽박지르는 대신, 현대인들도 당장 실천할 수 있는 지극히 현실적이고 다정한 처방전을 하나 내려줍니다. 바로 야기夜氣, 즉 '밤의 기운'을 활용하라는 것이죠.

낮은 치열하게 버티는 생존의 시간이에요. 직장인은 회사 업무에, 학생은 학교 수업에 신경을 쏟느라 나를 돌볼 틈이 없죠. 현장에서 땀 흘리는 근로자도 매한가지입니다. 어찌 보면 낮의 일상은 내 의지대로 바꾸기 힘든 통제 밖의 시간인 셈이죠.

그래서 맹자는 잃어버린 마음을 되찾을 유일한 골든타임으로 밤의 기운을 이야기해요. 세상의 소음과 남의 시선이 차단되고, 오롯이 내가 주인이 되는 시간이기 때문이죠. 낮 동안 환경에 끌려다니는 99명과 다름없이 흔들렸더라도, 밤의 정적 속에서만큼은 주인의 발소리를 들려주며 내면을 가꿔야 합니다. 그때 무엇을 하느냐가 내 인생의 남은 방향을 결정하니까요.

낮 동안 생존 경쟁을 하다 보면 우리의 양심과 도덕적 에너지는 닳아 없어지기 마련입니다. 맹자는 세상의 유혹이나 시련에 흔들리지 않는 굳센 마음의 에너지를 호연지기浩然之氣라고 불렀어요. 이 마음의 근육은 시끄러운 낮에는 절대 자라나지 않습니다. 오직 아무도 보지 않는 밤의 정적 속에서, 스스로 하루를 맑게 돌아볼 때만 다시 채워지는 법이죠.

이렇게 밤의 기운을 통해 내면의 배터리를 가득 충전해야만, 다음 날 다시 세상으로 나가 환경을 압도하는 능동적인 주체로 살아갈 수 있습니다.


## 마음의 등불을 켜는 시간

밤의 고요 속에 홀로 앉아 내면의 배터리를 충전하기로 했다면, 이제 그 에너지를 어디에 써야 할지 고민할 차례입니다. 맹자의 처방은 명확해요. 밖으로 도망친 마음을 찾아 내 안의 집으로 데려오는 '구방심求放心'을 실천하는 것이죠. 거창한 수양을 하라는 게 아니에요. 내 곁에 있는 소중한 것들을 '천작'의 눈으로 다시 바라보는 것부터 시작하면 됩니다.

오늘 밤, 가장 먼저 사랑하는 아내와 남편에게 위로와 용기를 주는 따뜻한 말을 전해보세요. 자녀에게 학교 성적이나 학원 과제를 체크하는 일은 잠시 멈춰보세요. 대신 그 아이를 따뜻한 품으로 꼭 안아주며 존재 자체를 축복해 주는 겁니다. 어려움을 겪는 지인이나 이웃을 만나 그들의 시린 이야기를 묵묵히 들어주는 것도 훌륭한 마음공부예요.

특히 맹자가 말한 네 가지 마음의 씨앗 중 첫 번째인 '측은지심惻隱之心'은 우리 영혼의 가장 귀한 보물입니다. 타인의 고통을 보고 안타까워하는 이 마음을 회복하는 데 밤의 시간을 아낌없이 사용하세요. 할 수 있다면 고통 받는 이들의 삶을 돌보는 일에 내 마음의 등불을 비춰보시길 권합니다.

가장 중요한 일은 인간의 삶을 성찰하는 독서의 세계에 푹 빠져보는 거예요. 인문학이 인간에게 던지는 세 가지 질문을 기억하세요. "나는 누구인가", "나는 어떻게 살아야 하는가", "나는 어떻게 죽을 것인가"를 스스로에게 물어보세요. 죽음은 삶의 끝이 아니라, 삶을 완성하는 거울이에요. 내 마지막 순간에 어떤 기억을 남기고 싶은가?를 생각하면 지금 당장 무엇을 해야 할지 명확해지거든요. 죽음을 기억하는 것은 역설적으로 가장 후회 없는 삶을 살게 하는 도구가 됩니다. 하루하루 인간다운 삶이 무엇인지 사색하는 자리로 나아가야 합니다. 이런 성찰이 쌓일 때 누구에게도 흔들리지 않는 단단한 자존감이 생기니까요.

세상이 주는 껍데기인 '인작'은 아침 해가 뜨면 사라지는 안개와 같습니다. 내 명함에 적힌 직함이 하루아침에 사라져도, 하늘이 주신 성품인 '천작'을 지닌 나는 여전히 소중하고 빛나는 존재입니다. 세상이, 혹은 이 무정한 사회가 여러분의 삶을 함부로 평가 절하하더라도 여러분의 가치는 결코 훼손되지 않아요.

이혼의 아픔을 겪거나 실직으로 거리에 나앉게 되었어도 괜찮습니다. 새벽부터 인력 시장에서 고단한 하루를 시작하거나, 가난 때문에 대학을 포기해야 했던 청년이라도 마찬가지예요. 인적이 드문 곳에서 붕어빵을 구우며 추위를 견디고 있어도, 여러분의 존재 가치는 직업이나 통장 잔고 따위로 결정되는 게 아니기 때문이죠.

오늘 밤 거울을 보고 나에게 말을 걸어보세요. "너 지금 괜찮니? 오늘 하루도 살아내느라, 남들 눈치 보느라 정말 힘들었지?" 내가 나를 온전히 소중히 여길 때, 세상도 감히 나를 함부로 대하지 못합니다.

마지막으로 자신에게 약속하세요. 어떤 매서운 상황이 닥쳐도 내 마음만큼은 절대 밖으로 내던지지 않겠다고 말이죠. 오늘 밤, 스마트폰을 끄고 책한 권을 펼쳐보세요. 거센 비바람이 불어도 내면의 방에 '마음'이라는 등불이 환하게 켜져 있다면 우리는 길을 잃지 않습니다. 그 빛이 여러분의 인생을 가장 아름다운 곳으로 안내할 거예요. 여러분의 잃어버린 자존감을 활짝 꽃피우시기를 온 마음으로 응원합니다.

본문의 깊은 사유를 내 것으로 만들기 위해서는 눈으로 읽는 것을 넘어, 직접 손으로 기록하는 과정이 필요합니다. 오늘, 철학자들처럼 나 자신과 대화해 보세요.

# PART 1. 인문학의 지혜 적용하기

### 1. 가출한 마음을 찾는 구방심求放心

우리는 강아지를 잃어버리면 온 동네를 샅샅이 뒤지며 찾죠. 그런데 정작 남의 눈치를 보고 스펙을 쌓느라 밖으로 떠도는 내 마음에는 너무 무심하지 않았나요? 맹자는 본연의 마음을 잃어버리면 결국 껍데기뿐인 인생을 살게 된다고 경고합니다.

**예시)**

*가출한 마음 찾기: 오늘 하루, 내 마음이 나를 떠나 가장 멀리 가출했던 순간은 언제였나요? 타인의 '좋아요'나 칭찬에 매달려 정작 내가 무엇을 원하는지 잊고 지내지는 않았는지 솔직하게 되짚어보세요.*

*내면으로의 초대: 밖으로 나돌던 마음의 고삐를 다시 쥐고 내 안으로 불러들이기 위해, 지금 나 자신에게 꼭 해주고 싶은 따뜻한 한마디를 남겨주세요.*

### 2. 밤의 고요 속에서 나를 만나는 야기夜氣

낮은 생존을 위해 치열하게 버티는 시간입니다. 그래서 맹자는 밤의 기운인 야기夜氣를 이야기했지요. 아무도 보지 않는 고요한 밤, 정직하게 나를 마주할 때, 단단한 자존감이 생깁니다.

오늘 밤, 스마트폰을 내려놓고 자신과 대화하는 시간을 가져보세요. 스스로에게 "괜찮니?"라고 물을 때, 마음이 보내오는 대답은 무엇인가요? 오늘 나는 누군가를 위로하는 사람이었는지, 혹은 자신을 홀대하지 않았는지 돌아보며 내일을 위한 다짐을 기록하세요.

*자기 전 유튜브를 보던 습관을 버리고 10분간 멍하니 앉아 나를 바라보았다. "괜찮니?"라고 물으니 "너무 지쳐서 쉬고 싶어."라는 대답이 들렸다. 내일은 다른 사람의 요구보다 내 마음의 휴식을 먼저 챙기겠다고 나와 약속했다.*

# PART 2. 독서 일기를 위한 네 가지 질문

### 1. 생각을 깨우는 인터러뱅interrobang의 마법

인터러뱅(⁈)은 물음표(?)와 느낌표(!)가 하나로 합쳐진 기호입니다. 오늘 읽은 글이 당신의 익숙한 세계에 던진 가장 날카로운 물음표는 무엇인가요? 그 질문을 통해 새롭게 깨달은 감동의 느낌표를 함께 기록하세요.

[?] ________________________________________________

[!] ________________________________________________

### 2. 휴먼 라이브러리Human library

책은 때로 어떤 전문가보다 지혜로운 상담가가 되어줍니다. 당신의 고민에 답이 된 문장을 기록하세요.

### 3. 머릿속 생각의 틀 시원하게 부수기Break the Shell

그동안의 편견을 깬 도끼 같은 문장이 있나요? 그 문장을 통해 틀에 박힌 생각에서 벗어나 새로운 길을 발견했다면, 그 짜릿한 변화를 기록하세요.

### 4. 인생을 바꿀 한 문장: 당신의 가슴에 낙인처럼 찍힌 한마디는 무엇인가요?

삶의 거센 파도가 닥치고 뜻밖의 시련이 찾아올 때, 당신을 다시 일으켜 줄 단 하나의 문장은 무엇일까요? 본문 중에서 인생을 역전시킬 만큼 강렬한 에너지를 지닌 인두 같은 문장을 찾아 기록하고, 그 이유를 새겨보세요.

**오늘의 추천 도서**

*『맹자여행기: 절망의 시대, 사람의 길을 묻다』, 신정근 저, 에이치투, 2016.*

다시, 읽는 인간 HOMO LECTIO

# 집착



## 눈앞의 문제가
## 태산처럼 보일 때

 **오늘의 인두 같은 한 문장**

어떤 것은 내 뜻대로 할 수 있고, 어떤 것은 할 수 없다. 이것을 구분하는 것이 자유의 시작이다.

- 에픽테토스(Epictetus, 50년경~135년경)

## 오늘의 핵심 메시지

이미 벌어진 일이나 남의 마음처럼 어쩔 수 없는 것에 집착하다가 오늘 누려야 할 행복을 탕진하지는 않나요? 눈앞의 작은 돌멩이에 돋보기를 들이대고 거대한 바위라며 절망하는 습관은 삶을 지옥으로 이끕니다.

오늘 우리는 에픽테토스와 마르쿠스 아우렐리우스의 지혜를 빌려 합리적 선택을 시작합니다. 내 뜻대로 할 수 있는 것과 없는 것을 구분하고, 바꿀 수 없는 일을 우주 밖으로 던지는 연습해 보겠습

니다. 내가 선택할 수 있는 나의 태도에 집중하고 마음의 성벽을 쌓
으세요. 집착을 버리고 자유를 얻는, 배짱 넘치는 인생 기술을 만나
보겠습니다.

# 태양보다 큰 돌멩이

우리는 평생 행복을 붙잡으려고 앞만 보고 달립니다. 좋은 대학에 가거
나 번듯한 직장을 얻으면, 또는 내 집을 마련하고 자녀 교육을 무사히 마치
면, 행복해질 거라는 기대를 품습니다. 하지만 현실은 냉혹하죠. 숙제 하나
를 간신히 끝내면 기다렸다는 듯 더 어려운 문제가 등장합니다. 혹시 보장
된 노후의 행복을 꿈꾸느라 지금 누려야 할 삶을 통째로 낭비하고 계신 건
아닌가요?

모든 것을 잃고 벼랑 끝에 선 40대 가장이 있었습니다. 사업 실패로 전
재산을 날리고 이혼한 뒤, 2년간 작은 원룸에서 살았습니다. 더 이상 버틸
수 없다고 판단한 그는 지푸라기라도 잡는 심정으로 심리 상담사를 찾아가
말했습니다.

"제 인생은 여기서 끝인 것 같습니다."

가슴 아픈 사연을 잠자코 듣던 상담사는 그를 데리고 어디론가 향했습니
다. 도착한 곳은 뜻밖에도 공동묘지였습니다. 상담사는 줄지어 늘어선 무
덤 앞에 그를 세우고 물었습니다.

“자, 여기 잠든 분들에게 한번 물어보세요. ‘여기 계신 분 중에 아무 사연 없이 온 분 계신가요? 있다면 당장 일어나 보세요’라고요.”

남성은 아무 말 못 한 채 서 있었습니다. 상담사는 차분한 어조로 말을 이어갔습니다.

“이곳에 잠든 분 모두 죽을 것 같은 고통과 아픈 사연을 안고 살다가 죽음을 맞이했습니다. 인생에 문제가 없는 사람은 아무도 없어요.”

이따금 인생이 버겁게 느껴지는 것은 내 앞에 놓인 장애물 때문만이 아닙니다. 문제를 돋보기로 들여다보며 세상을 다 잃은 듯 부풀리는 습관도 한몫하죠. 자그마한 돌멩이도 바로 코앞에서는 태양을 가리는 바위가 되는 법입니다. 지금 잠 못 들게 하는 고민도, 사실은 작은 돌멩이일 수도 있습니다. 이미 지나가 버린 과거의 실수, 떠나간 연인의 마음, 내일 비가 올지…. 죽었다 깨어나도 바꿀 수 없는 일을 붙들고 씨름하느라, 오늘 누려야 할 행복은 포기했나요?

눈앞의 돌멩이 때문에 내 인생은 꽉 막혔다고 절망하는 태도는 우리를 나락으로 떨어뜨립니다. 한 발짝만 물러서 보면 아무것도 아닌데 말입니다. 통제할 수 없는 것을 통제하려는 집착은 영혼을 쉬지 못하게 만듭니다.

왜 놓아버리면 편할 것을 꽉 쥐고 아파할까요? 저 사람이 나를 어떻게 생각할지 고민하며 밤잠을 설친 적이 있다면, 그것이 집착입니다.

이제 우리는 에픽테토스와 마르쿠스 아우렐리우스의 지혜를 빌려 합리적 선택을 시작해야 합니다. 세상의 풍파 속에 흔들리지 않고, 선택할 수 있는 자기의 태도에만 집중하는 배짱이 필요합니다. 과거도 미래도 아닌,

내가 통제할 수 있는 오늘을 강단 있게 살아내는 힘이 절실합니다.


## 우주에서 내려다보면

내 눈을 가린 돌멩이가 큰 바위처럼 보일 때 우리는 어떻게 해야 할까요? 돌멩이를 당장 조그맣게 깎을 수도 없고, 태양의 위치를 바꿀 수도 없습니다. 이때 필요한 일은 몸을 뒤로 물려 돌멩이와의 거리를 벌리는 것입니다. 철학은 어렵기만 한 이론이 아닙니다. 내 삶을 바라보는 렌즈의 초점을 조절하는 구체적이고 실용적인 도구입니다.


몇 해 전 부모 교육 강의를 마쳤을 때였어요. 한 어머니가 조심스럽게 저를 찾아와 고등학생인 두 남매 이야기를 꺼내셨죠. 남매가 집에서 서로 얼굴조차 마주치지 않을 정도로 사이가 깊게 틀어졌다고 하더군요.

하지만 진짜 문제는 따로 있었습니다. 고등학교 2학년인 큰아들이 벌써 3년째 학교와 담을 쌓고 있었거든요. 이 위태로운 방황이 처음 시작된 건 중학교 2학년 때였어요. 하지만 부모님은 아들이 학교를 빠지고 있다는 사실을 전혀 몰랐습니다.

그러다 아들이 고등학교 1학년이 되었을 때, 담임 선생님의 전화를 받고서야 모든 사실이 드러났어요. 아들은 매일 아침 등교하는 척 집을 나섰지만, 실제로는 온종일 친구들과 어울리며 밖으로만 돌았던 거예요. 어머니는 눈앞이 캄캄해졌죠.

부모님들은 자식 문제에 이구동성으로 우리 애는 원래 착한데, 나쁜 친구들을 만나서 저렇게 되었다는 반응을 보입니다. 부모님은 친구들만 떼어놓으면 모든 게 해결될 거라 믿었습니다. 그래서 서둘러 서울로 이사까지 결심했죠.

그렇게 서울로 온 지 어느덧 1년이 흘러 아들은 고등학교 2학년이 되었습니다. 환경이 바뀌었으니 아들이 학교에 갔을까요? 아니요, 상황은 전혀 나아지지 않았습니다. 부모님은 환경만 바꾸면 아이가 저절로 바뀔 거라 착각했지만, 정작 아이의 멍든 속마음은 그대로였으니까요.

간곡한 부탁을 받고 제가 그 집을 방문했을 때, 상황은 예상보다 훨씬 심각했습니다. 아이들은 제 앞에서도 아주 무례하게 대하더군요. 저는 훈계하고 싶은 마음을 꾹 누르고, 한 달 동안 그저 아이들과 신나게 놀아주기만 했습니다. 어떤 잔소리도 하지 않으면서요. 그랬더니 아이들이 슬슬 속마음을 털어놓았습니다. 그렇게 1년이 지났을 때, 기적 같은 일이 벌어졌습니다. 큰아들이 스스로 공부를 시작해 대학에 입학한 거예요. 늘 으르렁대던 여동생과도 사이좋게 대화를 나누고, 제가 떡볶이 먹자고 부르면 언제든 달려 나오는 밝은 아이가 되었습니다. 무엇보다 놀라운 건, 남매가 부모님을 진심으로 아끼게 됐고 부모님 역시 아이들을 대하는 태도가 완전히 바뀌었다는 사실입니다.


자, 한번 생각해 보세요. 커다란 문제가 눈앞을 가로막고 있을 때는 정말 죽을 것만 같죠. 평생 부수지 못할 어마어마한 바위처럼 보이기도 하고요. 하지만 아무리 태산 같은 문제라도 멀리서 떨어져 보면 그저 작은 먼지에 불과합니다.

제가 아까 말한 아이들에게 거창한 철학 이론을 가르쳤을까요? 아닙니다. 저는 그저 아이들과 부모님에게 아주 가벼운 미션을 몇 가지 주었을 뿐이에요. 우선 부모님과 남매가 서로의 장점과 긍정적인 면을 100개씩 찾아보라고 했어요. 저녁에는 다 같이 주방에 모여 북적거리며 음식을 만들게 했죠.

겨울에는 온 가족이 함께하는 연탄 배달 봉사를 계획했습니다. 사실 마음 문을 닫은 아이들이 봉사 활동을 가겠다고 선뜻 나설 리 없잖아요? 그래서 부모님과 머리를 맞대고 '특급 작전'을 짰습니다. 아이들에게 강력한 동기부여를 해준 거죠. "봉사 현장에 가끔 연예인들도 온다더라. 특히 네가 좋아하는 아이돌이나 배우가 오는 날로 일정을 잡아보자!"

수단과 방법을 가리지 않고 연예인이 참가하는 날을 수소문했습니다. 다행히 아들이 좋아할 만한 여자 연예인 두 명이 참석하는 날로 일정을 맞출 수 있었죠. 그랬더니 어떤 일이 벌어졌을까요? 평소엔 깨워도 안 일어나던 아들이 그날은 새벽부터 일어나 거울 앞에서 '꽃단장'을 했답니다. 그날 정말 웃지 못할 사건도 있었어요. 아들이 연탄 봉사 가는 날 무슨 옷을 입었을까요? 세상에, 위아래로 뽀얀 흰색 계열의 옷을 쫙 빼입고 나온 거예요. 옆에 있던 딸은 화사한 노란색 옷을 입었고요. 검은 연탄 가루가 날리는 전쟁터에 말이죠!

하지만 저는 그전에 부모님께 신신당부를 드려놓았습니다.

"애들이 무슨 옷을 입고 방에서 나오든지 절대 간섭하지 마세요. 그냥 내버려 두셔야 합니다."

연탄 봉사 가서 옷이 새까맣게 더러워지면 좀 어떤가요? 빨래로 해결이 안 되면 그냥 웃으면서 버리면 그만인걸요. 그게 뭐 그리 대수라고요. 진짜 중요한 건 아이들이 스스로 설레어하며 정성껏 준비했다는 그 마음이니까요. 부모가 그 사소한 옷차림까지 통제하려 드는 순간, 아이들의 마음 문은 다시 덜컥 잠겨버리고 말았을 겁니다.

그날 아이들은 흰 옷과 노란 옷에 시커먼 훈장을 묻혀가며 열심히 연탄을 날랐습니다. 그렇게 땀을 흘리며 자연스럽게 가족들과 다시 눈을 마주치기 시작했죠. 어느 날은 다 같이 유언장을 쓰고 소리 내어 읽는 시간도 가졌습니다. "언젠가 우리 모두 죽는다." 이 명백한 진실 앞에 서자, 지금 겪는 끔찍한 갈등도 한순간에 아주 작은 일로 변해버렸습니다.

　이것이 바로 로마의 황제이자 스토아 철학자 마르쿠스 아우렐리우스(121년~180년)가 실천했던 우주적 거리두기입니다. 그는 제국의 황제로서 수많은 전쟁과 배신에 시달렸지만, 억지로 문제를 해결하려 들지 않았어요. 대신 밤하늘을 보며 자신의 시선을 지구 밖 우주로 훌쩍 던져버렸죠. 끝없는 우주의 흐름 속에서 자신의 고민이 얼마나 미미한지 깨닫는 훈련을 한 거예요.

　이 가족도 마찬가지였습니다. 아들의 탈선과 지옥 같은 집안 분위기라는 거대한 바위에서 한 걸음 물러난 거죠. 유언장을 쓰며 삶의 끝을 바라보자 현재의 고통은 찰나의 문제로 작아졌습니다. 연탄을 나르며 이웃의 더 큰 고단함을 마주하자 내 발등의 불이 작은 불씨에 불과했음을 온몸으로 깨닫게 된 겁니다.

　미국의 천문학자 칼 에드워드 세이건(Carl Edward Sagan, 1934년~1996년)이 지구를 보고 창백한 푸른 점이라 불렀던 것도 같은 맥락이에요. 광활한 우주 속 작은 먼지 같은 점 위에서 우리가 아웅다웅하며 살고 있다는 사실을 깨닫는 순간, 요동치던 마음은 고요해집니다.

　우주적 시선은 고통을 무시하라는 게 아닙니다. 고통의 진짜 크기를 제대로 가늠하게 해주는 가장 공정한 저울이죠. 눈앞의 문제에 숨이 막힐 때는 고개를 들어 밤하늘을 보세요. 나는 무한한 우주의 한 조각이며, 지금의 시련 역시 잠시 지나가는 바람일 뿐입니다. 이 광대한 거리감 속에서 우리는 집착이라는 무거운 외투를 벗고 평온을 회복하게 됩니다.

# 바꿀 수 없다면 미련 없이

앞서 우주적인 시선으로 내 고민을 작게 만들어 보았습니다. 이제는 내 발등에 떨어진 현실적인 문제를 정리할 차례입니다. 우주에서 보면 내 고민은 작은 돌멩이처럼 보일지 모릅니다. 그럼에도 그 돌멩이가 내 발등을 찍으면 여전히 눈물이 쏙 빠지게 아프죠.

여기 로마의 스토아 철학자 에픽테토스(50년경~135년경)의 지혜를 빌려옵니다. 그는 노예 출신이지만 어느 누구보다 자유로운 영혼을 가졌습니다. 그는 문제를 빠르게 해결하는 비법으로 단순한 마음의 분류 작업을 제안합니다. 저서 『에픽테토스의 인생을 바라보는 지혜』(키와 블란츠 역, 메이트북스, 2019)에 따르면, 그는 모든 일을 딱 두 가지로 나누라고 조언합니다. 내 마음대로 할 수 있는 일과 그렇지 않은 일입니다.

내 마음대로 되는 것은 나의 생각, 욕구, 거부감, 노력 등입니다. 반대로 마음대로 되지 않는 것은 몸, 재산, 명예, 죽음 같은 것들입니다. 친구나 동료, 과거와 미래도 여기 해당합니다.

예를 들어, 타인의 생각은 통제 불능 영역에 속해 있습니다. 그런데도 사람과의 만남을 꺼리는 사회불안장애 환자의 경우, 남이 나를 어떻게 평가할지 항시 염려하고 초조해하다 평정심을 놓치기 일쑤입니다.

에픽테토스는 상황을 바라보는 내 생각과 믿음의 방향을 스스로 설정해야 한다고 강조합니다. 살면서 겪는 일 자체가 반드시 불행이거나 장애물인 게 아니라 내가 불행이라고 생각하니 불행이 된다는 것이죠.

세상만사가 내 뜻대로 흘러가기를 바라지 마세요. 오히려 유연성을 발휘하여 현실에 내 기대를 맞추는 겁니다. 이미 벌어진 일은 되무를 수 없습니다. 그렇더라도 상황을 유리하게 해석하는 것은 온전히 내 자유입니다. 눈

앞의 현실에서 무엇을 얻을지, 무엇을 훌훌 털어버릴지 냉철하게 선택하는
거죠.

우리 주변에는 아직도 과거에 대한 원망, 후회, 미련 때문에 현재를 살지
못하는 이들이 많습니다. 가정환경이 불우해서, 그 친구가 나를 배신해서
인생이 꼬였다며 나는 지금의 현실에 대한 책임이 없는 것처럼 핑계를 댑
니다. 이미 지나가 버린 과거의 상처를 들쑤시고, 그 원인을 찾느라 끙끙댑
니다.

이럴 때 스위스의 심리학자 칼 구스타프 융(Carl Gustav Jung, 1875년~1961년)의 처방
이 도움이 됩니다. 그는 과거를 자꾸 곱씹는 행동이 우리의 앞길을 막는다
고 지적했습니다. 칼 구스타프 융은 이것을 홍수에 비유해 설명합니다.

마을에 무서운 홍수가 나서 집이 몽땅 떠내려갔다고 상상해 보세요. 이
때 비가 왜 이렇게 많이 왔는지 기상청 자료를 뒤지며 원인을 분석하는 건
아무 소용이 없습니다. 당장 필요한 건 질척거리는 진흙더미를 치우고, 그
위에 어떻게 새집을 지을지에 집중하는 씩씩한 마음입니다. 마음의 상처를
낫게 하려면 과거의 무덤을 파헤치지 말고, 앞으로 닥칠 비바람에 끄떡없
이 버틸 힘을 길러야 합니다.

이제 바꿀 수 없는 과거에 발목 잡히지 마세요. 남의 속마음을 맘대로 조
종하려는 헛된 수고도 멈추세요.

진심으로 오늘과 다른 내일을 원한다면, 내 태도를 먼저 바꿔야 할 겁니
다. 이 마음가짐이야말로 잃어버린 삶의 운전대를 붙잡는 확실한 방법입
니다.

# 인생의 키<sup>Key</sup>를 쥐고

처음 질문으로 돌아갑니다. 뜻대로 되지 않는 일 때문에 괴로워하는 고통에서 놓여나려면 어떻게 해야 할까요?

에픽테토스와 마르쿠스 아우렐리우스로부터 현명한 삶의 기술을 배워야 합니다. 세상일은 내 뜻대로 할 수 있는 것과 없는 것으로 나눠집니다. 바꿀 수 없는 과거와 떠나간 사람의 마음, 타인의 평가는 과감히 우주 밖으로 던져버리세요. 이제 눈앞의 돌멩이를 치워버리고 저 멀리 빛나는 태양을 바라보는 결단이 필요합니다.

내가 선택할 수 있는 태도에 온 에너지를 집중하세요. 비가 오는 건 막을 수 없지만, 우산을 쓸지 빗속에서 춤을 출지는 내가 결정할 수 있습니다. 상사가 화를 내는 건 내 소관이 아니지만, 그 화를 마음에 담아둘지 그냥 흘려버릴지는 내 통제권에 속합니다.

앞에서 만난 40대 가장이 깨달았듯이, 문제가 전혀 없는 삶은 공동묘지에나 있습니다. 살아 있다는 건 늘 문제를 마주하며 파도를 넘어야 한다는 말이죠. 이 명쾌한 구분을 실천하는 순간, 복잡했던 머릿속은 거짓말처럼 맑아질 것입니다.

원대한 우주의 시선으로 보면 지금 우리를 괴롭히는 고민은 먼지 알갱이보다 작습니다. 이 또한 지나가리라는 말은 그냥 하는 위로가 아니라 거스를 수 없는 우주의 이치입니다. 몇 년 전 고민이 기억나지 않듯, 오늘의 집채만 한 고민도 언젠가 작은 티끌이 되어 사라집니다.

과거의 상처를 해부하느라 에너지를 낭비하지 말고 오늘의 파도를 어떻게 넘을지 결정하는 지혜로운 선장이 되십시오. 시련을 견디는 걸 넘어 그 고통을 주체적으로 요리하는 사람이 되어보세요. 파도가 높으면 서핑을 즐기고, 바람이 없으면 노를 저어 앞으로 나가면 그만입니다. 집착을 버리고

통제권을 되찾으면, 어떤 파도가 몰려와도 자유롭게 바다를 항해할 수 있습니다. 손에 든 내 인생의 키Key를 절대로 놓지 마세요. 태풍은 반드시 지나가고 우리는 더 단단해진 배를 타고 목적지에 닿을 것입니다.

본문의 깊은 사유를 내 것으로 만들기 위해서는 눈으로 읽는 것을 넘어, 직접 손으로 기록하는 과정이 필요합니다. 오늘, 철학자들처럼 나 자신과 대화해 보세요.

# PART 1. 인문학의 지혜 적용하기

## 1. 내 눈앞의 돌멩이와 우주적 거리두기

자그마한 돌멩이도 눈앞에 가져다 대면 찬란한 태양을 가리는 바위가 됩니다. 지금 당신을 잠 못 들게 하는 고민은 어쩌면 시야가 좁은 부풀어 오른 돌멩이일지 모릅니다. 마르쿠스 아우렐리우스는 이럴 때 시선을 우주 밖으로 던지라고 조언했습니다.

당신의 마음을 차지하고 있는 가장 큰 고민을 생각해 보세요. 10년 뒤의 미래, 혹은 광활한 우주의 관점에서 그 고민을 바라보면 어떤 느낌이 드나요? 현재의 느낌을 정직하게 기록하세요.

**예시)**

*어제 회의에서 PPT를 가지고 발표할 때 했던 실수가 머릿속에서 떠나질 않는다. 하지만 1년 뒤에는 이 일이 기억조차 나지 않겠지? 내 인생 전체라는 큰 그림에서 보면 이 돌멩이는 길 가다 발에 챈 작은 돌멩이일 뿐이다.*

## 2. 내 권한과 타인의 권한 냉정하게 나누기

에픽테토스는 행복해지기 위해 세상일을 딱 두 가지로 나누라고 했습니다. 내가 마음대로 할 수 있는 일과 그렇지 못한 일이지요. 타인의 평가나 과거의 사건은 내 권한 밖의 일입니다. 오직 그 상황을 바라보는 나의 생각만이 내 통제권 안에 있습니다.

요즘 당신이 애를 써도 바뀌지 않아 스트레스를 받는 일(타인의 성격, 이미 벌어진 실수 등)은 무엇인가요? 이제 그 일을 '내 권한 밖의 상자'에 담아 우주로 던져버린다고 상상해 보세요. 대신 지금 이 순간 당신이 의지로 바꿀 수 있는 '나의 태도나 행동'은 무엇인지 구체적으로 기록하세요.



*무례한 직장 상사의 말투를 바꾸려 노력했지만 결과는 늘 절망적이었다. 상사의 성격은 '내 권한 밖의 일'임을 인정하고 포기하겠다. 대신 그 말을 들었을 때 내 마음의 평화를 지키기 위해 '그냥 흘려듣기'라는 태도를 선택하기로 했다. 내 기분은 오직 나만이 결정할 수 있다.*

# PART 2. 독서 일기를 위한 네 가지 질문

### 1. 생각을 깨우는 인터러뱅interrobang의 마법

인터러뱅(⁈)은 물음표(?)와 느낌표(!)가 하나로 합쳐진 기호입니다. 오늘 읽은 글이 당신의 익숙한 세계에 던진 가장 날카로운 물음표는 무엇인가요? 그 질문을 통해 새롭게 깨달은 감동의 느낌표를 함께 기록하세요.

[?] _______________________________________________________

[!] _______________________________________________________

### 2. 휴먼 라이브러리Human library

책은 때로 어떤 전문가보다 지혜로운 상담가가 되어줍니다. 당신의 고민에 답이 된 문장을 기록하세요.

### 3. 머릿속 생각의 틀 시원하게 부수기Break the Shell

그동안의 편견을 깬 도끼 같은 문장이 있나요? 그 문장을 통해 틀에 박힌 생각에서 벗어나 새로운 길을 발견했다면, 그 짜릿한 변화를 기록하세요.

### 4. 인생을 바꿀 한 문장: 당신의 가슴에 낙인처럼 찍힌 한마디는 무엇인가요?

삶의 거센 파도가 닥치고 뜻밖의 시련이 찾아올 때, 당신을 다시 일으켜 줄 단 하나의 문장은 무엇일까요? 본문 중에서 인생을 역전시킬 만큼 강렬한 에너지를 지닌 인두 같은 문장을 찾아 기록하고, 그 이유를 새겨보세요.

제2부 인생 역전

# 생각 혁명

백해무익한 생각은 노(NO)!

# 제3부

# 갈등

직진 신호라는
착각

## 오늘의 인두 같은 한 문장

그릇이 큰 사람은 자신을 하나의 틀에 가두지 않는다. 거대한 네모는 모서리가 보이지 않고, 아주 커다란 그릇은 정해진 테두리가 없다. 너무 웅장한 소리는 귀에 잘 들리지 않으며, 어마어마하게 큰 형체는 모양을 짐작할 수 없는 법이다.

- 노자(老子, 기원전 6세기경)

## 오늘의 핵심 메시지

"내가 해봐서 아는데"라는 말이 입 밖으로 나오는 순간, 인간관계에는 금이 가고 서서히 갈등이 시작됩니다. 내 작은 경험을 세상의 전부인 양 상대에게 들이밀기 때문이죠. 그렇게 앞뒤로 꽉 막힌 사람은 고립을 자초합니다.

노자의 책 『도덕경』은 진짜 큰 그릇은 억지로 채우지 않는다는 심오한 진리를 설파합니다. 갈등을 해결하는 열쇠는 상대를 지배하

제3부 생각 혁명

## 대화의 교차로에서는 우선 멈춤

제 어머니가 살고 계신 경기도의 소도시에 갈 때마다 지나는 교차로가 있습니다. 15년 넘게 오가며 지켜봐도 여기 신호등은 제 역할을 한 적이 없습니다. 고장이 난 건지 일부러 둔 건지, 늘 황색등만 깜빡거립니다. 운전자에게는 빨간불과 초록불이 정해진 타이밍에 바뀌는 신호등이 편합니다. 내 신호가 오면 아무 고민 없이 액셀을 밟으면 되니까요.

하지만 황색등이 깜빡이는 교차로에서는 이 규칙이 통하지 않습니다. 그래서인지 이 교차로에서는 보기 드문 광경이 연출됩니다. 저를 포함한 모든 운전자가 약속이라도 한 듯 브레이크를 밟는 겁니다. 통행량이 많은 교차로에 들어가기 전에 멈춰 서서, 다른 방향에서 차가 오는지 확인합니다. 상대 차량의 움직임을 면밀히 살피며 조심스레 서로를 비켜 갑니다. 신호등이 없어서 불편한 상황이 도리어 사고가 잦을 법한 교차로를 더 안전하게 지켜주죠.

일상에서 벌어지는 허다한 갈등 상황도 이 교차로와 원리와 쌍둥이마냥 닮았습니다. 인간관계의 교통사고는 보통 방심할 때 터집니다. 나는 내 신호니까 당연히 가도 된다고 생각합니다. 상대 차가 알아서 멈출 거라는 섣부른 판단이 파국을 부릅니다.

다른 사람과 대화할 때 내 말이 법이고, 내 생각이 무조건 정답이라고 우기는 분들이 많죠. 마치 교차로에서 다른 차더러 알아서 피해 가라는 듯 냅다 달리는 자동차 같습니다.

'정답러'들은 대화 중 브레이크를 밟지 않고 달리다, 상대방을 세게 들이받고 맙니다. 뻥 뚫린 도로를 달리는 것처럼 타인의 생각이나 입장을 배려하지 않습니다. 오만이 소중한 관계를 망치고 갈등을 일으킵니다. 기분이 나쁘면 상대가 상처받든 말든 감정을 마구 쏟아냅니다.

갈등을 지혜롭게 풀어가는 사람은 다릅니다. 이들은 황색등이 깜빡이는 교차로를 지나는 운전자 같습니다. 내가 먼저 멈추지 않으면 나도, 상대도 다친다는 사실을 압니다. 그래서 말하기 전에 한 번 더 생각합니다. 이것이 인간관계라는 도로에서 사고를 피하는 가장 안전한 운전법입니다.


철학자 노자는 일찍이 인간의 아집은 단호히 경계해야 한다고 했습니다. 노자는 지혜로운 태도를 살얼음 낀 겨울 시냇물을 건너듯 조심하는 모습에 비유했습니다.

우리가 흔히 쓰는 유예猶豫라는 단어에도 그런 뜻이 담겼습니다. 유猶는 의심에 가득 찬 원숭이고, 예豫는 조심성 많은 코끼리입니다. 원숭이는 나무 아래로 내려갈 때 천적을 살핍니다. 코끼리는 강을 건널 때 위험하지 않은지 살펴보며 머뭇거립니다. 유예는 이렇게 신중한 태도를 뜻합니다. 이 태도가 대화에 적용되어야겠죠.


그런데 우리는 후배나 자녀 앞에서 나름의 확신에 가득 차서 이게 정답이니까 내 말대로 하라며 목소리를 높입니다. 나를 상대방의 주인으로 착각하고, 내 과거의 성공이 상대의 미래에도 들어맞는다고 맹신합니다. 관계의 사고가 터지기 직전이죠.

치명적인 갈등을 막으려면 이때 마음의 브레이크를 꾹 밟으세요. 내 경험이 지금 이 사람에게 정말 맞는지 거듭 생각하는 의심이 있어야 불행을 예방할 수 있습니다. 조심하고 망설이는 태도는 얽히고설킨 관계의 살얼음판을 무사히 통과하도록 돕는 지혜입니다. 오늘 우리는 노자의 『도덕경道德經』(김원중 역, 휴머니스트, 2018)을 통해 멈춤의 미학을 배웁니다. 내가 정답이라는 확신을 멈출 때, 갈등은 잦아들고 관계는 한 걸음 전진하게 됩니다.

## 남의 집에 들어서는 정중한 손님으로

조심스럽게 타인을 살피는 마음은 자연스럽게 겸손으로 이어집니다. 내 생각이 틀릴지 모른다고 여기는 사람은 상대를 절대 함부로 하지 않습니다. 따라서 갈등이 벌어질 틈을 미리 막아버리는 거죠. 그래서 노자는 지혜로운 사람의 처세술을 정중한 손님의 자세에 빗댑니다.

누군가의 집에 처음 초대받았을 때를 머릿속에 그려봅시다. 우리는 현관에 들어서서 예의 바르게 신발을 벗고 거실로 들어갑니다. 아무리 내가 집주인보다 잘났어도 무례히 행동하지 않습니다. 허락 없이 남의 집 냉장고 문을 벌컥 열거나 인테리어에 관해 함부로 지적하지 않습니다. 우리는 철저히 손님의 자리에서 주인의 삶의 방식을 존중하고 배려합니다.

그러나 일상의 대화 중에는 이 당연한 예의를 자주 잊곤 합니다. 가족이나 가까운 사이일수록 뻔뻔하게 주인 행세를 하고, 상대방의 영역에 막무가내로 침입합니다. 그리고 내가 다 해봤으니 시키는 대로 하라고 언성을 높이다가 갈등이 터집니다. 특히 연장자나 전문가라는 간판을 달았을 때 이런 사고가 잦습니다. 어떤 분들은 "내가 이 바닥에서 20년 있었어."라고 목소리를 높입니다. 상대가 고민하며 한 말을 단칼에 무시합니다. 타인의 복잡다단한 삶을 내 얄팍한 경험에 억지로 구겨 넣는 예의 없는 태도입니다.

가정에서도 갈등은 비일비재합니다. 부모가 자녀의 방에 노크 없이 들어갑니다. 심지어 아이의 장래 직업까지 결정합니다. 부모는 자신의 짙은 불안이나 이루지 못한 욕망에 사랑이라는 이름표를 답니다. 그리고 연약한 아이의 삶에 그 사랑을 자기 방식대로 밀어 넣습니다. 이것은 진정한 사랑이 아닙니다. 얌전해야 할 손님이 안방을 차지하고 텔레비전 리모컨을 뺏는 폭력이나 다름없습니다. 이 오만한 태도는 상대를 독립된 인격체로 존중하지 않고 무기력하게 만듭니다. 그래서 관계가 병들고 씻을 수 없는 상처와 갈등이 남습니다.

그렇지만 지혜로운 사람은 타인 앞에서 늘 정중한 손님이 됩니다. 내 경험이 상대에게 거북한 방해물일 수 있음을 솔직히 인정합니다. 상대가 스스로 멍들고 부딪히며 길을 찾도록 곁에서 조용히 지지해 줍니다.


노자는 수레바퀴나 밥그릇이 제 기능을 하는 이유를 관찰했습니다. 그 비결은 안이 텅 비어 있는 거랍니다. 수레바퀴는 안이 비어야 단단한 바퀴살이 모입니다. 밥그릇은 빈 공간이 있어야 따뜻한 밥을 가득 담을 수 있습니다.

마음의 작동 원리도 이와 똑같습니다. 내 낡은 성공 공식이나 뻔한 편견으로 자아를 한껏 부풀리지 말아야 합니다. 그러면 상대방을 이해할 여유가 들어올 틈이 없습니다. 흔히 말하는 꼰대가 대표적인 예죠. 갈등을 풀고 싶다면 손님의 마음으로 자신을 비워야 합니다. 내 마음의 공간이 넉넉할 때 타인의 무한한 가능성을 따뜻하게 품어주게 됩니다.

가까운 사람일수록 함부로 정답을 강요하지 마세요. 곁을 조용히 내어주는 사람에게는 사람들이 점점 모여듭니다. 상대를 마음대로 통제하려는 욕심을 버리세요. 빈 그릇 같은 넉넉한 마음을 가질 때 불필요한 갈등은 자취 없이 사라집니다.

# 대기면성 大器免成

타인을 손님처럼 존중하고 정답을 강요하지 않는 자세는 나를 대하는 태도에도 영향을 미칩니다. 우리는 큰 그릇은 늦게 이루어진다는 뜻의 대기만성 大器晩成이라는 말을 자주 씁니다. 지금은 초라해도 언젠가는 성공할 거라며 스스로 위로하지요. 엄밀히 말하면, 이는 고전 원문의 뜻과 다릅니다. 노자가 말한 원형은 대기면성 大器免成입니다.

대기면성이란 큰 그릇은 특정한 모양으로 완성되기를 거부한다는 파격적인 의미를 담고 있습니다. 왜 하나의 모양으로 완성되지 않을까요? 어떤 그릇이 물을 마시는 작은 컵으로 굳어버렸다고 해보죠. 그러면 용도가 하나로 정해집니다. 국을 담거나 꽃을 꽂는 화병으로 쓰이지 못합니다. 모양이 결정되면, 그릇의 쓰임새와 한계도 명확해집니다.

우리 삶도 그렇습니다. 이게 유일한 정답이라고 확신하는 것은 스스로를 조그만 간장 종지라고 인정하는 일과 같습니다. 굳은 마음엔 타인 이해하고 어우러질 수 있는 지혜가 들어설 공간이 없어집니다. 우리가 인간관계에서 심각한 갈등을 빚고 공정성을 잃는 것도 이런 까닭입니다. 내 모양은 하나의 잣대가 됩니다. 그래서 내 기준에 맞으면 박수를 치고, 상대가 조금이라도 다르면 가차 없이 배척합니다.

큰 그릇은 늦게 완성된다는 뜻으로 잘 알려진 대기만성은 삼국시대 철학자 왕필(王弼, 226년~249년)의 치밀한 변용입니다. 당시는 벼슬길이 성공의 좌표

였으므로, 사람들은 누가 더 뛰어난지 매 순간 혹독하게 평가받았습니다. 자녀의 성공을 간절히 바라던 부모들에게 정해진 틀이 없어야 큰 그릇이라는 노자의 말은 뜬구름 잡는 소리였습니다.

그래서 왕필王弼은 대기면성을 해석하면서 그 뜻을 영리하게 비틉니다. 그는 당장 결과가 안 나와도 괜찮다, 큰 그릇은 늦게 완성되는 법이라며 한 글자를 바꿉니다. 이 말은 부모들에게 최고의 위로가 되었고, 아이들을 계속 다그치고 채찍질하는 명분이 되었습니다.


이 성공에 대한 맹목적 집착은 오늘날 우리 사회의 풍경과 소름 돋게 닮았습니다. 어른들은 아이에게 장래 희망이 뭐냐고 다그칩니다. 아이가 무리한 인생 계획표를 짜게 만듭니다. 어떤 부모는 특정 전문직 인재가 되라고 종용하며 아이에게 조기교육을 시키고, 아이를 억지로 학원에 보냅니다. 그 결과로 아이가 성장하면서 씻을 수 없는 상처와 갈등을 낳기도 합니다.

마땅히 자녀의 미래를 고민해야죠. 그런데 막상 어른들에게 꿈이 뭐냐고 물으면 어떨까요? 제가 만난 사람 중에 내가 정말 원하는 꿈은 이거라고 자신 있게 답하는 분은 거의 없습니다. 50대, 60대가 되어도 어떻게 살아야 할지 몰라 방황합니다. 자기도 평생 꿈을 못 찾고 헤매면서 애꿎은 아이들에게 본인이 생각하는 정답을 강요합니다.


참된 기쁨은 내 삶의 방식을 유연하게 조정하는 과정에서 찾아옵니다. 상대방과 세상의 흐름에 발맞춰 부드럽게 나의 모양을 바꿔보세요. 지혜로운 사람은 자신이 아는 것이 언제든 틀릴 수 있다고 흔쾌히 인정합니다. 노자가 말한 대로 억지를 부리지 않습니다. 한낱 말싸움으로 상대를 굴복시키려고 옹졸하게 굴거나, 타인에게 함부로 상처를 내지 않습니다. 나를 완성되지 않은 빈 그릇으로 남겨둘 때, 지긋지긋한 관계의 갈등도 자취를 감춥니다.

## 칡과 등나무가 엉겨 함께 자라듯

이제 처음의 질문으로 돌아가 보죠. 하루가 멀다고 되풀이되는 사람 사이의 갈등 속에서 과연 무엇을 해야 할까요?

갈등이 생기면 누구나 괴로워합니다. 내가 뭘 잘못해서 이런 고통을 겪는지 자책에 빠집니다. 또는 상대방의 이기적인 태도를 원망하며 분노에 휩싸입니다. 하지만 갈등은 한 사람의 일방적인 잘못으로 생기지 않습니다. 나만 유별나게 겪는 일도 아닙니다. 우리는 서로 다른 성격과 감정패턴을 지니며, 자라온 환경도 다릅니다. 철저하게 다른 두 우주가 만나 어떻게 아무런 마찰 없이 소통할 수 있겠습니까?

이쯤에서 갈등葛藤이라는 한자를 면밀히 탐구해 보겠습니다. 갈등은 칡 갈葛 자와 등나무 등藤 자를 씁니다. 칡과 등나무는 스스로 서지 못하고 다른 식물의 줄기나 지지대에 얽혀 자라는 덩굴성 식물입니다. 그런데 흥미로운 사실이 있습니다. 칡은 시계 반대 방향으로 감아 올라가는 반면, 등나무는 시계 방향으로 자랍니다. 방향이 전혀 다른 두 식물이 만나면 어떻게 될까요. 칡이 오른쪽으로 휘감으면, 그것을 타고 등나무가 왼쪽으로 휘감습니다. 다시 등나무가 왼쪽으로 올라가면, 칡이 그 위를 덮습니다. 서로 꼬임의 원인이 되기도 하고 결과가 되기도 합니다. 이대로는 아무리 자라도 둘이 화합하기 어렵습니다.

사람 사이의 갈등도 이들과 유사합니다. 서로 방향이 다른 사람들이 만나 계속 부딪치고 엉키는 거죠. 그런데 칡과 등나무의 엉킴 속에는 우리가 놓쳐선 안 될 귀한 지혜가 숨어 있어요. 갈등은 서둘러 베어내고 없애야 할 성가신 난제가 아닙니다. 칡과 등나무가 팽팽하게 엉키며 성장하듯, 사람도 갈등을 통해 서로를 단단히 떠받치며 자랍니다. 세상이라는 큰 나무 위에서 갈등이라는 가지로 상대를 붙잡고 씨름하며, 내 안의 모난 부분을 조금씩 다듬어가는 과정인 셈입니다. 우리는 상대를 완벽히 이해해야 관계가 유지된다고 생각하기 쉽습니다. 하지만 성숙한 사람은 좀 달라요. 도저히 이해하기 힘든 사람이라도 묵묵히 품어줄 줄 알거든요. 그 사람이 스스로 변화하고 성장할 때까지 곁에서 기꺼이 기다려주는 겁니다.

황색등만 깜빡이는 교차로를 다시 떠올려 봅니다. 사방에서 달려오던 자동차들이 약속이라도 한 듯 그 앞에서 일단 멈춰 서죠. 신호가 불분명하기 때문입니다. 우리 삶도 마찬가지입니다. 화해와 상생을 위해 들끓어 오르는 갈등 앞에서 멈춰야 합니다. 갈등이 터지는 그 순간, 자기 입장만 내세우지 마세요. 내 생각, 내 의견, 내 상식, 내 상처를 뒤로 하고 일단 멈춥니다. 그렇다고 상대의 생각과 의견을 억지로 받아들이라는 뜻은 아닙니다. 다만 내 감정과 느낌, 의견이 틀릴 수도 있다는 정직한 의심이 우리를 관계의 파국에서 건져 줍니다.

우리는 갈등을 만나 자괴감에 빠지기도 합니다. 더 참아야 했는지, 내가 성격이 이상한지 파고들며 스스로를 닦달합니다. 하지만 칡과 등나무의 엉킴이 그들의 잘못이 아니듯, 여러분이 겪는 갈등 또한 부족하기 때문만은 아닙니다. 갈등은 서로 다른 둘이 더불어 살기 위한 조율의 과정입니다. 그러니 필연적으로 겪어야 하는 수많은 엉킴 속에서 홀로 자책하며 눈물짓지 마십시오. 여러분은 갈등을 통해 더 단단하게 누군가를 지탱하는 법을 배우는 중이니까요. 문제의 원인을 파헤치려고 과거에 주저앉아 있지 마세요. 미래를 위해 모두 행복해질 수 있는 화해와 상생의 대안을 찾으세요.

어느 순간, 화해를 위한 새로운 대안이 떠올랐나요? 그때도 정중한 손님의 태도로 상대의 마음에 신발을 벗고 들어가듯 조심스럽게 다가가야 합니다. "내가 다 아는데"라는 폭력적인 말로 상대를 짓누르지 않습니다. 꽉 막힌 인간관계의 교차로에서 양보의 브레이크를 먼저 밟으세요. '옳음'은 내 말이 맞다고 소리를 높일 때 증명되는 게 아닙니다. 피곤한 논쟁을 멈추고, 여유 있게 미소 지으며 상대에게 다정한 손짓을 건네세요. 나를 비우는 작고 조심스러운 배려가 단단하게 엉긴 관계를 풀고 우리 삶을 한 단계 끌어올리는 따뜻한 열쇠가 됩니다.

본문의 깊은 사유를 내 것으로 만들기 위해서는 눈으로 읽는 것을 넘어, 직접 손으로 기록하는 과정이 필요합니다. 오늘, 철학자들처럼 나 자신과 대화해 보세요.

# PART 1. 인문학의 지혜 적용하기

## 1. 마음의 교차로에서 브레이크 밟기

인간관계의 사고는 보통 내가 무조건 옳다고 확신하며 질주할 때 일어납니다. 노자는 살얼음판을 걷듯 조심하는 유예猶豫의 태도를 강조했지요. 우리에게도 마음의 브레이크가 필요합니다.

최근 누군가와 대화하며 내 말이 무조건 맞다고 우기거나, 상대의 말을 듣기도 전에 결론을 내버린 적이 있나요? 그때의 상황을 떠올리며, 내가 틀릴 수도 있다고 자신에 대해 정중한 의심을 했다면 관계가 어떻게 달라졌을지 기록하세요.

**예시)**

*일전에 한 부하 직원이 실수를 했을 때, 이유도 묻지 않고 "내가 전에 해봐서 아는데 이건 네가 철저하지 못해서 그런 거야."라고 몰아붙였다. 그때 그의 상황을 먼저 물어봤다면, 서로 얼굴을 붉히지 않아도 되었을 텐데 미안한 마음이 든다.*

## 2. 타인의 공간에 들어설 때 신발 벗기

지혜로운 사람은 타인 앞에서 늘 정중한 손님이 됩니다. 남의 집에 들어갈 때 말하지 않아도 당연히 신발을 벗듯이, 상대방의 영역을 존중하고 내 방식을 강요하지 않습니다.

가족이나 친구처럼 가까운 사이라는 이유로 노크도 없이 상대의 영역에 침범해서 주인 행세를 하지는 않았나요? 상대를 내 취향대로 바꾸려는 욕심을 내려놓고, 빈 그릇처럼 넉넉하게 수용하기 위해 오늘 실천할 수 있는 태도는 무엇인지 적어보세요.

*그저께 사춘기 아들에게 방이 지저분하다고 잔소리를 퍼부었다. 내 자식이긴 해도 웬만큼 컸는데 하다 보니 내 말이 지나쳐서 애가 마음이 상했나 보다. 아이는 나름대로 방을 정리하는 방식이 있는데 내 스타일에 맞추려고 스트레스 주지 말아야겠다.*

# PART 2. 독서 일기를 위한 네 가지 질문

### 1. 생각을 깨우는 인터러뱅interrobang의 마법

인터러뱅(?!)은 물음표(?)와 느낌표(!)가 하나로 합쳐진 기호입니다. 오늘 읽은 글이 당신의 익숙한 세계에 던진 가장 날카로운 물음표는 무엇인가요? 그 질문을 통해 새롭게 깨달은 감동의 느낌표를 함께 기록하세요.

[?] ________________________________________________

[!] ________________________________________________

### 2. 휴먼 라이브러리Human library

책은 때로 어떤 전문가보다 지혜로운 상담가가 되어줍니다. 당신의 고민에 답이 된 문장을 기록하세요.

### 3. 머릿속 생각의 틀 시원하게 부수기Break the Shell

그동안의 편견을 깬 도끼 같은 문장이 있나요? 그 문장을 통해 틀에 박힌 생각에서 벗어나 새로운 길을 발견했다면, 그 짜릿한 변화를 기록하세요.

### 4. 인생을 바꿀 한 문장: 당신의 가슴에 낙인처럼 찍힌 한마디는 무엇인가요?

삶의 거센 파도가 닥치고 뜻밖의 시련이 찾아올 때, 당신을 다시 일으켜 줄 단 하나의 문장은 무엇일까요? 본문 중에서 인생을 역전시킬 만큼 강렬한 에너지를 지닌 인두 같은 문장을 찾아 기록하고, 그 이유를 새겨보세요.

**오늘의 추천 도서**
『인간이 그리는 무늬』, 최진석 저, 소나무, 2023.

다시, 읽는 인간 HOMO LECTIO

# 도태

나 빼고 세상의
모든 것이 변할 때

 **오늘의 인두 같은 한 문장**

거문고 줄이 느슨해지면 다시 팽팽하게 고쳐 맨다(경장, 更張). 낡은 방식으로는 결코 새로운 소리를 내지 못한다.

- 율곡 이이(李珥, 1536년~1584년)

## 오늘의 핵심 메시지

과거의 영광에 취해 변화를 거부하는 순간, 우리는 고장 난 시계처럼 낡아가기 시작합니다. 그래서 성공은 때로 가장 달콤한 독약입니다. 당장의 안락함에 이끌려 성장을 멈추면, 내일은 쓸모없는 부품 신세가 됩니다.

오늘 우리는 율곡 이이와 당 태종 이세민을 만나 낡은 줄을 다시 팽팽하게 고쳐 매는 경장更張의 결단을 내립니다. 느슨해진 거문고 줄을 끊고 새 줄을 매듯, 유통기한이 지난 성공 방식을 아낌없이 버리고 나를 새로 고쳐 쓰는 법을 배웁니다. 어제의 나를 지워야 내일의 내가 사는 법, 인생을 새롭게 업데이트할 시간입니다.

## 난 이대로가 좋아

우리는 누구나 인생의 하이라이트, 커리어 하이Career High를 꿈꿉니다. 남보다 앞서 안정적인 고지에 올라서려고 거침없이 질주 중입니다. 그러나 생生의 진짜 위기는 처연한 실패가 아니라 모든 게 완벽해 보이는 전성기의 한가운데서 시작됩니다. 상황이 잘 돌아가니 굳이 새로운 시도를 할 이유가 없습니다. 과거의 관성에 조용히 몸을 싣기 때문입니다.

연일 AI와 로봇이 온라인의 머리기사로 오르내리는 지금, 이 평온은 치명적인 결과를 부르는 오판입니다. 우리는 어제의 지식이 휴지조각이 되고 마는 패스트 트랙Fast Track에 올라타 있습니다. 새 기술을 배우는 대신 그동안 쌓은 지식과 경험으로 돌려막기하며 버티고 있지는 않습니까? 그런 부류의 사람은 익숙함을 실력이라고 오인합니다.

하지만 그때가 인생에서 가장 위험한 지점입니다. 공들인 성취가 한순간에 전복되는 이유는 외부의 시련 때문이 아닙니다. 안락한 분위기에 젖어 스스로 생각하기를 멈추기 때문입니다. 사유, 즉 생각하지 않는 인간은 예측 불가능한 변화의 물결 속에서 도태의 늪에 빠집니다. 시대의 뒤안길로 밀려나는 건 순식간입니다.

도태는 단지 속도가 뒤로 밀리는 게 아닙니다. 변화하는 환경과의 연결고리가 끊어지는 생존의 위기입니다. 어제까지 나를 지탱한 기술과 노하우가 오늘은 나를 가두는 벽이 됩니다. 세상은 이미 다음 페이지로 넘어갔는데, 나만 홀로 현실이 아닌 과거에 머무는 셈입니다.

이렇게 생각하기를 멈춘 대가는 혹독합니다. AI가 인간의 지능을 대체해 가는 오늘날, 어제처럼만 하면 된다는 생각은 삐걱삐걱 소리 나는 소모품이 되는 지름길입니다. 우리는 매 순간 나를 둘러싼 환경을 예민하게 살피고, 내 지식에 쌓인 먼지를 털어내야 합니다. 사유의 날을 세우지 않으면, 나도 모르는 사이 도도한 시대의 흐름에서 밀려나 고립되고 맙니다.

## 어제의 영광은 어제의 일기장에

성공의 궤도에 오른 인간은 정체와 퇴보라는 부작용을 경험하기 쉽습니다. 그 원인은 시스템이 주는 느슨한 여유 속에 독버섯처럼 자라난 오만과 아집입니다.

우리 주변에는 과거의 필터에 눈이 가리운 이들이 넘쳐납니다. "내가 예전에 대박을 터뜨려봐서 아는데, 요즘 것들은 다 틀렸어."라고 말하며 후배의 참신한 아이디어를 무모한 도전으로 일축하는 상사가 대표적입니다. 그뿐 아닙니다. 앞으로는 이 직업이 최고라며, 한 사람의 삶의 결을 무시한 채 진로를 정하는 커리어 전문가들도 있습니다.

이들은 자신의 경험이 더 이상 유효하지 않을지 모른다는 합리적인 의심을 하지 않습니다. 타인의 인생에 독이 든 사과를 건네면서도 그게 정답이라고 굳게 믿습니다.

이러한 취약함에 경종을 울린 사람이 있습니다. 당나라의 황금기를 열었던 당 태종 이세민(李世民, 598년~649년)입니다. 그는 태평성대에도 안주하지 않은 탁월한 리더였습니다. 당 태종은 그의 통치 철학을 정관貞觀이라는 두 글자에 담았습니다. 곧고 변하지 않는 삶의 중심인 정貞과 세상을 선입견 없이 투명하게 관찰한다는 관觀을 합친 말입니다. 당 태종은 성취에 도취된 인간의 어리석음을 꿰뚫어 보고, 관觀이라는 글자를 통치 철학으로 삼았습니다.

당 태종 이세민은 자신이 꼰대가 될까 봐 두려워했습니다. 그래서 자신의 오만함을 따끔하게 지적해 줄 위징魏微과 같은 충신을 늘 곁에 두었죠. 그의 언행을 기록한 오긍(吳兢, 670년~749년)의 저서 『정관정요貞觀政要』(김영문 역, 글항아리, 2017)는 오늘날 우리에게도 분명한 메시지를 던집니다. 남의 쓴소리를 기꺼이 듣는 겸손함이야말로, 안일해진 나를 번쩍 깨우는 최고의 해독제라고 말이죠.

당 태종은 절대 권력을 가졌어도 자기가 완벽하지 않음을 인정하고, 위징의 충언을 통해 흐려진 시야를 맑게 닦아냈습니다. 우리에게도 위징이 필요합니다. 세상을 다 안다는 오만이 내 안에 스멀스멀 싹틀 때, 그 위기를 감지하는 경보장치가 곁에 있어야 합니다. 그것은 어린 후배의 따가운 지적일 수도 있고, 철학서의 묵직한 문장일 수도 있습니다. 책은 수천 년간 축적된 지혜 앞에 우리를 우뚝 세우기 때문입니다.

우리는 위징을 만나는 마음으로 매일 나를 점검해야 합니다. '내 생각은 여전히 유효한가?', '나는 과거의 영광을 지금의 실력으로 오해하고 있지 않나?'라는 질문이 없다면, 당신의 영혼과 정신이 졸고 있다는 표지입니다. 당 태종이 위징의 쓴소리를 약으로 삼아 정관의 치(다스림)를 이루었듯, 다소 껄끄럽더라도 외부에서 들려오는 목소리를 수용해야 합니다. 나를 깎아내는 고통을 감수하는 겸손만이 우리를 도태의 수렁에서 건져낼 테니까요.

## 나 때 말고 지금

과거의 필터를 제거하고 내 안일함을 깨달았다면 구체적으로 삶의 하드

웨어를 뜯어고칠 차례입니다. 열심히 살겠다는 다짐만으로는 정체를 벗어나기 어렵죠. 조선의 위대한 학자이자 정치가인 율곡 이이(李珥, 1536년~1584년)는 경장更張이라는 무척 현실적인 전략을 제시합니다.

조선 시대 선비들은 마음을 다스리기 위해 거문고를 애용했습니다. 줄이 늘어나면 제아무리 훌륭한 연주자도 소음을 낼 뿐이죠. '경장'이란 본래 거문고 줄이 느슨해져 소리가 잘 나지 않을 때, 줄을 아예 풀고 새 줄로 갈아 끼우는 것을 의미합니다.

우리 삶은 수리가 필요한 오래된 건물입니다. 벽지에 곰팡이가 생겨 시커멓게 변했는데, 그 위에 페인트를 칠하거나 멋진 벽지를 붙이는 행동은 눈속임에 불과합니다. 귀찮고 힘들다고 본질을 외면하면 건물 전체가 무너지는 재앙을 부를 뿐입니다. 그래서 경장이 필요합니다.


율곡의 지혜를 일상에 대입해 보겠습니다.

일이 안 풀리고 관계가 어긋납니다. 원인을 파고들면 삶의 시스템이 구형이기 때문일 확률이 높습니다. 스마트폰이 원활하게 작동하지 않으면 최신 운영체제로 업데이트하듯, 여러분의 루틴도 경장이 시급합니다. 진부한 습관과 타협하며 급한 대로 위기를 모면하려고 땜질하는 식의 변화로는 충분하지 않습니다. 삶의 운영체제를 획기적으로 업데이트해야 합니다.

율곡은 경장을 위해 자기를 닦는 공부가 선행되어야 하며, 이때의 핵심 수단이 독서라고 주창했습니다. 책을 읽는다는 것은 타인의 위대한 사상으로 케케묵은 생각의 줄을 끊고, 시대를 초월한 지혜로 마음의 줄을 팽팽하게 매는 행위입니다. 그렇기에 호모 렉티오로서 책을 가까이하며 살아가는 것은 어제의 나로 오늘을 살지 않겠다는 다짐입니다.

400여 년 전에 살았던 율곡 이이의 가르침은 현대에도 유효합니다. 에릭 브린욜프슨과 앤드루 맥아피의 명저『제2의 기계 시대』(이한음 역, 청림출판, 2014)

에 따르면, AI 시대에 인간의 마지막 보루는 창의적 직관과 복잡한 의사소통입니다. 그리고 이 둘을 가능하게 하는 도구가 독서죠. 깊이 있는 읽기는 타인의 삶과 철학에 접속해 세상을 바라보는 프레임을 확장해 주고, 독서로 축적된 인문학적 깊이는 AI를 활용하기 위한 기획력과 통찰력의 원천으로 작용합니다.

위대한 철학자들의 사유를 토대로, 오래된 우물에서 영원한 지혜를 길어 올려 시대를 새롭게 읽는 혜안을 얻으세요. AI가 어제의 데이터를 학습해 오늘 더 정교해지는 것처럼, 어제의 편견을 씻어내고 오늘 더 유연해지는 겁니다.

경장은 지식을 새로 배우는 차원을 넘어, 삶의 하드웨어를 교체하는 총체적인 작업입니다. 내 운영체제에 낀 버그를 찾고, 단회성 지식보다 깊이 있는 사고에 천착하는 자세가 필요하죠. 어제의 나를 과감히 버리고 망망한 대해로 나아가는 용기, 그것이 AI 시대를 통과하는 최선의 전략입니다.

## 네비게이션 업데이트

이제 서론에서 던진 질문으로 돌아갑니다. 반복되는 정체와 안일한 사고의 올가미에서 벗어나려면 어떻게 해야 할까요? 당 태종 이세민과 율곡 이이는 한치의 모호함도 없이 답합니다. 성공했다는 자만심을 내려놓고 매일 자기를 업데이트 하라고. 어제의 정답이 오늘 틀릴 수 있음을 쿨하게 인정하는 겁니다. 평안할 때도 위태로움을 잊지 않고 미리 대비한다는 뜻의 사자성어 거안사위居安思危의 자세는 '내 실력이 1년 뒤에도 가치 있을 것인가'를 묻는 건강한 긴장감에서 나옵니다.

경영학의 대가 피터 드러커(Peter Ferdinand Drucker, 1909년~2005년)처럼 자신을 경장하는 사람은 절대 무너지지 않습니다. 자기의 쓸모를 매일 새롭게 증명하기 때문입니다. 피터 드러커가 위대한 이유는 세계 일류라는 타이틀에 안주하지 않고, 90세가 넘도록 책을 벗 삼아 학문을 연구한 데 있습니다.

나를 갈고닦아 타인에게 필요한 가치를 끊임없이 만들어내는 생동감이 우리를 대체 불가능한 존재로 만듭니다.

우리가 진정으로 두려워해야 할 것은 실패가 아니라 '멈춤'입니다. 12일 차의 주제인 도태는 멈춘 사람에게 주어지는 가혹한 형벌입니다. 하지만 거꾸로 생각하면 매일 조금씩 나를 고치는 사람에게는 두려워할 것이 없습니다. 변화는 고통이 아니라 더 높은 단계로의 도약이니까요.

구체적으로 오늘부터 무엇을 할까요? 우선 일상에서 당연하게 여겼던 것들에 의문을 던져보세요. "왜 나는 이 방식을 고집하는가?", "이것이 정말 최선인가?"라는 질문이 경장의 시작입니다. 그리고 그 질문의 답을 찾기 위해 책을 펼치세요. 거안사위의 정신으로 내면의 게으름을 살피고, 경장의 결단으로 삶의 낡은 줄을 과감히 교체하세요. 느슨해진 마음의 줄을 팽팽하게 다시 매고, 여러분의 아름다운 시작을 힘차게 연주하세요.

본문의 깊은 사유를 내 것으로 만들기 위해서는 눈으로 읽는 것을 넘어, 직접 손으로 기록하는 과정이 필요합니다. 오늘, 철학자들처럼 나 자신과 대화해 보세요.

# PART 1. 인문학의 지혜 적용하기

### 1. 내 눈을 가린 과거의 필터 닦기

당 태종 이세민은 세상을 선입견 없이 투명하게 관찰하는 관(觀)을 강조했습니다. 우리가 꼰대가 되는 이유는 과거의 성공 경험이 미래에도 통할 거라는 아집 때문이지요. 내 생각이 옳다는 과도한 확신은 이미 진행 중인 변화를 보지 못하도록 눈을 가립니다.

최근 누군가의 조언이나 새로운 방식을 접했을 때, "내가 해봐서 아는데 그건 아냐."라며 단칼에 거절했던 적이 있나요? 나의 오만을 깨뜨려 줄 나만의 위징(쓴소리해 줄 사람이나 책)은 누구인지, 그를 통해 어떤 편견을 버리고 싶은지 기록하세요.

### 예시)

*후배가 제안한 새로운 협업 툴을 보고 "복잡하게 뭘 이런 걸 써, 그냥 메일로 해."라고 잘라 말했다. 새로 뭘 배우는 게 귀찮고 내심 두렵기도 해서였다. 내일은 후배에게 그 툴의 사용법을 가르쳐 달라고 말해서 내 낡은 업무수행 방식을 업데이트해야겠다.*

### 2. 느슨해진 거문고 줄을 다시 매는 경장(更張)

율곡 이이는 곰팡이가 핀 벽지 위에 종이를 덧바르는 식의 눈속임은 결국 무용지물이라고 했습니다. 일이 꼬이고 정체되는 느낌이 든다면, 삶의 운영 시스템을 바꿔야 합니다.

지금 당신의 일상에서 이대로는 안 되겠다고 느끼는 부분은 무엇인가요? 귀찮다는 이유로 모른 척했던 문제 하나를 꼽아 보세요. 그 낡은 줄을 끊어내고 새롭게 갈아 끼우기 위해 당장 실천할 수 있는 업데이트 목록(예: 관련 분야 독서 시작, 루틴 변경 등)을 구체적으로 기록하세요.

예시)

매일 퇴근 후 습관적으로 TV만 보며 시간을 버리는 게 그동안 내 루틴이었다. 이 낡은 줄을 끊고, 그 시간에 AI 관련 서적을 30분씩 읽는 새 줄을 매겠다. 어제의 나를 복사해서 오늘을 살지 않겠다.

# PART 2. 독서 일기를 위한 네 가지 질문

### 1. 생각을 깨우는 인터러뱅interrobang의 마법

인터러뱅(⁈)은 물음표(?)와 느낌표(!)가 하나로 합쳐진 기호입니다. 오늘 읽은 글이 당신의 익숙한 세계에 던진 가장 날카로운 물음표는 무엇인가요? 그 질문을 통해 새롭게 깨달은 감동의 느낌표를 함께 기록하세요.

[?] _______________________________________________

[!] _______________________________________________

### 2. 휴먼 라이브러리|Human library

책은 때로 어떤 전문가보다 지혜로운 상담가가 되어줍니다. 당신의 고민에 답이 된 문장을 기록하세요.

### 3. 머릿속 생각의 틀 시원하게 부수기|Break the Shell

그동안의 편견을 깬 도끼 같은 문장이 있나요? 그 문장을 통해 틀에 박힌 생각에서 벗어나 새로운 길을 발견했다면, 그 짜릿한 변화를 기록하세요.

### 4. 인생을 바꿀 한 문장: 당신의 가슴에 낙인처럼 찍힌 한마디는 무엇인가요?

삶의 거센 파도가 닥치고 뜻밖의 시련이 찾아올 때, 당신을 다시 일으켜 줄 단 하나의 문장은 무엇일까요? 본문 중에서 인생을 역전시킬 만큼 강렬한 에너지를 지닌 인두 같은 문장을 찾아 기록하고, 그 이유를 새겨보세요.

**오늘의 추천 도서**
『난세에 통하는 리더의 계책』, 신동준 저, 한국경제신문, 2017.

제3부 생각 혁명

# 예민

내 마음의 날씨는
누가 정할까?

## 오늘의 인두 같은 한 문장

사람을 흔드는 것은 나에게 일어난 사건(A)이 아니다. 그 사건을 바라보는 본인의 신념 (B)이다. 바로 그 신념 때문에 고통스러운 결과(C)가 나타난다.

- 앨버트 엘리스(Albert Ellis, 1913~2007)

## 오늘의 핵심 메시지

상대방의 찌푸린 표정, 평소보다 낮은 목소리, 대화 중의 짧은 정적 에도 금방 움츠러듭니다. 곧바로 나에 대한 부정적 신호라고 이해 하고, 내가 뭘 잘못했는지 추론 프로세스를 돌립니다. 예민한 사람 들은 이렇게 홀로 새드 엔딩Sad Ending인 소설을 쓰며, 자신을 고통 속 에 가둡니다. 내성적 성격과는 결이 다릅니다. 민감한 사람은 타인 의 감정과 주변의 공기를 고해상도로 받아들이므로, 늘 시스템 과 부하 상태에 가깝습니다. 타인의 행동은 작은 점인데, 그 위에 높다란 망상의 집을 지어 하루를 망칩니다.

고통은 일어난 사건(A, Activating Event) 자체라기보다 사건을 바라보는 비뚤어진 신념(B, Belief System)에서 비롯됩니다. 앨버트 엘리스와 아론 벡의 이론은 내면의 기둥인 철학 지수PQ를 높이고 마음이 치유되는 시작점을 제안합니다. 철학 지수가 높다는 것은 사건을 내 멋대로 오해하지 않고, 객관적으로 해석한다는 뜻입니다. 남의 시선과 감정에 신경 쓰느라 내 마음이 멍들고 상처 나지 않았는지, 내 내면의 표정을 읽으세요.

# 내 안테나는 5G

누구든 거울 속에 비친 얼굴에 조그만 잡티 하나만 생겨도 금세 알아차립니다. 요즘은 여성뿐 아니라 남성들도 병원에 가서 돈과 시간을 들여 피부를 가꾸죠. 외모가 경쟁력이니까요. 그러나 마음에 캄캄한 먹구름이 낄 때, 나이보다 젊고 아름다운 얼굴은 별 위로가 되지 못합니다. 현대인들은 남의 표정을 읽으려고 5G급 안테나를 세우면서 자기 내면에는 둔감하죠.

직장 동료가 무시하는 듯한 표정을 짓거나 카톡에서 친구가 읽씹했다고 속앓이를 한 적이 있나요? "왜 그 말을 했을까?", "나를 무시하나?" 같은 질문이 떠올라 잠이 안 오나요? 소위 예민이들의 과도한 생각은 곱씹을수록 분노, 수치심, 절망감으로 눈덩이처럼 불어나 만성 피로와 우울로 이어집니다. 남들에게는 배경 소음인 것이 민감한 사람에게는 천둥소리죠.

진정한 교양은 유리처럼 깨지기 쉬운 영혼을 아름답고 견실하게 빚는 과정으로, 르네상스 지성들이 꿈꾸던 목표입니다. 이탈리아의 인문주의 철학자 지반니 피코 델라 미란돌라(Giovanni Pico della Mirandola, 1463년~1494년)나 천재 예술가 레오나르도 다 빈치(Leonardo da Vinci, 1452년~1519년) 같은 거장들은 철학을 바탕으로 모든 면에서 온전한 전인全人을 지향했습니다. 전인의 핵심은 라틴어 테오리아Theoria와 프락시스Praxis의 조화입니다.

먼저 테오리아(관조)는 감정의 안개를 걷고 사물을 있는 그대로 보는 눈입니다. 나를 이해하는 다정한 지성이며, 삶의 본질을 사유하는 시간이죠. 테오리아의 힘을 지니면 마치 제삼자인 듯 차분하게 상황을 응시하게 됩니다. 다음으로 프락시스(행동)는 머리가 이해한 진실을 향해 내딛는 발이며, 생각을 행동으로 옮겨 변화를 이끄는 과정입니다. 예민한 사람에게는 세상과 소통하며 나를 보호하는 기술이지요. 외부 자극을 스펀지처럼 흡수하는 예민한 사람에게 이 둘의 조화는 생존과 안정의 핵심입니다. 테오리아와 프락시스가 어우러져 뿌리 깊은 나무처럼 영혼을 지탱하는 것입니다.

이해하기 쉽게 예를 들어볼까요? 예민한 A 씨가 직장에서 무리한 부탁을 받았습니다. 테오리아의 단계에서 A는 자기 마음이 왜 불편한지 생각합니다.

"타인을 지나치게 배려하느라 내 에너지가 고갈되는 게 걱정돼."

그는 세미한 마음의 소리를 듣습니다. 프락시스의 단계에서는 이 깨달음을 바탕으로 예의 바르게 지금은 업무량이 많아 도와드리기 어렵다고 말합니다. 거절할 생각만 하거나 화를 내는 대신, 자신을 이해하고 품격 있게 행동합니다.

이 지표가 얼마나 정교하고 튼튼한지를 수치화한 개념이 철학 지수 Philosophy Quotient, PQ입니다. 철학적 지식을 얼마나 많이 아느냐보다, 세상을 바라보는 관점과 사유의 깊이를 의미합니다. 최근 교육학이나 철학, 그리고 인문학적 자기계발 분야에서 복합적인 사고 능력을 나타내는 지표로 자주 사용되는 개념입니다.

만약 철학 지수가 낮으면 어떨까요? 마음이 곧바로 병듭니다. 병원 처방전으로 증상을 달래서는 해결되지 않습니다. 병의 원인이 세상을 해석하는 엇나간 시선과 원칙에 있기 때문입니다. 외부 자극에 민감한 것은 타고난 본능이지만, 이를 제어하는 것은 이성의 몫입니다.

그렇다면 무엇이 내 마음을 위태롭게 하는 걸까요? 이제 진짜 범인의 정체를 밝혀야 합니다. 범인은 외부의 적이 아니라 나도 모르게 돌아가는 내 생각의 회로 안에 숨어 있습니다. 나를 멍들게 하는 그 은밀한 생각의 습관들을 지금부터 차근차근 들여다볼까요?

## 꼬리에 꼬리를 무는 부정적인 생각

기술이 지배하는 현대에 인간의 마음은 더 앙상하고 취약해졌습니다. 임상심리학자 앨버트 엘리스는 이런 심리 상태를 예리하게 파고들어 감정의 ABC 모델을 만들었습니다.

고통은 내게 일어난 사건(A, Activating Event) 때문이 아니라 사건과 감정 사이를 비집고 들어오는 왜곡된 해석, 즉 신념(B) 때문에 발생합니다. 예를 들어 상사가 내 서류를 반려한 사건(A)이 일어났어요. 이때 나는 무능하고 이제 끝장이라는 부정적인 신념(B)을 선택하면 우울이라는 결과(C, Consequence)가 찾아옵니다. 상사의 날 선 한마디가 나를 괴롭힌 게 아니라, 내 안에 숨어 있던 '거절 공포'라는 낡은 안경이 나를 지옥으로 보낸 거죠.

이럴 때 더 심층적인 질문을 던져야 합니다. 왜 매번 똑같은 방식으로 무너지는지 스스로에게 물어보세요. 이 지점에서 정신과 의사 아론 벡의 지혜가 돋보입니다. 앨버트 엘리스가 내가 낀 안경의 색깔에 주목했다면, 아론 벡은 그 안경이 어떤 연유로 왜곡되었는지를 끈질기게 추적했습니다. 그는 마음속에 빛의 속도로 지나가는 자동적 사고가 있다는 사실을 발견했습니다. 자동적 사고는 숨 쉬는 것처럼 자연스럽게 작동되는 습관입니다.

친구가 내 카톡을 읽고 1시간 동안 답장이 없다고 합시다. 이때 철학 지수가 낮은 사람은 "아까 한 내 말 때문에 화났나?"라며 부정적으로 받아들입니다. 아론 벡은 이것을 인지 왜곡이라 불렀습니다. 안경에 먼지가 낀 게 아니라 아예 굴곡진 돋보기를 끼고 세상을 보는 거죠. 모든 게 실제보다 더 나쁘거나 비관적으로 보입니다. 그래서 아론 벡이 강조한 인지치료의 핵심은 자동적 사고를 관찰하는 것입니다.

왜곡된 안경을 벗으려면 독서를 통해 내 마음과 생각의 저울이 균형 잡혀 있는지 살펴야 합니다. 위대한 사상가들의 쓴 한 문장 한 문장은 제멋대로 폭주하는 생각에 적절히 브레이크를 밟아줍니다. 책을 덮은 후에 가만히 멍 때리는 시간을 가지세요. 마음과 생각이 쉼을 얻을 때 바닥에 가라앉은 찌꺼기들이 보이기 시작합니다. "모든 사람이 나를 인정해야 해."라거나 "한 번이라도 실수하면 끝이야."라는 해로운 믿음이 수면 위로 떠오르죠. 이 순간 영혼의 치유가 시작됩니다. 이제 고장 난 생각의 회로를 끊고 건강하게 재조립하는 영혼의 수술이 필요합니다.


## 해석은 자유, 과몰입은 금지


비록 아프더라도 내 안에 뿌리내린 비합리적인 생각들을 남김없이 도려내야 합니다. 최근 유행하는 가벼운 명상과 힐링요법은 대증치료에 가깝죠. 사고의 비합리성을 원천적으로 도려내지 않으면, 상처는 곧 덧납니다. 고통을 가중시키는 내 생각의 프로세스를 다시 설계해야 합니다. 이것이 사고치료Therapy of Thinking의 핵심입니다.

아론 벡은 무의식적인 믿음을 관찰하고 수정하는 기법을 소크라테스적 방법론이라고 불렀습니다. 소크라테스는 사람들에게 "네가 안다고 믿는 것이 진리인가?"라고 끈질기게 물었습니다. 내 영혼이 아픈 이유는 내가 진리라고 믿는 생각이 실은 가짜이기 때문입니다. 이 생각의 대전환이 필요합니다. 심리치료를 뜻하는 사이코테라피Psychotherapy의 어원 역시 그리스어로 영혼을 보살핀다는 뜻을 품고 있습니다. 치료는 기분을 좋게 만드는 마사지가 아닙니다. 잘못된 믿음으로 병든 영혼을 수술해서 제자리에 돌려놓는 과정입니다.


이별의 아픔 속에서 나 같은 사람은 사랑받을 수 없다고 좌절한다면 자신에게 물으세요. 단 한 사람과의 이별이 내 가치 전부를 결정하는 게 옳을까요? 사랑받을 자격을 누가 정했나요? 나를 떠난 한 사람의 시선에 매몰되지 말고, 나를 아껴준 부모님과 친구들의 사랑을 상기해 보세요. 그것이 내가 사랑받을 자격이 충분하다는 확실한 증거입니다. 비합리적인 생각에 반박하는 논박Dispute을 훈련하세요. 이별은 아프지만 사랑의 뒤안길에서 더 성숙해질 거라는 건강한 믿음을 확립해야 합니다. 사고치료는 고통의 근원인 잘못된 사고를 정밀하게 해부하여 다시 조립하는 철학적인 의술입니다. 이 혹독한 수술을 마쳤을 때 삶의 풍경은 전혀 다른 모습으로 다가옵니다.

어떤 변화가 일어날까요? 우선 세상이 나를 공격한다는 피해의식에서 벗어납니다. 이전에는 친구가 답장이 늦으면, 나를 소중히 여기지 않는다고 힘들어했어요. 그러나 이젠 바쁜 일이 있을 거라고 생각하며 평온을 유지합니다. 타인의 반응에 일일이 의미를 부여하는 피곤한 노동을 거부합니다. 마음의 주권을 타인에게서 찾아오는 셈이죠.

또한 실패를 대하는 태도도 바뀝니다. 예전에는 실수 하나에 이번 생은 망했다고 좌절했어요. 이제는 실수를 성장을 위한 데이터로 해석합니다. 세상은 변하지 않아도 세상을 보는 내 의미 시스템이 새로 고침 되었기 때문입니다. 이것이 철학을 도구로 삼아 내면을 수술해야 하는 이유입니다. 상처 입은 마음이 이렇듯 단단하게 아물고 나면, 우리는 비로소 내 삶을 지휘하는 진짜 주인이 됩니다. 불행한 감정에 과몰입하는 악습을 끊어내고, 나를 살리는 건강한 해석을 자유롭게 선택할 수 있게 되니까요.

# 흐린 날에도 내 마음은 맑음

이제 서론에서 던진 질문으로 다시 돌아옵니다. 왜 거울 속 잡티에는 소란을 떨면서 내면이 병들어가는 신호에는 무덤덤할까요?

앨버트 엘리스와 아론 벡의 가르침처럼, 이미 일어난 사건을 억지로 고치려고 애쓰는 수고를 멈춰야 합니다. 그 대신 사건을 바라보는 내 신념부터 완벽하게 성형하세요. 이것이 서론에서 강조한 테오리아, 즉 세상을 투명하게 바라보는 힘을 기르는 첫걸음입니다.

진정한 철학적 성형은 고통을 회피하지 않는 태도에서 시작합니다. 그저 아픔을 꾹 참는 인내를 말하지 않습니다. 그 고통이 어떤 잘못된 믿음에서 왔는지 차갑게 분석하는 능동적인 행위입니다. 오염된 신념이 내 마음의 렌즈에 묻으면 세상을 그릇된 시선으로 보게 됩니다. 비합리적인 생각을 철저히 파헤쳐 마음의 어둠이 걷히면, 시련 속에서도 의미 있는 성장의 기회를 발견합니다.

프란츠 카프카는 이렇게 말합니다.

"한 권의 책은 내면의 얼어붙은 바다를 깨는 도끼여야 한다."

책을 읽는 행위는 내가 피해자라는 안락한 도피처를 해체하는 도끼질입니다. 누군가에게 상처받으면 그 사람에 대한 원망에 오랫동안 매이죠. 이때 필요한 게 '생각의 도끼'입니다. 온갖 상상과 추측, 아픈 감정의 잔가지를 쳐내야 내 상처가 정말 그 사람 때문인지, 그 사건을 놓지 않는 나 때문인지를 자각하게 됩니다. 이것이 깨달음을 삶에서 실천하는 프락시스Praxis입니다.

내 안의 비합리적 신념을 지혜의 도끼로 무너뜨리고 수술을 마치면 일상은 구체적으로 변화합니다. 타인의 감정에 동조하여 일희일비하던 정서적 낭비가 사라지고, 그 민감성의 에너지를 창조적인 일에 쏟을 수 있습니다. 세상이 나를 공격한다는 피해의식이 사라진 자리에 어떤 상황에도 나를 지킬 수 있다는 신뢰가 차오릅니다.

기계가 아닌 인간만이 고통 속에서 의미를 발견합니다. 영혼의 수술을 마친 이는 타인이 주인공인 소설 속 엑스트라가 아니라 자기 얘기를 써 내려가는 당당한 작가가 됩니다.

매일 10분이라도 가만히 앉아 자신을 관조하세요. 남이 나를 어떻게 생각할지 고민하지 말고, 내 영혼의 항아리에 차곡차곡 지혜를 채우세요. 이 노력이 여러분을 오락가락하는 시대의 조류에 잠식되지 않는 전인全人으로 만듭니다. 예민함이라는 안테나를 외부가 아닌 내부로 돌리고, 어제에서 벗어나 오늘을 자유롭게 사는 기쁨을 맘껏 누리세요.

본문의 깊은 사유를 내 것으로 만들기 위해서는 눈으로 읽는 것을 넘어, 직접 손으로 기록하는 과정이 필요합니다. 오늘, 철학자들처럼 자신과 대화해 보세요.

# PART 1. 인문학의 지혜 적용하기

## 1. 왜곡된 안경 찾아내기

상대방의 짧은 답장이나 무심한 표정 같은 점(A, 사건)에 마음이 상해서 자주 혼자만의 소설을 쓰나요? 앨버트 엘리스는 우리가 고통스러운 결과(C)를 얻는 이유가 사건 자체가 아니라, 나의 비합리적 신념(B) 때문이라고 꼬집습니다.

오늘 당신을 온종일 움츠러들게 한 타인의 행동이나 상황은 무엇인가요? 그때 당신의 머릿속에 빛의 속도로 지나간 자동적 사고(예: "저 사람이 나를 무시하나 봐.", "난 항상 이 모양이야.")를 솔직하게 적어보세요. 그 생각이 과연 객관적인 사실인지, 아니면 당신이 낀 왜곡된 안경이 빚어낸 소설인지 생각해 봅니다.

### 예시)

*동료가 내 인사를 못 본 체하고 지나갔다(A). 순간 "내가 어제 한 말 때문에 나를 싫어하나 봐." 라는 믿음(B)이 생겼고, 온종일 일이 손에 안 잡힐 만큼 우울했다(C). 하지만 냉정히 생각하면, 그저 동료가 딴생각을 하느라 못 본 것일 수도 있다. 내 멋대로 무시당했다고 소설을 쓰면서 나 혼자 괴로워했나 보다.*

## 2. 생각의 도끼 휘두르기

프란츠 카프카는 책이 내면의 얼어붙은 바다를 깨는 도끼여야 한다고 했습니다. 아론 벡이 강조한 소크라테스적 방법론을 빌려, 내 안의 근거 없는 믿음에 도전해 보세요. 비합리적인 생각을 논리적으로 반박하는 훈련을 거듭해야 사고가 교정됩니다. 부정적인 믿음에 대해 질문하세요.

"그 생각이 옳다는 증거가 있나?"

상처받은 피해자로 남는 대신, 건강한 믿음으로 생각을 재조립해 보세요. 타인의 반응에 일일이 의미를 부여하지 않기 위해 오늘부터 당신이 착용할 마음의 안경은 어떤 색인가요?

**예시)**

*"모든 사람이 나를 좋아해야 한다"는 믿음에 질문을 던진다. 세상 모두를 만족시키는 건 불가능하며, 그럴 필요도 없다. 누군가 나를 오해하더라도 나라는 사람이 변한 것은 아니다. 타인의 리모컨에 내 감정을 맡기지 않고, "그럴 수도 있지."라는 넉넉한 안경을 끼고 나를 지키기로 했다.*

# PART 2. 독서 일기를 위한 네 가지 질문

### 1. 사유를 깨우는 인터러뱅interrobang의 마법

인터러뱅(?!)은 물음표(?)와 느낌표(!)가 하나로 합쳐진 기호입니다.

오늘 읽은 글이 당신의 익숙한 세계에 던진 가장 날카로운 물음표(?)는 무엇인가요? 그 질문을 통해 새롭게 깨달은 감동의 느낌표(!)를 함께 기록하세요.

[?] ________________________________________________

[!] ________________________________________________

### 2. 휴먼 라이브러리 Human library

책은 때로 어떤 전문가보다 지혜로운 상담가가 되어줍니다. 당신의 고민에 답이 된 문장을 기록하세요.

### 3. 머릿속 생각의 틀 시원하게 부수기 Break the Shell

그동안의 편견을 깬 도끼 같은 문장이 있나요? 그 문장을 통해 틀에 박힌 생각에서 벗어나 새로운 길을 발견했다면, 그 짜릿한 변화를 기록하세요.

### 4. 인생을 바꿀 한 문장: 당신의 가슴에 낙인처럼 찍힌 한마디는 무엇인가요?

삶의 거센 파도가 닥치고 뜻밖의 시련이 찾아올 때, 당신을 다시 일으켜 줄 단 하나

의 문장은 무엇일까요? 본문 중에서 인생을 역전시킬 만큼 강렬한 에너지를 지닌
인두 같은 문장을 찾아 기록하고, 그 이유를 새겨보세요.

**오늘의 추천 도서**

『마음 철학으로 치료한다』, 이광래, 이기원, 김선희 공저, 지와사랑, 2011.

다시, 읽는 인간 HOMO LECTIO

# 회피



현실의
돌직구 피하기

## 오늘의 인두 같은 한 문장

용기란 무엇이 두려워해야 할 일이고, 무엇이 두려워하지 않아도 될 일인지 아는 지혜다.

- 플라톤(Πλάτων, Plato, 기원전 427년경~기원전 347년경)

## 오늘의 핵심 메시지

현대 사회는 고통은 무조건 나쁜 것이니 즉시 제거하라고 우리를 세뇌합니다. 클릭 한 번에 음식이 배달되는 세상에서, 우리는 불편함을 어떻게 견디는지를 배울 기회를 잃었습니다. 그래서 작은 시련 앞에서도 쉽게 도망치죠. '에라, 모르겠다.'라고 생각의 스위치를 끄고 싶은 이 태도가 회피입니다.

회피는 매우 정교한 형태로 나타납니다. 퇴근 후 습관적으로 따는 맥주 한 캔은 현실의 모서리를 뭉툭하게 깎아줍니다. 상사의 질책, 불투명한 미래, 관계의 공허함에 눈을 감습니다. 역설적으로 바쁜

## 내 마음의 블라인드 걷기

아침에 눈을 뜨면 불현듯 압박감이 어깨를 누릅니다. 오늘도 무사히 버텨야 한다고 스스로를 다그치죠. '이번 달 월세는 어떻게 내야 하나.' 하는 육중한 삶의 무게에 숨쉬기가 힘듭니다. 모든 것을 내려놓고 어딘가 훌쩍 떠나고 싶어집니다. 일상이 흔들리고, 가족과 사회 안에서 지켜야 할 책임도 귀찮아집니다. 그러나 진짜 위기는 고난 자체가 아니라, 생각의 셔터를 내리고 잠깐이라도 상황을 모면하려는 연약한 마음입니다.

세상은 때때로 다 잘될 거라고 위로를 합니다. 그러나 실체가 없는 낙관주의는 냉혹한 현실 앞에 무력합니다. 이때 주목할 것이 인간 고유의 의지인 용기입니다.

돌이킬 수 없는 실수를 저지를 때가 있습니다. 섣부른 판단으로 재산을 잃고, 홧김에 뱉은 말로 관계가 끊어지기 직전입니다. 용기 있는 사람은 두려움이 다 사라질 때까지 기다리지 않습니다. 떨리는 마음으로 상대에게 다가가 잘못을 솔직하게 고백합니다. 도망치고 싶은 마음을 누르고 정직한 입술을 떼는 순간, 우리를 괴롭히던 절망은 힘을 잃습니다.

고대 그리스 철학자 플라톤은 용기를 전혀 겁이 없는 상태로 보지 않았습니다. 극한 상황에서도 무엇을 두려워해야 하는가에 대한 이성적인 판단을 꿋꿋이 붙드는 상태가 바로 안드레이아의 용기입니다.

삶의 밑바닥까지 추락했을 때 먼저 무너지는 게 있습니다. '그래도 나는 나답게 살겠다'는 의지입니다. 현실의 고통이 지나치게 크면, 자신과 타협하며 비겁해지기 쉽죠.

플라톤이 말한 안드레이아는 한계상황에서 내 영혼의 원래 색깔을 지키는 힘입니다. 절대 저지르지 말아야 할 불의와 비겁함, 영혼의 타락을 두려워하여 죽음과 고통, 손해도 이겨내는 힘입니다. 감정이나 혈기가 아니라, 이성이 내린 판단을 끝까지 밀어붙이는 능력입니다.

절망이 그만 포기하라고 속삭일 때 위기를 돌파하는 동력은 내가 무엇을 위해 사는지, 어떤 인간으로 남을지를 결정하는 것입니다. 안드레이아는 지켜야 할 가치를 위해 고통과 유혹을 견디는 힘입니다.

회피는 달콤하지만, 복리複利의 이자가 붙습니다. 오늘 술로 덮어버린 문제는 내일 더 큰 불안으로 돌아오고, 오늘 유튜브에 헌납한 시간은 훗날 후회라는 항목으로 정산됩니다. 우리에게 필요한 것은 비겁하게 도망치느라 내 영혼이 초라해지는 것을 두려워하는 마음, 즉 안드레이아를 회복하는 것입니다. 괴로움의 한복판에서 눈을 감지 않고 똑바로 응시하는 것, 그것이 철학적인 용기의 시작입니다.

# 절망의 반대는 용기

어느 날 아버지와 아들이 용기에 관해 이야기를 나누고 있었습니다. 초등학생 아들은 기세등등하게 대답했습니다.

"아빠, 힘센 친구가 약한 애를 괴롭히길래 제가 나서서 말했어요. 그러지 말라고요. 속으로는 무서웠지만 옳은 일이잖아요. 이게 용기 맞죠?"

대중은 이처럼 앞장서서 큰소리를 내는 영웅적인 행동이 용기라고 믿습니다. 그러나 밖으로 뿜어내는 거창한 기세로서의 용기는 한 단면일 뿐입니다. 진짜 용기는 절망 속에서도 우직하게 주어진 자리를 버티는 힘에 훨씬 가깝습니다. 깊은 산속 길가에 이름 모를 꽃처럼, 아무도 알아주지 않아도 마땅히 할 일을 하는 것이 용기의 본질입니다. 꽃의 용기는 그 생명의 자리를 지키는 실천이죠. 한 송이 꽃처럼 우리가 용기를 품고 오늘을 살 때, 절망은 배경으로 물러납니다.

가치를 수호하는 플라톤의 용기는 아리스토텔레스의 프로네시스φρόνησις, phronesis와 관련지을 수 있습니다. 프로네시스는 인생의 목적을 알고 실천하는 지혜로, 무엇이 최선인지 고민하고 곧바로 행동하는 특성이죠. 이 지혜로운 실천은 인간의 탁월함인 아레테ἀρετή, arete를 완성하는 밑거름이 됩니다. 대개, 탁월함은 뛰어난 기술이나 지식을 보유한 상태라고 오해하죠. 그러나 아레테는 전문성이 '덕'이라는 인격적 향기와 결합할 때 나타납니다.

예를 들어 의사는 고도의 지식을 갖춰야 합니다. 하지만 환자를 기계적으로 검사하고 데이터에 따른 병명만 처방해 준다고 아무도 대단하다고 칭찬하지 않습니다. 기능인으로서 환자의 병증을 파악하고 적합한 약을 처방하는 일은 AI가 훨씬 능숙하게 해냅니다. 지식의 양과 속도에서 인간은 AI를 이기지 못합니다. 이 진실은 무언가를 기획하고 글을 쓰는 전문직 종사자, 학생을 가르치는 교육자, 자영업자까지 모두 해당됩니다. 인간이 지식을 전달하는 기능적 탁월함을 자랑하는 시대는 막을 내렸습니다.

그럼, 인류는 어떻게 살아남을까요? 이제 우리는 기능인이 아니라 전문가로 거듭나야 합니다. 아레테의 덕을 지닌 전문가는 기계적인 지식 전달자가 아닙니다. 그는 일상의 현장에서 타인의 언어를 이해하고 맥락을 해석할 수 있습니다. 데이터 너머의 숨 쉬는 진짜 인간을 보죠. 상대의 말속에 숨은 미묘한 감정까지 알아차립니다. 의사의 경우, 환자를 단순히 번호와 병명으로 인식하기보다, 당사자와 가족의 아픔을 공감하는 실력과 인격을 겸비한 사람이겠죠. 이 지점에서 인간의 덕과 인격은 미래의 경쟁력이 됩니다.

## 겸손에 관하여

기계의 차가운 계산을 넘어 뜨거운 심장을 가진 인간으로 살려면, 용기를 내면으로 향하게 만들어야 합니다. 참된 용기는 내 마음이 어떤지를 정직하게 살피는 힘입니다. 그래서 용기 없는 사람은 내 안의 진실로부터 도망치는 회피를 선택합니다.

조선의 성리학자 퇴계 이황(李滉, 1501년~1570년) 선생도 용기란 내 안의 가짜 모습과 싸워 이기는 정직함이라고 명쾌하게 지적한 바가 있습니다. 누군가와 다툴 때를 회상해 보세요. 속으로 내 논리가 틀렸다는 것을 뻔히 압니다. 그런데도 알량한 자존심을 지키려고 끝까지 우기죠. 먼저 "미안해. 내가 틀렸어.”라고 인정하기는 참 쑥스럽습니다.

아주 오래전에 제 철학 강의를 듣던 한 여고생이 불쑥 이런 질문을 던졌어요.

“선생님, 플라톤도 동성애자라면서요? 지난번에 일반적인 아테네 사람들과 달리 플라톤은 아니라고 하셨잖아요. 그런데 제가 자료를 찾아보니 동성애자가 맞대요.”

제가 그 말을 듣고 대범하게 학생에게 미안하다고 했을까요? 아니에요. 젊고 미숙했던 저는 학생의 말을 무시하고, 그날 예정된 강의를 이어갔습니다.

미안하다는, 내가 틀렸다는 간단한 한마디를 못 했어요. 철학 강사로서 완벽해 보이고 싶은 자존심 때문이었습니다.

이런 부끄러운 순간은 비단 저만의 이야기가 아닙니다. 도처에서 회피의 순간들을 목격하게 되죠. 부부 싸움을 하다가 내 기억이 틀린 걸 알고도 내 주장만 앞세웁니다. 자녀에게 심한 말을 하고는 막상 사과하기가 민망해서, 다 너 잘되라고 하는 소리라고 대충 덮습니다. 친구 모임에서 내 실언으로 분위기가 싸늘해지면, 농담인데 왜 예민하게 구느냐며 핀잔을 줍니다. 직장 후배가 내 기획안이 잘못되었다고 지적하면, 네가 잘 몰라서 그렇다며 둘러댑니다. 친구와 논쟁을 벌이다가 팩트 체크에서 밀리면, 넌 왜 매사에 피곤하게 따지냐면서 논점을 흐립니다. 우리의 쥐꼬리만 한 자존심 리스트에는 끝이 없군요.

이 모든 상황에서 먼저 해야 할 말은 ‘내 잘못이야, 미안해.’라는 짧은 고백입니다. 사람들은 자존심을 내려놓는 겸손을 평가 절하합니다. 자신감이 부족해서 고개를 숙이는 것으로 여깁니다.

그러나 겸손은 비굴과 거리가 멉니다. 겸손을 뜻하는 영어 휴밀리티humility의 뿌리는 후무스humus로 땅을 의미하는 라틴어입니다. 겸손은 두 발을 땅에 단단하게 딛고 선 상태예요. 겸손한 사람은 자신이 언제든 실수하고 틀릴 수 있음을 인정합니다. 헛된 자존심을 세우면서 진실을 회피하는 사람은 뿌리가 없어 늘 불안합니다. 반대로, 잘못을 기꺼이 인정하는 사람은 자존감이 높아요.

이렇게 자존감이 높은 부류는 나라는 사람 자체에 대한 믿음과 머릿속에 들어 있는 지식에 대한 믿음을 분리할 줄 압니다. 내 지식이 틀렸다고 해서 존재의 가치가 깎이는 것은 아닙니다. AI 시대를 살아가려면 이 분리 작업이 일상화되어야 합니다. 해묵은 지식은 폐기 처분해야죠. 그러나 나라는 존재에 대한 믿음은 단단히 붙들어야 합니다. 내가 가진 과거의 지식을 언제든 버리고 진실을 마주할 준비를 마치세요. 이때 비로소 새롭게 업데이트됩니다.


구태의연한 지식을 버리고 잘못을 정직하게 시인할 때, 내면에서는 어떤 일이 일어날까요? 플라톤은 우리 마음을 맑은 물이 흐르는 통로에 비유했습니다. 물이 시원하게 흘러야 위기를 이길 생명력을 얻죠. 내 잘못을 숨기려고 거짓말을 하면, 내 마음의 통로에 죄책감과 불안이라는 바윗덩어리가 쿵 하고 떨어집니다. 이 바위가 물길을 막아버리죠. 고인 물이 썩듯, 상황을 회피하는 동안 우리 내면의 에너지는 부패합니다. 영혼이 서서히 질식하는 것이죠.

용기는 이 바윗덩어리를 온 힘을 다해 밀어내는 마음의 힘입니다. 회피하던 자리에서 걸어 나오는 순간, 영혼을 짓누르던 바위는 어디론가 사라지고, 생수가 다시 흐르죠. 이 통쾌한 해방감이 철학이 우리의 삶에 가져오

**제3부** 생각 혁명

---

**171**

는 생생한 변화입니다.

우리가 진실로 두려워할 것은 돈을 잃거나 체면이 깎이는 일이 아닙니다. 작금의 위기를 회피하려고 거짓말을 하다가 아예 나 자신을 잃는 것입니다. 스스로를 속인 부끄러움은 좀처럼 사라지지 않고 양심을 괴롭힙니다. 용기가 있어야 자존심이라는 빈껍데기를 버리고 삶의 진짜 주인이 됩니다. 거짓된 자아를 버리는 이 정직함이 우리를 일으켜 세우는 강인한 버팀목입니다.

## 찬바람을 맞으며 길을 걷는 용기

이제 서론에서 던진 질문으로 돌아옵니다. 어떻게 살아야 회피의 굴레를 끊고 탁월한 삶으로 나아갈까요? 인류의 거장들은 고난을 헤치고 나가기 위한 해답은 나를 바꾸는 실천에 있다고 입을 모읍니다. 아리스토텔레스의 프로네시스, 즉 실천적 지혜죠. 이 지혜는 복잡다단한 삶의 현장에서 무엇이 올바른 행동인지 예리하게 간파합니다. 어려움에서 도피하는 대신, 인간의 탁월한 아레테를 완성하는 든든한 우군이 되어주죠.

더불어, 플라톤이 말한 참된 용기인 안드레이아는 우리의 시선을 내면으로 이끕니다. 그의 저서 『프로타고라스Protagoras』(강성훈 역, 아카넷, 2021)에서 말하듯, 용기란 무엇이 정말 두려운지 구별하는 능력입니다.

사람들은 돈을 잃거나 남에게 비난받는 상황을 겁냅니다. 그러나 정말 두려워할 일은 현실에서 도피함으로써 내 양심과 존엄성이 복구 불가능할 정도로 망가지는 것입니다. 그래서 용기 있는 자는 눈앞의 작은 손해나 자존심의 상처를 감수하고 묵묵히 주어진 자리를 지킵니다. 일이 틀어질 때 다른 사람이나 환경을 원망하는 게 아니라, 상처 입은 채로 먼저 자기 잘못을 인정합니다. 이 과정은 고독하지만 눈부시게 아름다운 싸움입니다.

　다 그만두고 어딘가로 도망치고 싶은 순간마다 플라톤의 용기와 아리스토텔레스의 실천적 지혜를 기억하세요. 현실을 버티는 고단한 시간은 헛되이 흩어지지 않고 하나둘 모여 아름다운 인격을 빚어냅니다. 도망치지 않고 버티는 과정에서 일순간 나를 짓누르던 절망의 쇠사슬이 끊어질 테니까요. 삶의 위기는 피하지 못할 객관적인 조건이 아니라, 진실을 회피하고 세상을 왜곡하는 생각의 착시에서 기인합니다. 진정한 용기는 눈앞의 파도를 피하는 것이 아니라, 그 파도의 높이를 정면으로 응시하는 것입니다.

본문의 깊은 사유를 내 것으로 만들기 위해서는 눈으로 읽는 것을 넘어, 직접 손으로 기록하는 과정이 필요합니다. 오늘, 철학자들처럼 나 자신과 대화해 보세요.

# PART 1. 인문학의 지혜 적용하기

## 1. 현실 직면하기

현대인은 술, 스마트폰, 혹은 바쁜 일정표 뒤에 숨어 현실을 피하곤 합니다. 하지만 회피는 달콤한 만큼 복리의 이자가 붙어 더 큰 불안으로 돌아오지요. 플라톤이 말한 용기는 한계 상황에서 내가 어떤 인간으로 남을지 결정하고, 그 자리를 버티는 힘입니다.

요즘 당신이 자꾸만 '에라 모르겠다.' 하며 생각의 스위치를 꺼버리고 싶은 문제는 무엇인가요? 상사의 질책, 텅 빈 통장 잔고, 혹은 껄끄러운 관계일 수도 있습니다. 그 문제를 잊으려고 당신이 습관적으로 하는 행동(예: 유튜브 보기, 음주 등)을 적고, 그 문제를 똑바로 응시할 때 먼저 해결해야 할 작은 실천 하나를 기록하세요.

### 예시)

*프로젝트 마감 압박이 버거워서 퇴근 후에 밤새 게임만 했다. 마감일이 다가오는데 더 이상 미뤄서는 안 된다. 오늘 밤에는 게임기를 끄고 책상에 앉아, 프로젝트에 대한 아이디어를 구상해야겠다. 그것이 나의 안드레이아(용기)다.*

## 2. 뒤틀린 자존심 버리기

내가 틀렸음을 인정하는 용기는 탄탄한 자존감에서 비롯됩니다. 잘못을 인정해도 당신의 존재 가치가 깎여나가지 않습니다. 오히려 그 반대죠.

최근 내 잘못인 줄 알면서 끝까지 우기거나, 변명으로 진실을 덮어버린 순간이 있나요? (부부 싸움, 자녀와의 대화, 직장 후배의 지적 등) 그때의 부끄러움을 솔직하게 기록하세요.

*어제 아내와 말다툼하다가 내 기억이 틀렸다는 걸 알았다. 근데 지기 싫어서 더 화를 냈다. 자존심을 지키려다 아내의 마음에 상처를 낸 셈이다. 오늘 퇴근하면 아내에게 "어제는 내가 미안했어. 내가 잘못 알고 있었어."라고 정직하게 고백해야겠다.*

# PART 2. 독서 일기를 위한 네 가지 질문

### 1. 생각을 깨우는 인터러뱅interrobang의 마법

인터러뱅(⁈)은 물음표(?)와 느낌표(!)가 하나로 합쳐진 기호입니다. 오늘 읽은 글이 당신의 익숙한 세계에 던진 가장 날카로운 물음표는 무엇인가요? 그 질문을 통해 새롭게 깨달은 감동의 느낌표를 함께 기록하세요.

[?] _______________________________________________

[!] _______________________________________________

### 2. 휴먼 라이브러리Human library

책은 때로 어떤 전문가보다 지혜로운 상담가가 되어줍니다. 당신의 고민에 답이 된 문장을 기록하세요.

### 3. 머릿속 생각의 틀 시원하게 부수기Break the Shell

그동안의 편견을 깬 도끼 같은 문장이 있나요? 그 문장을 통해 틀에 박힌 생각에서 벗어나 새로운 길을 발견했다면, 그 짜릿한 변화를 기록하세요.

### 4. 인생을 바꿀 한 문장: 당신의 가슴에 낙인처럼 찍힌 한마디는 무엇인가요?

삶의 거센 파도가 닥치고 뜻밖의 시련이 찾아올 때, 당신을 다시 일으켜 줄 단 하나의 문장은 무엇일까요? 본문 중에서 인생을 역전시킬 만큼 강렬한 에너지를 지닌 인두 같은 문장을 찾아 기록하고, 그 이유를 새겨보세요.

**오늘의 추천 도서**

*『옵션 B』, 셰릴 샌드버그, 애덤 그랜트 공저, 안기순 역, 와이즈베리, 2017.*

**제3부** 생각 혁명

# 착각



세상만사는
마음먹기 나름

## 오늘의 인두 같은 한 문장

낙관주의자들은 다 죽었다. 현실을 냉혹하게 직시한 사람만 살아남았다.

- 제임스 스톡데일(James Stockdale, 1923년~2005년)

## 오늘의 핵심 메시지

서점의 심리학 코너에 가보면 다 잘될 거라는 막연한 주문으로 불안을 잠재우려는 책이 즐비합니다. 그러나 대책 없는 낙관주의는 현실 앞에서 우리를 무방비 상태로 만드는 위험한 착각에 불과합니다. 베트남 포로수용소에서 8년을 견딘 제임스 스톡데일은 크리스마스에는 감옥에서 나갈 거라고 믿은 낙관주의자들이 가장 먼저 상실감으로 죽었다고 증언합니다.

스톡데일과 함께, 죽음의 수용소를 견딘 오스트리아의 심리학자 빅터 프랭클을 만납니다. 언젠가 좋아질 거라는 환상을 버리세요.

## 바쁨 = 행복, 이 공식이 맞나요?

요새는 누군가를 만날 때 "요즘 많이 바쁘시죠?"라고 인사합니다. 그러면 상대는 기다렸다는 듯이 바빠서 정신이 없다고 대답하죠. 만약 이 질문에 한가하다고 답하면, 왠지 모르게 무능하거나 뒤처지는 기분마저 듭니다. 밥 한 끼 먹자는 가벼운 제안에도 "일정 좀 보고요."라고 답하며 캘린더를 뒤지는 게 당연한 세상이 되었어요. 모두 말 그대로 눈코 뜰 새 없이 바쁘게 살아갑니다.

그런데 정신없이 하루를 보내고 어둑어둑 밤이 오면, 나도 모르게 절망의 한숨이 새어 나옵니다. 매년 새해가 오면 희망이 이뤄지기를 기대하다가도 뉴스에서 암울한 들려오는 소식에 주저앉아 버립니다. 예전보다 열심히 사는데, 왜 삶은 팍팍하고 마음은 휑할까요.

이 헛헛함은 보통 두 가지 모습으로 우리의 삶을 노크합니다. 첫 번째는 소중한 사람을 잃거나 배신을 당하는 구체적 사건을 통해서입니다. 두 번째는 특별한 고민은 없는데 왠지 인생이 텅 빈 듯한 감정의 동요를 느낄 때입니다. 현대인들은 이 허무에서 고개를 돌리고, 자신에게 다 잘될 거라고 거짓된 긍정의 주문을 외우죠.

그러나 이 억지스러운 긍정은 진통제일 뿐, 약효가 사라지면 현실의 고통은 더 잔인하게 우리를 짓누릅니다.

왜 알면서도 임시방편인 진통제에 스스로를 맡길까요? 그것은 현실 직시가 가져올 통증이 너무 두렵기 때문입니다. 내 실력이 부족하고, 통장은 비어가고, 세상이 나 없이도 잘 돌아간다는 존재론적 위기감을 마주하기란 무척 고통스럽습니다. 그래서 어떻게든 될 거라고 믿고 싶죠.

하지만 문제의 뿌리를 외면한 채 시간만 보내면, 위기가 닥칠 때 맨몸으로 시련을 맞아야 합니다. 그러니 오늘부터 무한긍정의 집요한 손아귀에서 벗어나세요. 희망 고문에 취해 영혼 없이 살 것인지, 아니면 쓰디쓴 현실을 인정하고 인생을 새로 시작할지 선택하세요. 이제부터 여러분과 함께 무책임한 방관으로서의 긍정이 어떤 건지 그 실체를 들여다보겠습니다.

## 원하면 뭐든 이룰 수 있다?

오늘날 앨버트 엘리스Albert Ellis의 통찰은 사유 없는 낙관이 판치는 사회에 경종을 울립니다. 그는 인간의 마음이 비합리적인 신념에 사로잡힐 때 얼마나 무기력하게 무너지는지 평생을 바쳐 연구한 거장입니다. 엘리스는 비합리적 신념의 뿌리에 '~해야만 한다.'라는 절대적 당위성이 있다고 보았습니다. 세상은 내가 원하는 대로 돌아가야 하고, 고통은 없어야 한다는 거죠.

앨버트 엘리스가 말한 핵심은 간단합니다. 인간이 겪는 불행은 외부의 사건보다 그 사건을 해석하는 비합리적인 생각에서 옵니다. 나는 장래에 부자가 될 것이고, 성공을 거머쥘 거라는 천진한 믿음이 도리어 불행의 원인이죠.

우리는 누구나 안락한 서사를 꿈꿉니다. 노력한 만큼 보상받고, 선의는 반드시 결실을 거두며, 고통 뒤엔 달콤한 휴식이 기다린다는 식이죠. 하지만 삶은 그리 친절하지 않고, 심지어 우리의 소박한 기대를 비웃는 것 같습니다. 우리는 냉혹한 리얼리즘이 우리 믿음을 배신할 때 맞닥뜨릴 충격을 두려워합니다. 그래서 준비한 최악의 대피소가 근거 없는 낙관주의입니다.

인기 있는 동기부여 영상을 보거나 자기 계발 강의를 들어보세요. 매일 거울 앞에 서서 원하면 뭐든 이룰 수 있다고 외치도록 합니다. 근데 세상만사가 내 뜻대로 될까요? 현실은 생각보다 훨씬 힘들고 불공평합니다. 생각만으로 세상이 돌아가는 법칙을 바꿀 수 있다는 맹신은 일종의 자기기만입니다. 어리석은 낙관주의는 '나는 안 돼.'라고 자책하는 생각만큼이나 삶에 치명적인 상처를 입힙니다.

삶이 우리를 배반할 때, 그 치유는 긍정이라는 선글라스를 쓰고 현실에 눈감는 데서 오지 않습니다. 차가운 대지에 두 발을 딛고 서야 합니다. 이것이 내 몫의 고통이고, 현실임을 인정하는 데서 마음의 치유가 시작됩니다.


## 삶이 당신을 속일 때


빅터 프랭클은 2차 세계대전 당시 아우슈비츠 수용소에서 이 진실을 생생히 목격했습니다. 그는 사상누각沙上樓閣이나 다름없는 희망에 속은 사람이 어떻게 저항 없이 죽었는지 세 단계로 관찰했습니다.

첫 번째 단계는 수감 직후에 겪는 집단 유예 망상입니다. 수감자들은 절망적인 상황에서도 나는 곧 풀려나고 모든 일이 잘될 거라는 환상에 빠집니다. 그러다 동료들이 가스실에서 처참하게 죽어가는 현실을 목격하고, 그 충격에 하릴없이 무너집니다. 근거 없는 희망이 마음의 방어벽을 철저히 허무는 잔인한 덫이 된 겁니다.

두 번째 단계는 지독한 무감각입니다. 삶이 반복되는 실패와 고통으로 가득 차면, 마음은 스스로를 보호하려 하죠. 감정을 메마르게 만들어 옆에서 어떤 일이 일어나도 슬픔을 느끼지 못하는 지경에 이릅니다. 신기루 같은 희망에 무참히 배신당한 사람이 보이는 반응이죠.

마지막 세 번째 단계는 극심한 무기력입니다. '나는 상황을 바꿀 힘이 없다'는 절망에 길드는 겁니다. 가짜 긍정을 스스로 처방한 대가로 현실과 싸울 의지를 잃게 됩니다.

우리와 우리가 속한 공동체가 마주한 위기도 마찬가지입니다. 당장의 불편함을 피하려고 좋은 게 좋은 거라며 넘어가는 안일한 태도가 우리 모두를 깊은 허무의 늪에 빠뜨렸습니다. 미래가 불안하면, 사람들은 차츰 집단 유예 망상과 무감각, 무기력에 빠집니다. 여러분은 세 단계 중 어디에 속해 있나요? 자고 일어나면 상상하지 못할 세계가 펼쳐지는 시대입니다. 여기저기서 힘들다, 죽겠다는 비명을 지릅니다. 다들 그러니 내가 할 수 있는 게 없다며 손 놓고 있는 게 맞을까요?

빅터 프랭클은 오히려 비극적 낙관주의를 제안합니다. 이것은 현실의 비극을 있는 그대로 인정하면서 그 안에서 의미를 찾는 태도입니다. 고통이 실재한다는 사실을 정직하게 인정하는 것입니다. 그리고 시련에 압도당해 뒷걸음질 치는 것이 아니라, 그 시련도 성장을 위해 통과해야 할 문임을 자인自認하는 태도입니다. 성장은 결국 자신의 두려움을 낱낱이 해부하며 의미를 발견하는 과정에서 이뤄집니다. 지금 겪는 이 심연이 먼 미래에 소중한 경험이 되려면, 시간을 통과하는 인내가 필요합니다.

만약 여러분이 망상이나 무감각, 무기력 중 하나에 빠져 있다면 빅터 프랭클의 책을 읽어보세요. 그의 철학은 박제된 이론이 아니라 여러분에게 혜안을 열어줄 인생의 보고寶庫이며 철학적인 나침반입니다.

# 도망치는 낙관론자, 버티는 의미론자

이제 처음 던졌던 질문으로 돌아갑니다. 하루를 버티는 것조차 버거운 순간이 오면, 지푸라기라도 잡고 싶은 심정으로 달콤한 희망의 언어를 붙잡고 싶어 하죠. 어떻게 살아야 이 장밋빛 눈가리개를 벗고 무한 긍정의 늪에서 빠져나올 수 있을까요?

대부분 사람은 평생 동안 '어떻게 살 것인가?'라는 기술적인 물음에 매몰되어 삽니다. 20대는 20대대로, 30대와 40대, 심지어 5~60대가 되어도 풀어야 할 문제지가 있습니다. 어떤 직업을 가질지, 어떻게 돈을 벌고 아이를 기를지 고민하죠. 그러다 지치면 솜사탕 같은 거짓 희망에 눈을 돌립니다. 희망 고문은 계속되고, 우리는 자꾸 미래의 어느 지점에 행복을 저당 잡혀 살아가죠. 이 안락한 오판을 버리는 일이야말로 성숙의 출발입니다.

베트남 전쟁 중 포로수용소에서 8년을 버틴 미 해군 장교 제임스 스톡데일(James Stockdale, 1923년~2005년)의 이야기도 빅터 프랭클의 교훈과 일맥상통합니다. 그의 수감 생활은 인간이 극한 상황에서 어떻게 정신적 품격을 지키는지를 보여주는 투쟁의 기록이었습니다.

스톡데일을 제외한 북베트남군의 미군 포로들은 처음에 크리스마스 전에 나갈 거라고 믿었습니다. 그러나 부활절, 추수감사절이 와도 감방 문은 열리지 않았고, 반복되는 실망감에 수감자들의 면역력은 현저히 저하되어 죽음에 이르렀습니다. 여기서 탄생한 교훈이 스톡데일 패러독스Stockdale Paradox입니다.

스톡데일은 스스로에게 이렇게 말했습니다.

"우리는 오랫동안 여기서 나가지 못할 것이다. 이것이 현실이다."

이 냉정한 자각이 그를 가장 오랫동안 버티게 한 힘입니다.

당시 베트남군의 책임자는 스톡데일과 포로들에게 혹할 만한 제안을 했습니다. 선전 영화에 출연하여 수용소의 처우가 좋다고 증언하면, 고문을 멈추고 따뜻한 음식을 주겠다고 한 겁니다. 그러나 스톡데일은 제안을 단칼에 거절했습니다. 감옥에 갇혀서도 적의 꼭두각시가 되지 않으려 했던 그는 영화 촬영 직전에 자기 얼굴을 의자로 내려치고 면도날로 얼굴을 그었습니다.

스톡데일 패러독스는 현실을 인정하고, 자신의 통제가 가능한 영역에서 인간으로서의 존엄을 지키라는 메시지를 전합니다.

우리는 줄곧 '어떻게 돈을 벌 것인가?', '어떻게 성공할 것인가?' 같은 기술적 문제에 매달려왔습니다. 그러나 질병, 가난, 실직 등의 고통스러운 상황은 우리를 잔인한 시험대 위에 세우고 엄중히 묻습니다.

이 모든 비극에도 너는 여전히 의미 있는 존재임을 증명할 수 있는가?

인생의 본질을 압축한 이 한마디는 우리가 답해야 할 실존의 문제입니다. 오늘 마주한 절망의 현장에서 내딛는 한 번의 발걸음, 그 묵직한 행동이 나는 살아갈 가치가 있다는 대답이 됩니다. 왜 살아야 하는지 아는 사람은 어떤 상황도 견딜 수 있습니다. 우리를 구원하는 것은 도망치듯 얻은 쾌락이 아니라, 그럼에도 불구하고 살아야 할 단 하나의 이유입니다.

본문의 깊은 사유를 내 것으로 만들기 위해서는 눈으로 읽는 것을 넘어, 직접 손으로 기록하는 과정이 필요합니다. 오늘 하루, 철학자들처럼 나 자신과 대화해 보세요.

# PART 1. 인문학의 지혜 적용하기

### 1. 무한긍정으로부터의 탈출

앨버트 엘리스는 근거 없는 낙관주의 같은 비합리적 신념이 우리를 무기력하게 만든다고 했죠. 현실을 직시하지 않고 외치는 긍정의 주문은 효과 없는 진통제입니다. 지금 당신 앞에 놓인 냉혹한 현실은 무엇인가요? (예: 바닥난 통장 잔고, 부족한 실력, 나빠진 건강 등) 그 문제를 덮어두기 위해 당신이 가졌던 비합리적 신념이 있다면 솔직하게 기록하세요.

예시)

*"언젠가는 나도 부자가 되겠지."라고 막연히 믿으면서, 정작 매달 불어나는 카드 값은 확인도 안 했다. 현실을 마주하는 게 무서워 희망고문에서 발을 빼지 못하고 있었다.*

### 2. 의미 찾기

빅터 프랭클은 아우슈비츠의 비극 속에서도 삶의 의미를 찾았고, 스톡데일 장군도 베트남에서 고문에도 꺾이지 않는 불굴의 의지를 보여줌으로써 자존감을 지켰습니다. 우리를 살리는 건 내일의 행운이 아니라 오늘을 견딜 이유입니다.
당신이 절대로 포기할 수 없는 삶의 가치나 의미는 무엇인가요? 오늘 당신이 통제 가능한 영역에서 실천할 수 있는 행동을 찾아보세요. (예: 한 시간 더 공부하기, 솔직하게 잘못 인정하기, 30분 걷기 등) 그 행동이 당신의 가치를 증명합니다.

예시)

*당장 원하는 큰돈을 벌 수는 없지만, 퇴근 후 1시간씩 전문 분야의 책을 읽는 건 내 의지에 속*

## PART 2. 독서 일기를 위한 네 가지 질문

### 1. 생각을 깨우는 인터러뱅interrobang의 마법

인터러뱅(?!)은 물음표(?)와 느낌표(!)가 하나로 합쳐진 기호입니다. 오늘 읽은 글이 당신의 익숙한 세계에 던진 가장 날카로운 물음표는 무엇인가요? 그 질문을 통해 새롭게 깨달은 감동의 느낌표를 함께 기록하세요.

[?] ___________________________________________

[!] ___________________________________________

### 2. 휴먼 라이브러리Human library

책은 때로 어떤 전문가보다 지혜로운 상담가가 되어줍니다. 당신의 고민에 답이 된 문장을 기록하세요.

### 3. 머릿속 생각의 틀 시원하게 부수기Break the Shell

그동안의 편견을 깬 도끼 같은 문장이 있나요? 그 문장을 통해 틀에 박힌 생각에서 벗어나 새로운 길을 발견했다면, 그 짜릿한 변화를 기록하세요.

### 4. 인생을 바꿀 한 문장: 당신의 가슴에 낙인처럼 찍힌 한마디는 무엇인가요?

삶의 거센 파도가 닥치고 뜻밖의 시련이 찾아올 때, 당신을 다시 일으켜 줄 단 하나의 문장은 무엇일까요? 본문 중에서 인생을 역전시킬 만큼 강렬한 에너지를 지닌 인두 같은 문장을 찾아 기록하고, 그 이유를 새겨보세요.

**오늘의 추천 도서**

『죽음의 수용소에서』, 빅터 프랭클 저, 이시형 역, 청아출판사, 2005.

다시, 읽는 인간 HOMO LECTIO

# 관계의 기술

AI를 부리는 씽커(Thinker), 관계의 격

# 제4부

# 자유

## AI 시대 인간의 반격,
## 자유는 어떻게
## 삶의 무기가 되는가

 **오늘의 인두 같은 한 문장**

어린아이의 마음을 갖는다는 것은 철없이 군다는 뜻이 아니다. 낙타처럼 고생하며 눈물 흘린 시간도, 사자처럼 세상과 부딪치며 피 흘린 시간도 지금의 아름다운 나를 만든 소중한 재료임을 온전히 껴안는 일이다.

- 프리드리히 니체(Friedrich Nietzsche, 1844년~1900년)

## 오늘의 핵심 메시지

'이 나이에 서울에 집 한 채는 있어야지.', '연봉이 이 정도는 돼야지.'라는 세상의 기준은 행복마저 숙제처럼 해내야 한다는 중압감을 줍니다. 이 압박에 시달리다가 내 인생은 제대로 살아보지 못한 채, 무거운 짐을 지고 사막을 걷는 낙타처럼 비틀거립니다. 그러나 더 이상 무릎이 꺾인 낙타가 되어서는 안 됩니다.

오늘은 철학자 프리드리히 니체가 안내하는 사막을 건너면서, 삶을 뒤집는 위대한 변신을 시도해 보려 합니다. 억지로 짐을 지고 가는 낙타에서 벗어나, 짐을 부수고 포효하는 사자로, 마침내 삶을 놀이처럼 즐기는 어린아이로 나아가는 길입니다. 세상의 기준에 '아니요No.'라고 외쳐보세요. 내 삶의 주인이 되어 '예Yes.'라고 긍정하며 춤추는 법을 배워봅시다.

## 강요된 행복으로부터의 자유

여러분, '체면體面'이라는 말의 진짜 뜻을 아시나요? 말 그대로 '몸의 얼굴'이라는 뜻이에요. 원래는 내 마음속 떳떳함과 인격이 밖으로 자연스럽게 배어 나오는 모습을 말하죠.

그런데 SNS가 세상을 지배하면서 이 체면의 의미가 변질됐어요. 이제 우리는 내 실체를 보여주기보다 남들이 좋아할 만한 가짜 이미지를 꾸미는 데만 온 힘을 쏟거든요. 남들에게 완벽해 보여야 한다는 강박이 생기니까, 정작 내 솔직한 감정인 진실한 표정은 점점 지워지고 말아요. 내 시선이 온통 바깥으로만 향해 있으니 나를 깊이 들여다볼 틈도, 타인을 진심으로 배려할 여유도 사라지죠. 결국 세상이 정한 행복의 기준만 쫓다가, 나만의 개성을 잃고 모두가 똑같은 모습으로 변해버린 거예요.

겉으로 보면 다들 평온해 보이죠? 하지만 실제로는 저마다 아픈 상처를 안고 하루하루 겨우 버팁니다. 실직이나 사업 실패, 혹은 사랑하는 이와의 이별로 슬픔에 잠겨 있으면서도 남의 시선을 의식하며 아등바등 살아가죠. 이런 우리 모습은 니체의 책 『차라투스트라는 이렇게 말했다』(홍사현 역, 을유문화사, 2026)에 나오는 '외줄 타는 광대'와 똑 닮아 있어요.

까마득한 허공에 긴 밧줄이 걸려 있고, 광대가 장대 하나에 의지해 위태롭게 걷습니다. 니체는 왜 인생을 줄타기에 비유했을까요? 그는 인간을 나약한 본성(최후의 인간)과 당당한 주인(초인) 사이에 매여 있는 밧줄이라고 정의했어요. 남의 눈치나 보는 상태를 벗어나려 애쓰지만, 아직 삶의 완전한 주인이 되지 못한 채 그 중간 어딘가에 매달려 있다는 뜻이죠.

어느 날 문득 이런 생각이 들 때가 있죠. "계속 이렇게 살 수는 없어." 남들이 정해준 길을 무작정 따라가는 대신, 조금 손해를 보더라도 내 마음이 떳떳한 쪽을 선택하고 싶어진 거예요. 세상이 정한 행복의 기준을 과감히 버리고, 나만의 인격을 지키며 살겠다는 그 대담한 결심 말이죠. 그 대담한 결심을 한 순간, 당신은 안전한 땅 위의 군중을 떠나 외줄 위로 올라간 용기 있는 광대가 된 거예요. 남들이 보기엔 미친 짓이죠. "왜 그렇게 손해를 보며 살아? 대충 적당히 타협하고 살지!"라며 조롱 섞인 충고를 던질지도 몰라요. 하지만 당신은 이미 그 험난한 줄 위에 올라섰습니다.

하지만 줄 위에서의 삶은 생각보다 훨씬 가혹합니다. 값지게 살겠다던 의지는 금세 희미해지고, 다시 마음속에 괴물들이 나타나 줄을 흔들어대죠.

밧줄의 왼쪽: 남들보다 뒤처질지 모른다는 '낙오의 공포'
밧줄의 오른쪽: 남을 이겨야 한다는 끝없는 '탐욕'

저도 이런 경험을 자주 해요. 양심과 눈앞의 이익이 팽팽하게 부딪칠 때 말이죠. 양심에 따라 바르게 살려고 애쓰다 보면, 주변에서 "뭐 그렇게 대단하다고 혼자 잘난 척이냐.", "참 피곤하게 산다." 같은 상처 주는 말을 면전에서 내뱉기도 하거든요. 저 역시 수단과 방법을 가리지 않고 이익을 얻고 싶은 평범한 사람입니다. 그럴 때면 속에서 이런 생각이 솟구쳐요. '나혼자 왜 이렇게 힘들게 사나. 남들처럼 대충 타협하며 편하게 살아도 되는

데.' 다시 아래를 내려다보게 됩니다. 땅 위 구경꾼들의 박수가 그리워지고, 다시 가짜 이미지로 나를 포장하고 싶은 유혹이 밀려오죠. "나만 손해 보는 거 아냐? 그냥 뒤로 돌아갈까?" 하지만 니체는 말해요. 인간의 가치는 목적지에 도달하는 결과가 아니라, 그 위험을 무릅쓰고 건너가는 과정 자체에 있다고요.

우리 주변에는 이미 줄 위에서 떨어져 실패한 것처럼 보이는 수많은 광대가 있어요. 도로 위에서 사고를 막으려 위험한 적재물을 신고했다가 가해자의 협박에 가게 문을 닫고 상처 속에 사는 어느 가장이 그렇습니다. 조직의 비리를 고발했다가 배신자로 낙인찍혀 직장을 잃은 청년, 약자들을 위해 후원금이 새는 걸 막으려던 어느 복지사도 있었죠. 비리를 폭로하자마자 동료들은 그를 외면하고 차갑게 따돌렸어요. 법정에서 진실을 인정받기까지 수년 동안, 그는 세상에 홀로 남겨진 듯한 지독한 고독을 견뎌야 했습니다. 대기업의 비자금을 폭로했던 변호사가 있었어요. 폭로 이후 동료 변호사들은 그와의 연락을 끊었고, 그는 정신적으로 문제가 있는 사람이라는 모함까지 당했죠. 한때 잘나가던 검사 출신 변호사였지만, 생계를 위해 빵집을 운영하며 수년을 버텨야 했습니다.

그냥 남들처럼 평범하게 살지, 왜 그렇게 사서 고생을 하느냐며 혀를 찰 수도 있죠. 당사자들 역시 매 순간 마음이 무거웠을 거예요. "내가 왜 그랬을까, 나 때문에 가족까지 고통받네."라며 뼈저린 후회를 했을지도 모르죠. 하지만 니체는 이들에게 다가가 이렇게 속삭입니다.

"그대는 위험을 소명으로 삼았으니 내 손으로 그대를 묻어주리라."

이 문장이 도대체 무슨 뜻일까요? 왜 죽어버린 광대에게 "내가 묻어주겠다"고 말하는 걸까요? 이것은 니체가 건네는 가장 고귀한 예우입니다. 줄 아래 땅바닥에서 박수나 치는 구경꾼들은 절대 다칠 일이 없어요. 하지만 그들에겐 나만의 인생도 없죠. 그들은 광대가 떨어지면 "내 저럴 줄 알았지."라며 비웃고는 모두 떠나버립니다. 하지만 니체(차라투스트라)는 끝까지 남습니다. "세상이 당신을 실패자라 부르며 버려도, 나만큼은 당신이 위험을 피하지 않고 소명으로 삼았음을 기억하겠다"는 것이죠. 당신의 삶이 헛되지 않았음을 증명하고 마지막까지 지켜주겠다는 눈물겨운 찬사입니다.

니체는 비겁하게 안전한 것보다, 나답게 살려다 실패하는 게 훨씬 인간답고 아름답다고 우리를 위로합니다. 아무 고민 없이 남들 사는 대로만 사는 것은 죽은 삶이나 다름없으니까요.


불안하고 무서우신가요? 당연합니다. 줄 위에서 다리가 후들거리는 건, 여러분이 지금 남의 인생이 아닌 내 인생을 직접 책임지고 걷고 있기 때문에 느끼는 무게감이에요. 그러니 작심삼일이어도 괜찮습니다. 그 사흘 동안 당신은 남들과 다른 '나만의 길'을 걸어본 거니까요. 그 시도 자체가 이미 당신을 특별하게 만듭니다. 완벽한 균형은 어려워도, 내 의지로 한 발을 내딛는 그 꿋꿋한 자세가 삶에 진짜 의미를 부여합니다.

결국 타인의 박수 소리에 내 인생을 맡기지 마라는 뜻이에요. 완벽하게 줄을 건너 박수를 받는 게 목적이 아니어도 좋아요. 비록 비틀거리고 중간에 포기하더라도, "오늘 나는 남의 눈치가 아니라 내 의지로 한 발을 내디뎠어."라고 말할 수 있다면 그것으로 충분합니다.

이제 남의 박수가 아니라 나를 미소 짓게 하는 진짜 즐거움이 무엇인지 탐구해 봅시다. 우리 영혼이 어떻게 낙타에서 사자로, 마침내 어린아이로 성장하는지 그 아름다운 여정을 함께 시작해 볼까요?

**제4부** 관계의 기술

**191**

# 남이 지운 짐이 버겁지 않나요?

낙타는 사막을 건너는 사람에게 꽤나 유용한 동물입니다. 상인들은 낙타의 등에 엄청난 짐을 실어 나르죠. 잘 길든 낙타는 아무리 무거운 짐을 얹어도 군말 없이 받아들입니다. 뜨거운 모래밭을 말없이 걸을 뿐이죠. 낙타는 왜 이 짐을 져야 하는지 묻지 않습니다. 어디로 갈 건지도 질문하지 않죠. 세상이 지시하는 대로 이 짐을 져야 한다는 명령에 순응합니다. 여기서 짐은 인생의 무게와 책임을 의미합니다. 누구에게나 자기 의지와 상관없이 강요되는 힘겨운 부담을 짊어지죠.

니체는 이런 낙타의 모습을 현대인의 노예적인 삶에 연결했습니다. 낙타는 일상에 매몰되어 현실에 안주하며, 그 상태가 최선이라고 믿습니다. 그래서 변화의 필요성을 전혀 느끼지 못하고, 나아가 변화를 거부합니다. 자기 인식의 테두리가 좁다는 사실을 모른다는 데 근본적으로 문제가 있죠.

우리도 이 낙타와 똑같습니다. 태어날 때부터 환경과 상황에 순응하며 남들처럼 사는 게 최선이라고 교육받았습니다. 남이 좋은 대학에 가니 나도 가고, 남들이 스펙을 쌓으니 나도 원치 않는 자격증을 쌓아 올렸습니다. 개인적인 꿈이나 취향은 접어두고 세상이 정한 틀 안에서 살아온 세월이 길지요. 직장인은 상사의 지시에 묶여 있고, 부모는 자녀의 성공에 매달립니다.

그러나 니체는 고단한 낙타처럼 우리가 무거운 짐을 직접 져봐야 나중에 환히 웃을 수 있다고 위로하죠. 왜일까요? 온몸이 부서질 듯 버거운 짐을 져본 사람만 그 짐을 내려놓을 때의 해방감을 누릴 수 있기 때문입니다. 타인의 기대에 짓눌려 고통을 겪어본 사람이 자유의 가치를 깨닫습니다. 땀과 눈물로 얼룩진 낙타의 시간은 내면을 견고하게 다지는 필수 수련 과정입니다.

진정한 변화는 내가 진 짐의 무게가 숨통을 끊어놓을 것 같은 한계에 다다를 때 찾아옵니다. 더 이상은 안 된다며 무릎이 꺾이는 순간, 내면 깊은 곳에서 불꽃 같은 의문이 터져 나옵니다.

"도대체 이 짐은 누가 지운 것인가?"

이 질문을 던지는 순간 알게 됩니다. 내가 평생 짊어지고 온, 이렇게 살아야 행복하다는 강박이 단 하나도 내 것이 아니었음을. 이 벼락같은 깨달음의 순간에 짓눌려 있던 인간의 정신은 낙타의 허물을 찢어버립니다. 그리고 용맹한 사자로 극적인 변신을 시작합니다.

낙타처럼 짊어졌던 짐이 내 것이 아니었음을 깨닫는 순간, 우리 정신은 사자로 변신합니다. 나에게 지워진 무거운 짐이 도대체 무엇인지 고민한다면, 아직 낙타의 단계에 머물러 있는 것입니다. 그러나 거기서 한 걸음 나아가 "나는 도대체 무엇을 원하는가?"를 묻기 시작했다면, 여러분은 이미 사자의 단계에 들어선 셈입니다.

사자는 누구에게도 길들지 않는 초원의 지배자입니다. 사자는 짐을 던져버리고 자유를 쟁취하기 위해 앞발을 듭니다. 니체는 사자가 싸우는 무형의 압박을 거대한 용에 비유했습니다. 용은 "너는 대기업에 가야 해.", "이 나이에 이 정도는 갖추어야 해."라고 명령하는 세상의 고루한 가치관입니다. 용의 비늘에는 '너는 마땅히 해야 한다.'라는 글귀가 번쩍입니다. 사자는 이 거대한 용을 향해 "아니요!"라고 힘차게 포효합니다. 낙타처럼 비굴하게 무릎 꿇지 마세요. 나를 힘들게 하던 행복의 기준을 무너뜨리는 의미 있는 파괴를 시작하세요.

# 나의 세상은 놀이터

그러나 사자의 단계가 끝은 아닙니다. 사자는 용과 싸워 자유를 얻었지만, 여전히 과거의 상처와 싸우며 투쟁하고 분노하는 상태입니다. 낡은 것을 부정하는 힘은 강하지만, 새로운 가치를 창조할 만큼 부드럽고 유연하지 못합니다. 그래서 우리의 최종 목적지는 티 없이 맑은 어린아이입니다.

니체가 말하는 궁극의 단계인 어린아이는 무엇을 뜻할까요?

얼마 전 한 TV 프로그램에서 두 살배기 아이와 아빠의 일상을 보았습니다. 아빠는 수억 원어치에 달하는 한정판 장난감을 수집해서 자기 방에 전시하는 취미가 있었습니다. 어느 날 아빠가 큰맘 먹고 비싼 캐릭터 장난감을 아기에게 주었는데, 그 애는 한두 번 만지작거리더니 바닥에 휙 던져버렸어요. 그러고는 바닥에 굴러다니던 빈 페트병 하나를 들고 까르르 웃으며 놀기 시작했습니다.

이것이 니체가 포착한 어린아이의 위대함입니다. 어린아이 눈에는 장난감이 얼마짜리인지, 남들이 얼마나 부러워하는지가 전혀 중요하지 않습니다. 아이에게는 모든 사물의 가치가 평등합니다. 지금 나를 즐겁게 해줄 수 있다면, 페트병 하나로도 세상을 다 가진 듯 웃을 수 있죠.

한 걸음 더 나아갈까요? 어린아이들이 놀이터에서 놀 때 다른 애가 명품 브랜드 옷을 입었는지, '노 브랜드' 옷을 입었는지로 계급을 나누고 차별하던가요? 절대 아닙니다. 아이들은 누구와도 손을 잡고 어울립니다. 세상이 만들어 놓은 가격표, 지위, 편견이라는 잣대가 아이에게는 통하지 않아요. 심지어 피부색이 다른 친구도 낯설어하지 않습니다. 말이 안 통해도 괜찮아요. 어른들이 보기에는 옹알이 같은데, 희한하게도 아이들은 서로 소통하며 깔깔거립니다. 마음과 마음 사이에 어떤 장벽도, 계산도 없어서 가능한 기적이죠.

어린아이에게 삶은 풀어야 할 숙제나 남을 이겨야 하는 전쟁터가 아닙니다. 지금, 이 순간 내 손에 쥐어진 것을 갖고 노는, 세상에서 가장 즐거운 놀이터입니다. 재미있는 놀이에 푹 빠져 있을 때 아이는 왜 이 놀이를 해야 하냐고 묻지 않습니다. 그냥 재미있어서 하는 거죠. 니체는 우리 삶이 이런 놀이여야 한다고 말합니다.

니체는 왜 순수하게 세상을 즐기라고 하지 않고, 굳이 낙타와 사자의 고통스러운 단계를 거치라고 했을까요? 그는 이렇게 말합니다.

"존재하는 것에서 빼버릴 건 하나도 없으며, 없어도 되는 것은 없다."

어린아이의 마음을 갖는다는 건 철없이 군다는 뜻이 아닙니다. 낙타처럼 남의 짐을 지고 눈물 흘렸던 고단한 시간도, 사자처럼 세상의 편견과 부딪치며 상처 입은 시간도, 지금의 나를 만든 소중한 조각임을 온전히 껴안는 일입니다. 내 삶에 닥친 비극과 잊고 싶을 만큼 부끄러운 과거도 나를 완성하기 위한 과정이라고 생각해야 합니다.

왜 이 과정이 있어야 할까요? 낙타의 고통이나 사자의 분노를 부정하면, 그 시간을 살아낸 내 존재마저 부정하게 되기 때문입니다. 내 인생이라는 그림을 그릴 때 어둡고 탁한 색깔을 다 빼면 빛나는 부분을 아름답게 표현할 수 없잖아요. 그래서 삶의 흔적 하나하나 의미를 부여하고 받아들이는 태도가 중요합니다. 이렇게 철저한 자기 긍정을 통해 우리는 삶을 새롭게 해석하고, 나의 운명과 실존을 진심으로 사랑하게 됩니다.

현실이 지옥처럼 느껴지면, 누구라도 도망치고 싶은 유혹에 빠집니다. 하지만 구원은 사막 밖이 아니라 당신의 태도에 달려 있습니다. 무거운 짐을 진 낙타의 인내를 지나, 자유를 갈망하는 사자의 저항을 거쳐, 삶을 무한대로 긍정하는 어린아이가 되어야 합니다.

## 사자의 포효를 지나 어린아이의 유희로

니체는 우리에게 어린아이가 되라고 도전합니다. 진정으로 구원받고 싶다면, 고통마저 나를 빚는 재료로 삼아 갖고 노는 아이가 돼야 합니다. 똑같은 고통이 되풀이된다 해도 힘차게 대답하세요.

"그래, 나는 이 삶을 사랑하겠어!"

낯선 시련에 등을 돌리는 대신에 환영하고 품는 어린아이의 마음에 이를 때, 우리는 인생의 참된 주인이 됩니다.

막연한 미래의 행복을 위해 오늘을 희생하지 마세요. 나에게 닥친 일을 하기 싫은 숙제를 푸는 것처럼 대하지 마세요. 삶을 춤추듯 가볍게 받아들이고, 고통도 아름답게 승화시키는 예술가로 성장해 갑시다. 타인이 맡긴 숙제를 끝내려고 밤새 발버둥 치는 대신, 내가 정말 하고 싶은 놀이를 위해 기꺼이 땀 흘리는 아이가 됩시다.

지금 많이 지쳐 있나요? 괜찮습니다. 여러분이 짊어진 낙타의 짐도, 세상을 향한 사자의 포효도 어린아이의 맑은 웃음을 되찾기 위한 밑거름입니다. 남의 숙제를 베끼는 인생은 오늘로 끝내세요. 내게 일어난 모든 일을 사랑하고, 이 순간을 놀이처럼 즐겨보세요. 삶은 정답을 맞혀야 하는 시험지가 아닙니다. 굴곡진 과거와 상처투성이인 오늘을 다 같이 끌어안고 춤을 추는 놀이터입니다. 강박의 사슬을 조금 느슨하게 풀고 아이처럼 물어보세요.

"오늘 나를 진짜 웃게 할 놀이는 뭘까?"

그 작은 질문 하나가 당신을 낙타의 사막에서 초원의 놀이터로 데려다줄 겁니다. 당신의 삶은 그 자체로 눈부신 예술 작품입니다.

본문의 깊은 사유를 내 것으로 만들기 위해서는 눈으로 읽는 것을 넘어, 직접 손으로 기록하는 과정이 필요합니다. 오늘, 철학자들처럼 자기와 대화해 보세요.

# PART 1. 인문학의 지혜 적용하기

## 1. 내가 짊어진 타인의 짐, 낙타의 시간 돌아보기

낙타는 주인에게 칭찬받기 위해 무거운 짐을 지고 사막을 걷습니다. 우리도 남의 기대를 채우느라 나 자신의 갈증을 외면하고 있는 건 아닐까요?

남에게 보여주기 위해 당신이 진 짐은 무엇인가요? 그 짐이 내 것이 아님을 깨닫는 순간, 사자로 변신할 용기가 생겨납니다.

**예시)**

*남들에게 뒤처지지 않으려고 퇴근 후에 학원을 들락이며 억지로 자격증 공부를 했다. 내가 원한 게 아니라 남들이 다 하니까 불안해서 짊어진 짐이다. 이 짐이 오히려 내 숨통을 조이고 있었다는 사실을 이제야 깨달았다.*

## 2. 사자의 포효를 지나 어린아이의 유희로

사자는 너는 마땅히 해야 한다는 명령에 "아니요."라고 외칩니다. 그리고 마지막 단계인 어린아이는 삶을 숙제가 아닌 놀이로 받아들이지요. 어린아이에게는 값비싼 장난감보다 손에 쥔 페트병이 더 소중합니다.

세상이 정한 가격표나 계급장을 다 떼어버리고, 당신을 즐겁게 하는 페트병 같은 놀이는 무엇인가요? 남이 알아주지 않아도, 돈이 되지 않아도 그냥 재미있어서 푹 빠질 만한 일을 찾아보세요. 그리고 낙타 같던 과거의 나를 온전히 껴안으며 건네고 싶은 한마디를 기록하세요.

**예시)**

*남의 숙제를 베끼느라 바빴던 어제의 나에게 수고했다고 말해주고 싶다. 오늘부터는 하루 30*

분씩이라도 내가 좋아하는 그림을 그리겠다. 잘 그려야 한다는 부담 없이, 그저 붓이 가는 대로 즐거이 노는 어린아이가 되겠다. 그래, 나는 지금의 내 삶을 사랑하리라고 외쳐본다.

# PART 2. 독서 일기를 위한 네 가지 질문

### 1. 생각을 깨우는 인터러뱅interrobang의 마법

인터러뱅(?!)은 물음표(?)와 느낌표(!)가 하나로 합쳐진 기호입니다. 오늘 읽은 글이 당신의 익숙한 세계에 던진 가장 날카로운 물음표는 무엇인가요? 그 질문을 통해 새롭게 깨달은 감동의 느낌표를 함께 기록하세요.

[?] ________________________________________________

[!] ________________________________________________

### 2. 휴먼 라이브러리Human library

책은 때로 어떤 전문가보다 지혜로운 상담가가 되어줍니다. 당신의 고민에 답이 된 문장을 기록하세요.

### 3. 머릿속 생각의 틀 시원하게 부수기Break the Shell

그동안의 편견을 깬 도끼 같은 문장이 있나요? 그 문장을 통해 틀에 박힌 생각에서 벗어나 새로운 길을 발견했다면, 그 짜릿한 변화를 기록하세요.

### 4. 인생을 바꿀 한 문장: 당신의 가슴에 낙인처럼 찍힌 한마디는 무엇인가요?

삶의 거센 파도가 닥치고 뜻밖의 시련이 찾아올 때, 당신을 다시 일으켜 줄 단 하나의 문장은 무엇일까요? 본문 중에서 인생을 역전시킬 만큼 강렬한 에너지를 지닌 인두 같은 문장을 찾아 기록하고, 그 이유를 새겨보세요.

**오늘의 추천 도서**

『사는 게 힘드냐고 니체가 물었다』, 박찬국 저, 21세기북스, 2018.

제4부 관계의 기술

# 공감

## AI 시대 인간의 반격, 공감은 어떻게 삶의 무기가 되는가

### 오늘의 인두 같은 한 문장

빛을 본 자의 의무는 홀로 영광을 누리는 게 아니라, 다시 어두운 동굴로 내려가 동료의 고통을 함께 나누는 것이다.

- 플라톤(Πλάτων, Plato, 기원전 427년경~347년경)

### 오늘의 핵심 메시지

우리는 각자 자기만의 좁은 동굴에 살면서 내가 옳다는 아집으로 세상과 소통을 단절시켜 버렸습니다. 혼자 있다 보니 내가 세상에서 제일 힘들고, 옆 사람의 아픔은 보이지 않죠.
"내 코가 석 자인데 누굴 챙겨?"
이 말을 할 수밖에 없는 현실이 못내 마음 아프죠. 그러나 공감은 AI가 인간의 지식과 논리를 대체하는 21세기에 화려한 부활의 신호탄을 쏘아 올렸습니다. 사람과 사람 사이의 끊어진 관계를 잇는 진심 어린 공감 능력은 AI와 로봇이 넘볼 수 없는 인류의 생존 무기이기 때문입니다.

오늘 플라톤이 들려주는 동굴의 우화를 가이드 삼아, 어둡고 축축한 편견의 동굴에서 탈출하세요. 나를 중심으로 돌아가던 가짜 그림자놀이를 멈추고, 타인의 손을 잡고 함께 걷는 연대의 기술을 익혀보겠습니다.

## 내가 만물의 척도?

요즘 서점가를 둘러보면 분야별 전문가들이 쓴 자기 계발서가 베스트셀러 코너의 상단에 놓여 있습니다. 다가올 미래의 변화를 예측하거나 삭막한 비즈니스의 세계에서 살아남는 처세술 관련 책들도 꾸준히 출간됩니다. 이른바 '불안 마케팅'은 언제나 쏠쏠한 이득을 남기는 고도의 판매 전략입니다.

이 불안을 해소하려는 갈급함은 나와 타인과의 연결을 막고, 우리가 오로지 내 생존과 성공에 집착하게 만듭니다. 깊고 차가운 단절을 자초하는 격이죠.

성공한 이들은 자신의 경험을 마치 세상의 유일한 진리인 양 전파합니다. 사람들은 그 말에 열광하며 그의 판박이가 되고 싶어 주변에 모여듭니다. 이것이 자기 과잉, '빅 미Big Me' 트렌드가 불러온 서글픈 풍경입니다. 과거에는 자기를 낮추고 타인과 조화를 이루는 게 도리라고 가르쳤지만, 현대 사회는 자신을 우주의 중심에 놓고 한껏 뽐내라고 부추깁니다. 이 현상의 뿌리에는 소피스트인 프로타고라스(Protagoras, 기원전 485년경~기원전 414년경)의 철학적 주장이 있습니다.

“인간은 만물의 척도다.”

프로타고라스처럼 우리도 내 판단이 정석이라고 믿고, 나와 다른 의견은 틀렸다고 단정하여 귀를 닫습니다. 자기만의 동굴에서 각자도생을 외치며 사는 거죠.

생텍쥐페리의 책『어린왕자』<sub>(최내경 역, 북스캔, 2001)</sub>에서 어린왕자는 두 번째 별에서 허영꾼을 만납니다. 그는 멀리서 왕자를 보자, 자기를 칭찬해 줄 사람이 온다면서 기뻐하죠. 그에게 타인은 관객 이상의 의미가 없습니다. 허영꾼은 어린왕자에게 너는 나를 찬양하냐고 묻습니다. 그 작은 별에 혼자 있는데도, 우주에서 자기가 최고로 잘생기고 똑똑하다고 인정받고 싶어 하죠.

허영꾼으로 표현되는 인정욕구는 누구에게나 있습니다. 하지만 타인의 칭찬이나 비난은 내 본질을 단 1퍼센트도 바꾸지 못합니다. 그뿐 아니라 실속 없는 명예와 마음에 없는 칭찬은 우리 영혼의 눈을 흐려, 인생의 소중한 가치들을 보지 못하게 만듭니다.

이 허영꾼이 현 시대를 산다면 어떤 모습일까요? 제러미 리프킨은 그의 저서『공감의 시대』<sub>(이경남, 민음사, 2010)</sub>에서 지나치게 부푼 허영심은 1980년대 이후 서구 교육계를 휩쓴 자존감 운동이 낳은 참사라고 꼬집었습니다. 아이들은 어릴 때부터 “넌 특별해.”라는 말을 들으며 자랐습니다. 어른이 되어서도 무조건 내 편을 들어주고 칭찬하는 사람을 좋아합니다. 제러미 리프킨은 밑도 끝도 없는 자존감 주입의 결과로 비대해진 자아는 절망을 수반한다며 주의를 환기했습니다.

자아도취에 빠진 사람은 자기에 대한 비판은 조금도 참지 못하면서, 타인의 실수는 신랄하게 성토합니다. 실패에 부딪힐 때 툭툭 털고 일어나는 회복 탄력성이 현저히 떨어집니다.

내가 세상의 중심축이니, 시야 밖에서 벌어지는 타인과 공동체의 문제는 구석으로 밀려납니다. 내 주변의 사람들은 나를 추앙하고 편의를 돕는 도구이므로, 정서적 단절 또한 돌이킬 수 없이 심해집니다.

진정한 자존감은 타인과의 관계와 공감 속에서 형성되는데, 현대의 자존감 운동은 우리가 내 기분과 만족에 매몰되게 만들었습니다. 이로 인해 현대의 군상들은 겉으로는 자신만만하나, 속으로는 쉽게 부서지는 유리 멘탈로 힘겨워합니다.

미국의 심리학자 진 트웬지Jean Twenge 등의 연구를 보면 이 현상이 더 뚜렷합니다. 다수의 현대인은 부러움에 찬 시선을 즐기며 자신이 특별하다고 믿습니다. 대중문화는 이 나르시시즘에 기름을 부어 자신을 믿고 네 열정을 좇으라고 속삭이죠. 유명 방송인 엘런 디제너러스Ellen DeGeneres는 어느 대학의 졸업식 축사에서 이렇게 말했습니다.


"자기에게 충실하면 모든 일이 잘 풀릴 겁니다. 오직 자신의 목소리에 귀를 기울이세요."


얼핏 이 말은 상처받은 청춘을 향한 따뜻한 격려로 느껴집니다. 그러나 철학자의 시선으로 보면 이기적인 자아의 무서운 함정이 웅크리고 있습니다.

자존감 운동이 낳은 역효과는 일상에서 흔히 목도됩니다. 식당 종업원에게 함부로 반말하며 윽박지르는 사람, 자기가 잘못해 놓고 사과 한마디 없이 스마트폰을 쳐다보는 사람이 그 예죠. 원래 악마로 태어나서 그런 행동을 하는 게 아닙니다. 내 편안함과 권리를 사수하느라, 나만큼이나 소중한 타인의 존재가 시야에 들어오지 않기 때문입니다. 타인의 얼굴을 보지 못하는 이 오만하고 맹목적인 태도가 우리 사회에 끔찍한 단절을 낳습니다.

# 동굴 밖으로

내가 만물의 척도라는 교만은 우리를 확증 편향이라는 깊고 위태로운 수렁으로 이끕니다. 영국의 심리학자 피터 웨이슨(Peter Wason, 1924년~2003년)이 처음 명명한 이 현상은 두려운 결과를 낳죠. 사람은 일단 어떤 생각을 품으면, 그 생각이 맞다는 증거를 찾으려 하는 심리적 기제를 가졌습니다. 그래서 누가 자기 믿음을 비판하면 격렬하게 그 신념을 방어하고자 합니다.

명절날 가족들이 모여 정치 얘기를 한다고 해 보세요. 팩트는 분명 하나인데, 전혀 다른 해석을 내놓으며 핏대를 세웁니다. 내가 지지하는 쪽의 잘못은 어쩔 수 없는 사정이 있었다고 관대하게 감싸죠. 그런데 반대파의 실수는 끔찍한 죄악이라고 성토합니다.

유튜브 알고리즘은 확증 편향을 한층 강화하여 내가 좋아할 영상만 뽑아 추천해 줍니다.


고대 그리스의 철학자 플라톤은 인간이라면 누구나 지닌 고집과 착각을 선명한 그림으로 보여줍니다. 그의 저서 『국가 · 정체』(박종현 역, 서광사, 2005)에 등장하는 유명한 동굴의 우화ἡ τοῦ σπηλαίου ἐπαγωγή, Allegory of the Cave입니다.

깊고 어두운 동굴 속에 사람들이 꽁꽁 묶여 캄캄한 벽만 바라봐야 합니다. 등 뒤에 켜진 불빛이 만드는 벽 위의 희미한 그림자가 세상의 전부인 줄 알고 삽니다. 그림자가 다음에 어떻게 움직일지를 잘 맞히는 사람에게 상을 주고, 그가 제일 똑똑하고 유능하다며 치켜세웁니다.

이 우화 속 죄수들은 현대인의 자화상입니다. 그림자를 진실이라고 믿는 죄수처럼, 내 좁은 편견과 경험이 유일한 답이라 믿으며 진짜 세상에 존재하는 고통과 진실을 외면하기 때문입니다. 기껏해야 책 몇 권 읽고 알게 된 지식을 진리라고 여기고, 그 틀에 맞게 편집된 세상이 전부라고 믿고 사는 우리네 모습을 연상시키죠.

자, 여기서 다음 장면을 눈여겨보세요. 어느 날 한 죄수가 족쇄에서 풀려나 빛이 스며드는 동굴 입구로 기어갑니다. 플라톤은 이 길이 가파르고 험난하다고 묘사했어요. 진실을 향해 가는 길에 편안한 지름길 따위는 없다는 뜻이죠. 진리의 여정은 화창한 날의 산책처럼 즐겁지 않을 수도 있습니다. 일평생 바라보던 익숙한 세계를 벗어나려면, 온몸의 근육이 비명을 지르는 혹독한 고통을 감수해야 합니다.


제가 강단에서 철학 강의를 할 때 이따금 당부하는 말이 있습니다.

"여러분, 오늘 강의에서 다정한 위로만 바라셨다면 오산이에요. 강의를 제대로 들으면 마음에 변화가 일어나야 합니다. 저 문을 나서면서 질문이 남아야 합니다. 밤중에 침대에 누워 이런저런 생각에 잠을 설쳐야 합니다. 그리고 이제껏 당연하게 누린 기득권도 포기해야 합니다. 철학의 명령이 내가 살아온 방식과 정면으로 충돌하기 때문입니다."

저의 이 말에 미간을 찌푸리는 청중도 있습니다. "저 강사가 무슨 말을 하려고 저러지?", "오늘 힘들겠군." 하는 생각이 들 수도 있죠.

여러분은 어떠세요? 안 그래도 힘든데 왜 부담을 주나 싶을 수도 있습니다. 그러나 인문학은 한 인간의 궁극적인 관점 변화를 지향하는 학문입니다.

제가 경기도의 어느 학습관에서 2년간 철학 강의를 할 때였습니다. 마지막 날, 40대 초반의 주부가 선생님 덕분에 인생을 어떻게 살아야 할까 고민했다면서 인사를 건넸습니다.

"선생님, 노후 대책으로 남겨둔 아파트 한 채를 팔았습니다. 그 판 돈을 가족이 없는 아이를 위해 쓰려고 입양을 결정했죠. 남편과 아이들을 설득하기 힘들었지만, 벌써 입양한 지 1년이 됐어요. 가슴으로 낳은 아이 잘 키우겠습니다. 아이가 오고 나서 저희 가정이 훨씬 행복해졌어요."

그 분에게 아파트는 평생 일궈온 안전한 동굴일 겁니다. 그 안락함을 포기하고 연고 없는 아이를 가족으로 맞이하는 일은 살을 깎는 고통이었겠죠. 좁게는 철학, 넓게는 인문학은 동굴 밖으로 기어 나가는 땀방울을 요구합니다. 내 안위만 챙기던 울타리를 깨고, 나와 타인의 생명이라는 소중한 가치를 선택하는 용기입니다.

플라톤은 빛을 본 사람은 다시 어둡고 칙칙한 동굴로 내려가야 한다고 말합니다. 빛의 세계에 머물며 혼자 행복을 누리는 데 그치지 말고, 여전히 어둠에 갇힌 이들을 향해 얼굴을 들라는 뜻입니다. 진정한 깨달음은 다른 사람과 나누는 과정에서 완성됩니다. 내가 발견한 깨달음이 진실하다면, 아직도 슬픔에 처해 있는 이웃을 외면할 수 없기 때문입니다. 아까 말한 주부께서 아이를 입양해 자신의 삶 속에 받아들인 것처럼, 깨달음은 반드시 타인을 향해야 합니다.

그러나 어둠에 익숙한 사람들은 진리의 빛을 본 사람의 말을 믿지 않습니다. 평생 의지해 온 지식이 가짜라는 것을 인정하기 어렵기 때문입니다. 그래서 빛을 본 사람을 미친 사람 취급하며 조롱하고, 심지어 죽이려고 듭니다. 플라톤은 그래도 동굴 속으로 들어가 손을 내밀라고 말합니다. 주변이 고통과 어둠인데 나 혼자 빛 속에 있다면, 그것은 참된 행복이 아닙니다.

나를 증명하려는 우월감을 버리고 타인의 낮은 처지로 내려가 다정하게 말을 걸어야 합니다. 지성인은 혼자 앞서지 않고 뒤처진 사람을 위해 속도를 늦추는 사람입니다.

# 약자의 눈물을 닦아주는 공감

나 홀로 앞서지 않고 타인의 보폭에 맞추는 연대와 연민의 정신은 인류를 지탱해 온 공존의 원칙입니다. 동양의 철학자 맹자(孟子, 기원전 372년경~기원전 289년경)도 이 길을 걸었습니다. 『맹자』(김원중 역, 휴머니스트, 2021) '양혜왕梁惠王 하편'은 사회가 반드시 책임져야 할 사람들을 언급합니다. 배우자를 잃거나 자식이 없어서 홀로 사는 노인과 부모의 온기를 모른 채 남겨진 아이들입니다.

어떤 사람들은 자고로 약자란 능력이 부족해서 도태된 쓸모없는 부류로 취급할지도 모릅니다. 그러나 맹자의 생각은 달랐습니다. 어진 정치를 하려면 취약 계층을 먼저 보살피는 시스템을 갖춰야 한다고 역설했습니다. 나보다 어려운 사람의 눈물을 닦아주는 공감 능력은 인간이 인간다워지는 조건입니다.

오늘날로 치면, 1평 남짓한 쪽방에서 선풍기 한 대로 여름을 견디는 독거노인, 학교 폭력에 시달려도 도움을 받지 못하는 청소년, 갑작스러운 실직에 내몰린 가장이겠죠. AI는 이들에 관한 데이터를 분석합니다. 그러나 이들의 차가워진 손을 잡고 따뜻한 눈물을 함께 흘려줄 수는 없습니다. 그 떨리는 어깨를 안고, 당신은 혼자가 아니라고 말해줄 존재는 인간뿐입니다.


기원전 1440년경 기록된 성서 『레위기Leviticus』에도 이런 정신이 살아 숨 쉽니다. 이스라엘의 율법은 과부와 고아를 위해 추수할 때 이삭을 남기도록 명령합니다. 밭의 구석구석까지 곡식을 몽땅 거두지 말고, 땅에 떨어진 이삭도 남겨 놓으라고 하죠. 내가 이룬 성취와 이익을 100퍼센트 독식하지 말라는 뜻입니다. 내 재능을 소외된 이웃을 위해 기부하는 등의 선행은 추수하다 떨어진 이삭을 남겨두는 숭고한 행위입니다.

인류 문명의 발상지를 기억하시나요? 메소포타미아와 이집트가 대표적입니다.

그 가운데 메소포타미아를 통일한 바빌로니아의 함무라비(기원전 1810년경 ~ 1750년경) 왕은 인류 최초의 법전인 함무라비 법전(기원전 1754년경)을 만들었습니다. 여기에는 '눈에는 눈, 이에는 이'라는 유명한 동해보복법同害報復法이 담겨 있습니다.

본래는 가운데 하나가 더 있죠. '눈에는 눈, 뼈에는 뼈, 이에는 이'입니다. 당시는 원하는 만큼 복수를 해도 무방한 시대였습니다. 그런데 동해보복법은 복수의 폭주를 막으려고 당한 만큼만 복수하도록 제한했죠. 이 법이 생기기 전에는 눈을 한 대 맞고도 상대의 목숨을 뺏는 식으로 복수가 종종 격화되었습니다. 이걸 방지하려고 받은 만큼만 돌려주도록 선을 그은 겁니다. 국가가 정한 공정한 기준에 따라 사건을 해결하기 위한 최초의 규범이었습니다.

이 동해보복법에 의해 공평과 정의가 국가적 차원의 보호를 받고, 가난한 자와 노예들이 그 혜택을 입었습니다. 예를 들어보겠습니다. 부잣집 아들과 가난한 집의 아들이 같이 말을 타고 놀고 있었습니다. 그런데 가난한 집 아들이 실수로 말을 흥분하게 만들어, 그 결과로 부잣집 아들이 심한 부상을 입었습니다. 동해보복법이 없다면, 부잣집 아버지가 가난한 집 부모와 아이를 몰살시켜도 상관없습니다.

반대로, 주인과 노예가 같이 있다가 주인의 소가 갑자기 돌진해서 노예를 죽이면 어떨까요? 그 노예의 가족은 함부로 복수할 수 없습니다. 그 죽은 노예가 한 집안의 가장이라면 상황은 더 심각합니다. 남편 없는 과부와 어린아이들은 법적 보호를 받을 수 없고, 굶어 죽어도 아무도 책임지지 않습니다.

이렇게 가난한 자들의 생계를 책임지기 위해 '눈에는 눈, 뼈에는 뼈, 이에는 이'라는 동해보복법이 탄생한 것입니다.

이집트의 피라미드에서도 이런 정신이 엿보입니다. 모든 피라미드가 영화에 나오는 것처럼 노예들의 피땀으로 지은 유물은 아닙니다. 현존하는 피라미드 중에 가장 높은 쿠푸왕의 무덤 안에는 일꾼들이 새겨놓은 글자가 있습니다. 우리 친구 쿠푸왕 덕분에 처자식을 먹여 살리고 고기도 마음껏 먹게 되었다는 감사의 글입니다. 왕이 먹고살 길 없는 백성들에게 피라미드 건설이라는 일자리를 제공한 거죠.

메소포타미아와 이집트가 인류 문명의 발상지가 된 것은 비옥한 땅과 큰 강이 있기 때문만은 아니었습니다. 이곳엔 가난하고 소외된 자들도 살아갈 희망이 있었습니다. 이 공평과 정의의 정신을 잃어버리면 거대한 제국도 멸망을 모면할 수 없다는 것은 역사가 증명합니다. 뿌린 대로 거두는 세상, 운이 좋은 사람만 풍요롭게 사는 세상은 오래갈 수 없습니다.

우리도 나르시시즘의 동굴에서 벗어나 낮은 곳에 있는 이웃의 눈물을 닦아주는 공감을 회복해야 합니다. 맹자와 함무라비가 보여준 따뜻한 연민의 시선을 품어야 합니다. 이것이 기계가 흉내 낼 수 없는 인간 고유의 품격이자, 호모 렉티오의 읽는 인간이 길러야 할 인간만의 값진 능력입니다. 타인의 고통을 내 것으로 느끼는 정서적 안테나를 다시 세울 때, 단절의 감옥을 깨고 인간다운 세상으로 나아갈 수 있습니다.

## 계산하는 머리 대신 아픔을 느끼는 심장으로

이제 지금까지의 내용을 정리해 보겠습니다. 대한민국 인사혁신처는 2045년경 AI가 거의 모든 직업에서 인간의 지적 노동을 대신하게 될 것으로 전망했습니다. 의사, 변호사, 작가도 기계로 대체되는 시대가 도래하고 있습니다. 이때 차가운 기계가 흉내 내지 못하는 인간 고유의 영역이 남습니다. 타인의 눈물을 닦아주고 마음을 나누는 감수성과 교감 능력입니다.

맹자孟子와 양혜왕(梁惠 王, 기원전 400년경~기원전 319년)의 대화는 동일한 맥락의 깨우침을 줍니다. 왕은 맹자를 만나자마자 다짜고짜 묻습니다. 무엇을 해야 제가 이익을 얻겠냐고 물었어요. 당장 눈앞의 실적과 돈만 따지는 우리와 비슷합니다. 그러나 맹자는 딱 잘라 대답했습니다.

"어찌하여 꼭 이익만 말씀하십니까(하필왈리, 何必 曰 利). 왕에게 정말 필요한 것은 사람다운 따뜻함인 인仁과 올바른 원칙인 의義뿐입니다."

맹자는 왕에게 작은 이득에 눈이 멀어 다른 사람의 마음을 잃는 우愚를 범하지 말라고 엄중히 경계했습니다. 여기서 인仁은 타인의 고통을 내 것으로 느끼는 구체적인 배려입니다. 상대를 도구로 보지 않고 존재 자체로 아끼는 마음이죠. 맹자의 가르침은 수천 년이 지난 지금, 더 절실한 울림으로 다가옵니다. 이 시대가 추구하는 이익은 인간을 소외시키는 성공과 효율이기 때문입니다.

기술이 아무리 발달해도 기계는 사람의 마음을 얻지 못합니다. 고객을 돈으로 보는 가게는 망해도, 사람을 생각하는 사업은 불황에도 살아남습니다. 기술이 고도화될수록 세계와 인간은 파편화됩니다. 나 혼자 잘 살겠다고 동굴로 들어가면, 우리는 접촉이 끊기고 홀로 표류하게 됩니다. 그래서 맹자가 말한 '인'의 마음, 즉 공감은 위기 상황에서 인류가 서로를 지탱하는 든든한 생존의 자본입니다.

플라톤이 말한 동굴 속의 빛을 본 자와 맹자의 '인'은 동전의 양면과 같습니다. 타인의 아픔과 기쁨에 동참하는 마음의 여유를 가지세요. 따스한 연민으로 타인의 손을 잡고 동굴 밖으로 걸어 나가세요.

공감과 연민이 한 인간의 진정한 실력으로 대접받는 시대입니다. 나의 성취를 100퍼센트 독식하지 말고 타인을 위한 이삭을 넉넉히 남겨둡시다. 약자의 고통을 외면하지 않고 연대할 때, 우리는 인류라는 거대한 공동체의 일원으로서 살만한 세상을 맞이하게 될 것입니다. 이익을 계산하는 차가운 머리 대신 아픔을 느끼는 뜨거운 심장으로 사는 사람에게는 열린 미래가 있습니다.

본문의 깊은 사유를 내 것으로 만들기 위해서는 눈으로 읽는 것을 넘어, 직접 손으로 기록하는 과정이 필요합니다. 오늘, 철학자들처럼 나 자신과 대화해 보세요.

# PART 1. 인문학의 지혜 적용하기

## 1. 확증 편향의 동굴 탈출하기

우리는 종종 내가 보고 싶은 것만 보고, 내가 틀렸다는 신호는 무시하고 삽니다. 플라톤의 동굴 속 죄수들처럼 내 경험과 지식이 유일한 척도라고 믿는 오만이 당신과 타인의 연결을 가로막고 있지 않나요?

최근 누군가와 대화하면서 내 의견이 맞다고 우겼던 순간을 상기해 보세요. 상대방의 처지에서 그 상황이 어땠을지, 다시 상황을 해석해 보세요. 내 동굴 밖으로 한 걸음 걸어 나갈 때, 진실의 빛이 보이기 시작합니다.

**예시)**

*어제 정호가 대학 동아리 축제에 관해 새로운 아이디어를 제안했을 때, 그다지 효율적이지 않은 생각이라고 한마디로 일축했다. 왠지, 그동안 내가 축제를 맡아 이끌어 온 리더로서의 경험과 권위에 도전한다는 느낌이 들어 기분이 상한 상태였다. 정호 입장에서는 동아리 전체를 위해 참신한 축제를 기획해 보려고 용기를 내어 말했을 텐데, 내겐 그의 진심을 받아줄 만한 아량이 없었다. 다음에는 다른 사람의 제안을 열린 마음으로 경청해야겠다.*

## 2. 타인을 위해 남겨두는 숭고한 이삭, 연대와 공감 실천하기

맹자는 타인의 고통을 내 아픔으로 느끼는 인(仁)의 마음을 강조했습니다. 성서 『레위기』의 가르침처럼, 내가 거둔 수확물을 몽땅 독차지하지 않고 소외된 이들을 위해 이삭을 남겨두는 여유가 필요합니다. 공감은 계산하는 머리가 아니라 아픔을 느끼는 심장에서 나옵니다.

오늘 당신의 일상에서 타인을 위해 남겨둘 수 있는 이삭은 무엇인가요? 거창한 기부가 아니어도 좋습니다. 고생하는 경비원 아저씨에게 건네는 따뜻한 음료수 한

캔, 지쳐 보이는 동료의 어깨를 토닥이는 응원 한마디, 혹은 내 이익을 조금 양보하더라도 원칙을 지키는 정직함일 수도 있습니다. 내가 가진 것 중 일부를 기꺼이 나누는 구체적인 공감의 행동 하나를 계획해 보세요.

**예시)**

*식당이나 카페에서 일하는 분들에게 함부로 대하지 않고, 꼭 눈을 맞추며 "감사합니다."라고 인사하겠다. 내 편안함만 챙기느라 그분들의 고단함을 보지 못했던 이기적인 자아를 내려놓겠다. 타인을 도구로 보지 않고 인격적으로 대하는 작은 배려가 내가 오늘 남길 숭고한 이삭이다.*

# PART 2. 독서 일기를 위한 네 가지 질문

### 1. 생각을 깨우는 인터러뱅interrobang의 마법

인터러뱅(?!)은 물음표(?)와 느낌표(!)가 하나로 합쳐진 기호입니다. 오늘 읽은 글이 당신의 익숙한 세계에 던진 가장 날카로운 물음표는 무엇인가요? 그 질문을 통해 새롭게 깨달은 감동의 느낌표를 함께 기록하세요.

[?] ______________________________________________

[!] ______________________________________________

### 2. 휴먼 라이브러리Human library

책은 때로 어떤 전문가보다 지혜로운 상담가가 되어줍니다. 당신의 고민에 답이 된 문장을 기록하세요.

### 3. 머릿속 생각의 틀 시원하게 부수기Break the Shell

그동안의 편견을 깬 도끼 같은 문장이 있나요? 그 문장을 통해 틀에 박힌 생각에서 벗어나 새로운 길을 발견했다면, 그 짜릿한 변화를 기록하세요.

**4. 인생을 바꿀 한 문장: 당신의 가슴에 낙인처럼 찍힌 한마디는 무엇인가요?**

삶의 거센 파도가 닥치고 뜻밖의 시련이 찾아올 때, 당신을 다시 일으켜 줄 단 하나의 문장은 무엇일까요? 본문 중에서 인생을 역전시킬 만큼 강렬한 에너지를 지닌 인두 같은 문장을 찾아 기록하고, 그 이유를 새겨보세요.

# 조화

AI 시대 인간의 반격,
조화는 어떻게
삶의 무기가 되는가

## 오늘의 인두 같은 한 문장

감정을 억누르지 말고 이해하라. 비탄을 기쁨으로 바꾸는 것은 지혜로운 생각뿐이다.

- 바뤼흐 스피노자(Baruch Spinoza, 1632년~1677년)

## 오늘의 핵심 메시지

"네가 먼저 그랬잖아!"

상대의 도발에 똑같이 반응합니다. 격렬한 충돌 속으로 빨려 들어
갑니다. 감정 리모컨을 남에게 맡기면 자극에 즉각적으로 반응하
게 됩니다. 분노는 덮어둔다고 사라지지 않습니다. 오늘 스피노자
와 공자의 렌즈를 끼고 내면을 들여다봅니다. 욱하는 마음을 멈춰
세우고, 타인을 비난하는 대신 내가 왜 화가 났는지 성찰하는 메타
인지를 발휘해 보세요. 파괴적인 충돌을 성숙한 대화로 바꾸는 관

제4부 관계의 기술

215

## 말 한마디에 바뀌는 마음의 색채

우리는 일상에서 주변 사람들과 수시로 부딪힙니다. 말 한마디에 힘없이 휘둘리는 감정의 소용돌이에서 벗어나고 싶으시죠? 부딪힘 속에 터져 나오는 날카로운 말들은 대화로 이어지지 않고, 서로 바닥을 확인하는 감정 싸움으로 번집니다. 나와 타인, 세상과의 조화가 산산조각 납니다.

이 조화의 파괴는 개인의 내면을 넘어 관계와 사회를 병들게 하는 심각한 병폐입니다. 한 사람의 내면의 평화가 깨지면, 가장 가까운 관계부터 금이 가기 시작합니다. 상대를 존중하며 어우러지는 조화의 능력을 상실하니, 공동체 곳곳에 틈이 벌어집니다. 우리 사회의 단절이 얼마나 심각한지 보여주는 실례가 있습니다.

최근 인기를 끄는 이혼 관련 방송 프로그램을 보세요. 이혼 직전의 부부들이 일상에서 겪는 관계의 비극을 보여줍니다. 서로 치부를 드러내며 싸우고, 비아냥거림과 무시, 혐오 섞인 독설을 쏟아내어 보는 이들로 하여금 질리게 만듭니다. 이 부부들이 가장 많이 하는 말이 무엇일까요? "네가 먼저 그랬잖아.", "네가 잘했어 봐, 내가 이러나.", "너 때문에 내 인생은 엉망이야." 같은 원망 섞인 말입니다.

이들이 나누는 날 선 대화에는 주체적인 의지가 사라졌습니다. 상대의 말과 행동에 질질 끌려다닙니다. "네가 먼저 시비 걸었잖아."라는 말은 내가 화를 낼지 말지를 결정할 권한을 상대에게 넘겨줬다는 항복의 표시입니다. 상대가 독화살을 쏘면, 그에 보복하는 데 에너지를 전부 씁니다. 싸움의 끝이 어디인지 내다보는 이성도, 화가 나는 원인을 따져볼 여유도 없습니다. 판단 능력이 마비되어 본능만 남습니다.

철학에서는 이처럼 이성이 마비되고 외부 자극에 마음이 휘둘리는 상태를 정념Affect에 사로잡혔다고 표현합니다. 정념은 내 마음이 내 뜻대로 움직이지 않는, 내 마음이 내 마음이 아닌 상태입니다. 외부에서 가해지는 자극에 속절없이 끌려다니는 현상이죠. 거친 폭풍에 휩쓸려 떠내려가는 무동력 조각배 같습니다. 내 의지로 화를 내는 것이 아닙니다. 상대방이 나를 찔렀기 때문에 어쩔 수 없이 화가 나는 수동적인 상태입니다. 감정의 주도권이 다른 사람에게 있다 해도 과언이 아니죠.

이렇게 정념에 갇혀 타인의 말에 자동반사적으로 반응하는 모습은 AI나 기계의 작동 원리와 퍽 닮았습니다. 자극이 오면 입력된 코드대로 결과 값을 내놓는 것은 기계의 영역입니다. 타인의 자극에 곧바로 화를 내며 충돌하는 행위는 자기를 프로그래밍 된 대로 움직이는 기계와 다를 바 없는 존재로 만듭니다. 정념의 노예로 머무는 한, 남과 어우러지는 조화로운 삶은 불가능합니다.

기계가 아닌 인간으로 되돌아가기 위해서는 이 자동반사 회로를 끊어야 합니다. 이때 필요한 것이 지혜로운 생각입니다. 타인의 공격이나 억울한 상황은 예고 없이 찾아오는 풍랑 같습니다. 지혜로운 생각은 그 풍랑 속에서 내 마음이라는 배가 뒤집히지 않게 중심을 잡는 지지대입니다. 마음의 평형을 유지하는 지지대가 확고해야, 자극이 올 때 휩쓸리지 않을 힘이 생깁니다. 태풍의 눈처럼 고요한 평정의 자리로 되돌아가, 기계적인 반응이나 본능적인 보복을 거부할 수 있습니다.

누군가가 나를 밀칠 때 거칠게 충돌하지 마세요. 상대가 가시 돋친 말을 할 때 똑같이 행동하지 말고, 상대의 속사정을 헤아려보세요. 그럴 수도 있겠다고 생각하는 넉넉한 태도를 가져야 합니다. 상대방과 똑같이 대하면 통제하기 힘든 험한 상황으로 흘러갈 수 있다는 점을 생각하세요. 생각 없이 자극에 즉각 반응하는 대신, 침착하게 한 단계를 올라가세요. 그래야 원하는 방향을 향해 인생의 방향키를 돌릴 수 있습니다. 자극과 반응 사이의 공간을 확보하는 겁니다. 이 한 뼘의 공간이 생길 때, 비판적 사고가 본래의 역할을 하게 됩니다.

흔히들 비판적 사고가 발달한 사람은 타인의 논리적 허점을 쉽게 파고들 수 있다고 오해합니다. 오류를 잘 잡아낸다는 것이죠. 똑똑하니까 잘못을 지적해 바로잡는다고 믿습니다. 그러나 참된 이성의 힘은 타인을 공격하는 무기가 아닙니다. 오히려 나를 가둔 완고한 고집의 벽을 허무는 도구입니다. 비판적인 사고 출발점은 나 자신이어야 합니다. 내 편견과 고정관념을 먼저 발견해야 합니다. 내가 굳게 믿는 판단이 과연 옳은지 질문을 던지세요. 이 진솔한 성찰이야말로 이성이 지닌 본질적 힘입니다.

나를 향해 질문할 때에야 타인과 나란히 걸을 수 있는 조화의 문이 열립니다. 남을 탓 하며 인생을 낭비하지 말고, 내면의 질서를 잡는 주권자가 되는 겁니다.

단순히 화를 참겠다고 다짐해서는 부족합니다. 타인을 향해 곤두세운 예리한 시선을 거꾸로 돌려, 자기를 들여다보는 실질적인 훈련이 필요합니다. 이 지점에서 우리는 수천 년 전 공자가 제안한 조화의 기술과 만납니다.

공자(fl. f., 기원전 551년경~기원전 479년)는 『논어論語』(김원중 역, 휴머니스트, 2019)에서 이 조화의 기술을 두고 불선자이개지不善者而改之라고 했습니다. 상대방의 선하지 못한 점을 보고 나를 고친다는 뜻입니다. 타인의 단점을 보았을 때 콕 집어 비난하며 싸우지 마십시오. 그를 타산지석으로 삼아 내 부족함을 수정하는 열린 태도를 갖춰야 합니다. 상대방의 무례함이나 실수를 내 기분만 망치는 '불쾌한 기억'으로 남겨두지 않고, 내 인격을 더 깊고 단단하게 만드는 '성장의 발판'으로 삼는 것입니다.

이 시선은 세상 모든 만남을 배움의 기회로 바꾸는 전환점이 됩니다. 타인의 허물도 나를 성장시키는 소중한 재료라는 깨달음이 있어야 비난의 수렁에서 벗어나게 되죠. 공자는 이러한 맥락에서 관계의 조화를 가능하게 하는 가르침을 제시합니다.

"세 사람이 길을 가면 그중에 반드시 내 스승이 있다." (『논어(論語)』, '술이(述而) 편')

이 문장은 '불선자이개지' 원리의 확장판입니다. 내 마음에 쏙 드는 사람뿐 아니라, 나를 화나게 하는 사람까지 내 인생의 스승으로 임명하는 선언이죠. 우리가 삶이라는 긴 여정을 지나며 만나는 사람 중에는 선한 이도 있고, 악한 이도 있기 마련입니다. 하지만 그들 모두가 우리에겐 스승입니다. 좋은 점을 가진 이에게서는 선함을 배우고, 부족한 사람을 보면 내 단점을 거울처럼 비춰보며 고치는 지혜를 얻으세요.

이렇게 다른 이의 행동에 비추어 내 마음을 관찰하는 행위는 현대 심리학의 핵심 개념과 맞닿아 있습니다. 단순히 참고 견디는 도덕적 수양을 넘어, 내 생각을 한 단계 위에서 내려다보는 고도의 지적 활동, 바로 메타인지Meta-cognition입니다.

메타인지는 내 생각을 바라보는 또 다른 생각입니다. 생각에 대한 생각이라고도 부르죠. 무언가를 아는 것을 넘어, 내가 무엇을 알고 무엇을 모르는지 정확히 파악하는 능력입니다. 메타인지는 타고나는 재능이 아니라 훈련으로 길러집니다. 자극에 똑같이 반응하여 충돌을 일으키는 비이성적인 사고를 뛰어넘죠. 이 능력을 발휘할 때, 나를 화나게 한 상대보다 정신적으로 더 높은 고지에 섭니다. 감정에 휘둘리지 않고 내 중심을 지키는 조화에 이르게 됩니다.

메타인지는 자극이 오면 정해진 코드대로 반응하는 기계와 인간을 구분 짓는 결정적 경계선입니다. 높은 수준의 인지능력 덕분에 인간은 모든 사건과 상황을 스승 삼아 그 이름에 걸맞는 품격을 지켜냅니다. 내면의 질서가 잡히면, 외부의 공격에 대한 반응이 근본적으로 달라집니다. 우리도 경험해봐서 알듯이, 마음이 평안하고 건강할 때는 상대방이 아무리 잘못해도 웃어넘깁니다. 자연스럽게 유머로 승화시켜 건강한 대인관계를 유지하죠. 따뜻한 언어와 행동으로 다툼과 분쟁을 피하고, 상황을 반전시킵니다. 이것이 잘 연마된 이성의 힘이 만들어내는 결과죠. 나와 너를 편 가르고 찌르는 대신, 이해와 포용으로 조화를 이루는 겁니다. 이성은 남을 심판하고 잘못을 지적하기 위한 도구가 아닙니다. 타인이 가진 허물에서 내적 성장의 동력을 찾으세요. 남을 탓하느라 낭비되던 에너지를 나를 가꾸는 데 집중하세요. 변화무쌍한 감정에 종속되지 말고, 건강한 자존감을 지키며 흔들리지 않는 만족감을 누리세요. 내면과 외부의 질서를 유지하는 태도야말로 정념의 노예에서 벗어나 주권자로 서는 첫걸음입니다.

## 분노는 병든 에너지

이제 내면을 탄탄하게 받쳐주는 지혜를 일상에서 요동치는 감정에 적용해 보세요. 메타인지는 나를 객관적으로 보게 돕는 창문입니다. 이 지혜로 창문 너머 들이닥치는 드센 감정의 파도를 잠재우십시오. 생각하는 힘을 자존감을 지키는 방패로 쓰지 마십시오. 메타인지를 활용해 슬픔을 기쁨으로 바꾸어야 합니다. 내 인생의 선장이 되기 위해, 마음의 작동 원리를 정확히 꿰뚫어 본 철학자와 만나려 합니다. 네덜란드의 철학자 바뤼흐 스피노자(Baruch Spinoza, 1632년~1677년)입니다. 렌즈 세공사였던 그는 안경의 렌즈를 깎으며 진리를 탐구한 고독한 철학자입니다. 차가운 유리알을 다듬듯 감정을 투명하게 들여다본 그의 역작, 『에티카』(조현진 역, 책세상, 2019)는 행복으로 가는 지도를 보여줍니다.

"지혜로운 생각이 마음을 어떻게 어루만지는지 알려드리겠습니다. 남의 시선에서 자유를 얻고 행복해지는 길을 함께 찾읍시다."

스피노자는 인간의 본질을 욕망이라고 정의합니다. 철학 용어로는 코나투스(Conatus)라고 부르는데, 어려울 것이 하나도 없습니다. 나를 지키고 더 잘 살려는 생명이자 존재의 에너지입니다. 이 에너지는 삶의 강력한 엔진입니다. 내가 원하는 대로 삶이 흘러 에너지가 넘치면 기뻐하고, 외부의 압력에 눌려 에너지가 위축되면 슬퍼합니다. 지혜로운 생각은 자동차의 엔진을 강제로 멈추는 경찰관이 아닙니다. 엔진이 과열되지 않게 살피는 정비사에 가깝습니다. 고장이 나면 어디가 문제인지 찾아내어 차가 다시 달릴 수 있게 합니다.

왜 지혜로운 생각을 정비사라고 부를까요? 감정이 왜 생겼는지 그 원인을 정확히 알면, 감정의 성질 자체가 바뀌기 때문입니다. 이 과정은 쇳덩이를 금으로 바꾸는 연금술과 닮았습니다. 거친 분노와 슬픔은 마음을 녹슬게 하는 쇳덩이입니다. 여기 지혜로운 생각이라는 뜨거운 불을 가져다 대보세요. "저 사람은 왜 저럴까?"라고 질문해 보세요. 비난을 멈추고 그 행동의 원인을 찾는 순간, 답답했던 어둠이 물러갑니다. 고통의 정체를 알면 더 이상 상처받은 피해자로 살지 않습니다. 상황을 주도하는 주인공으로 변모합니다. 이것이 고통을 기쁨으로 바꾸는 마음의 연금술입니다.

이 연금술이 실제로 어떻게 작동하는지 궁금하시죠? 스피노자가 말한 원인을 아는 지혜가 펄펄 끓던 분노를 한순간에 촉촉한 연민으로 바꿔놓는 풍경을 가져와 보겠습니다.


지하철에서 어린아이가 소리를 지르며 뛰어다닙니다. 아버지는 옆에서 아이를 제지하지 않아요. 소란이 계속되자 한 승객이 불쾌감을 터뜨립니다. "애가 뛰어다니면 붙잡아야죠!" 이 말에 아버지는 고개를 숙입니다.


"죄송합니다. 방금 아이 엄마의 장례를 마치고 돌아가는 길입니다. 아이가 너무 어려서 엄마가 죽은 줄 모르고 천진난만하게 뛰어다니네요. 그 모습을 보니 마음이 아파서 제가 넋을 놓고 있었습니다."


일순간, 조금 전까지 지하철을 메웠던 공기가 달라집니다. 스피노자가 강조한 연금술의 효과입니다. 짜증과 비난의 시선을 쏘아대던 승객들이 아이 아버지가 보인 행동의 원인을 알게 되었습니다. 그 결과, 미안해하며 그의 처지에 공감하게 된 것입니다. 감정이 왜 생겼는지 그 뿌리를 이해하면, 외부 자극에 허무하게 무너지지 않고 나를 온전하게 지탱하는 '마음의 중심'을 세울 수 있습니다. 상황의 배후를 모를 때는 무례함에 분노했습니다, 그런데 본질이 드러나자 분노는 설 자리를 잃고. 그 자리에 배려와 인간애가 차오릅니다.

그런데 여기서 한 가지 의문이 생깁니다. 왜 어떤 이는 아이 아버지의 이야기처럼 슬픈 사연을 듣는 즉시 마음이 누그러질까요? 왜 어떤 사람은 "그래도 공공장소인데 조심해야지!"라며 끝까지 옳고 그름에 연연할까요? 그 차이는 연금술을 완성하는 마지막 열쇠인 자존감에서 비롯됩니다.

자존감이 낮은 사람은 타인의 실수를 나를 무시하는 행위로 예민하게 받아들입니다. 내 가치에 대한 공격으로 오해하는 셈입니다. 방어적인 분노를 쏟아내느라 상대의 사연을 살필 여유가 없습니다. 감정을 다스리는 연금술에 능하려면 선제조건이 있습니다. 외부의 평가에 흔들리지 않는 건강한 자존감이 바로 서야 합니다. 자존감은 타인과 상황을 이해하는 이성이 제대로 작동하게 만드는 토양입니다. 그 토양이 비옥해야, 스피노자가 말한 연금술이 꽃처럼 피어납니다.

## 가짜 자존심

앞서 지하철 스토리의 아버지를 보며, 우리는 원인을 아는 지혜가 감정을 바꾼다는 사실을 확인했습니다. 하지만 솔직히 말해봅시다. 남의 사정을 헤아리는 넉넉한 마음이 말처럼 쉽던가요? 누군가 나를 무시하면, 일단 욱하고 올라오는 게 인지상정입니다. 왜 어떤 사람은 연금술에 성공하고, 어떤 사람은 분노의 늪에서 허우적댈까요? 그 결정적인 차이를 이해하기 위해 스피노자가 말한 노예와 자유인의 경계를 들여다보겠습니다.

스피노자는 감정에 이끌리는 사람과 스스로 생각하는 사람의 차이를 설명합니다. 전자는 자기가 왜 그런 기분이 드는지 모른 채 상황에 등 떠밀려 살아가는 노예입니다. 후자는 누구에게도 얽매이지 않고 원하는 일을 스스로 결정하며 살아가는 자유인입니다.

스피노자는 이를 수동과 능동이라는 개념으로 풀었습니다. 수동적인 삶이란 외부 자극에 따라 반응이 결정되는 기계적인 상태입니다. 남이 건드리면 화를 내고, 칭찬하면 기뻐하는 일차원적 삶입니다. 반면, 능동적인 삶은 내가 상황의 원인을 파악하고 주체적으로 반응을 선택하는 씽커Thinker의 태도입니다. 핵심은 상황의 원인을 아느냐 모르느냐에 있습니다. 원인을 알고 대처하느냐, 모르고 당하느냐가 주인과 노예의 삶을 결정합니다. 씽커가 되면 외부 자극에 상처받으며 견디기만 했던 삶에서 벗어나게 됩니다.

그런데 왜 우리는 자꾸 남 탓만 하며 노예의 삶으로 회귀할까요? 그 이유는 우리 내면에 도사린 가짜 자존심입니다. 감정의 주인이 되려면 자존감을 점검해야 합니다. 자존감과 자존심은 반비례합니다. 자존심에 예민하게 반응할수록 내면의 자존감은 낮은 상태예요. 하지만 자존심에 덜 민감할수록 자존감이 높죠.

지혜로운 이성이 발달한 사람은 남을 무시하지 않으며 타자와 경쟁하는데 에너지를 허비하지 않습니다. "저 사람은 저 정도 수준이구나."라고 덤덤히 생각하세요. 자존감이 높으면 비방하는 사람의 좁은 시야를 안타까워할 뿐, 크게 개의치 않습니다. 자존감이 낮은 사람은 정반대죠. 이들은 중심이 견고하지 못해서 상대의 무례함이 나를 얕보는 까닭이라고 믿기에, 즉시 공격 모드를 취합니다. 이것이 앞서 본 지하철 사례에서 끝까지 분노를 내려놓지 못하는 사람의 속사정입니다.

타인을 비난하며 충돌하는 근본 원인을 들여다보려면, 현대 심리학의 통찰을 빌려와야 합니다. 쇳덩이를 황금으로 바꾸지 못하고 분노에 갇히는 이유는 마음의 설계도에 결함이 생겼기 때문입니다.

중국 베이징 사범대학교 심리학자 류상핑(劉翔平, 1963년~) 교수는 저서『자존감이라는 독』(허유영 역, 추수밭, 2016)에서 가짜 자존감의 위험성을 경고합니다. 그는 겉보기에 높은 것 같지만 실은 바닥인 가짜 자존감에 대해 기술합니다. 가짜 자존감이 충만한 유형은 성공이 자기의 뛰어난 능력 덕분이라 믿고 한없이 오만해집니다. 그러나 실패하거나 잘못된 결과가 나오면, 외부 상황이나 남을 핑계 댑니다. 잘못을 인정하면 존재가 무너질 것 같은 공포를 느끼기 때문입니다. 타인에게 공격적인 태도를 보이며 정당성을 주장하는 나약한 사람입니다.

이런 방어 기제는 타인의 의견을 무조건 거부하고 나만의 좁은 세상에 갇히는 결과를 낳습니다. 세계적인 경영학자 애덤 그랜트(Adam Grant, 1981년~) 교수도 오만함에 대해 경고해요. 그는 오만을 '모른다는 사실조차 모르는 무모한 확신'이라고 정의합니다. 내 지식에 빈틈이 있을 수 있다는 사실을 아예 잊은 채, 내 생각만 무조건 옳다고 믿어버리는 착각이죠. 이렇게 내 생각이 완벽하다고 믿으니, 나와 다른 남을 틀렸다고 비난하며 자신을 보호하려는 나약한 자존감이 생겨나는 겁니다.


내가 무조건 옳다는 착각에 빠지면, 타인과 어우러지는 조화는 애초부터 불가능합니다. 타인을 내 기준에 따라 심판하기 때문입니다. 나를 굽히고 부족함을 인정하는 겸손이야말로 지혜로 가는 열쇠입니다. 겸손은 자신감 부족의 결과물이 아닙니다. 철학 용어로 지적 겸손은 내가 언제든 틀릴 수 있음을 흔쾌히 인정하는 이성적인 용기입니다.

소크라테스가 말대로, 내가 아무것도 모른다는 사실을 아는 것에서 현명함이 싹 틉니다. 타인의 사정을 들여다볼 여백이 생기기 때문입니다. 누군가와 대립할 때, 틀릴지 모른다는 가능성을 마음에 한 뼘만 들여놓으세요. 나는 옳고 너는 틀렸다는 공방이 이어질 때, 내가 다 이해 못 하는 면이 있다는 사실을 담백하게 받아들이는 겁니다. 성급하고 격렬한 감정이 목구멍까지 치고 올라올 때, 1분만 숨을 고르고 자신에게 물어보세요.


"내가 화를 내는 게 상대가 잘못해서일까, 내 자존심이 상해서일까?"

이 자문자답이 우리를 지옥 같은 감정의 회오리바람에서 구합니다. 그럴 수도 있겠다는 너그러운 수용과 관계의 조화가 시작됩니다. 결론적으로, 조화는 그저 성격이 좋아서 생기는 결과가 아닙니다. 내 오만을 이성적으로 꺾고, 겸손이라는 공간을 만들 때 얻는 승리입니다.

## 생각의 여백

서론에서 남의 말 한마디에 마음의 색채가 달라지는 감정 노예의 실상을 보았습니다. 이혼 프로그램의 부부들처럼 자극에 즉각 반응하며 서로를 할 퀴는 삶은 지옥이나 다름없죠. 그러나 가짜 자존심이라는 뿌연 안개를 한 꺼풀 걷어내면, 세상이 다르게 보이기 시작합니다.

스피노자의 조언은 단순합니다. 이성의 등불을 켜고, 그 등불 아래 감정의 원인을 파악하여 어느 방향으로 갈지 결정해야 합니다. 수동적으로 상처받기보다, 내면의 성찰과 인식을 거치면서 자극과 반응 사이에 생각의 공간을 만드는 것이죠. 모든 일에 그럴만한 이유가 있다는 사실을 받아들이려면, 겸손이 필수적입니다. 그 사람 입장에서는 그럴 수 있겠다고 고개를 끄덕이는 여유가 나와 세상을 이어 줍니다.

왜 이토록 이성과 겸손을 강조할까요? 인간만이 생각하는 힘을 통해 본능적인 충동을 멈출 수 있기 때문입니다. 이성은 세상을 바라보는 맑은 눈입니다. 나를 힘들게 하는 상황의 이면을 찬찬히 들여다보세요. 원인을 깨닫는 지혜는 쇠를 금으로 바꾸는 것만큼이나 가치 있습니다.

"저 사람은 왜 저럴까?"라고 속으로 질문하세요. 지하철에서 뛰어다니던 아이의 이야기처럼 상대의 아픔에 공감하는 순간, 분노는 공감과 연민에 자리를 내어줍니다. 감정이 왜 생겼는지 그 뿌리를 이해하면, 외부 자극에 허무하게 무너지지 않고 나를 온전하게 지탱하는 '마음의 중심'을 세울 수 있습니다.

이것이 바로 감정의 연금술이 우리에게 주는 진짜 선물입니다. 남을 미워하고 원망하느라 콸콸 쏟아버렸던 내 아까운 에너지를 다시 나에게로 거둬들이는 과정이니까요. 나와 타인을 찌르던 뾰족한 가시를 거두고 내면의 평온을 되찾는 것. 이것이 바로 이리저리 감정에 휘둘리는 '정념의 노예'에서 벗어나는 첫걸음입니다. 남을 향해 쏘아대던 그 소중한 에너지를 이제는 내 마음을 가꾸는 데 온전히 집중해 보세요. 그래야 어떤 상황에서도 쉽게 흔들리지 않는 진짜 만족감을 누릴 수 있습니다.

오늘의 키워드는 생각의 여백입니다. 하지만 현실에서는 머리로 인식하기 전에 이미 날카로운 말이 튀어 나가고, 짜증과 분노가 표정에 역력히 드러나기 쉽죠. 어떻게 생각의 여백을 만드는지 구체적인 사례를 통해 알아보겠습니다.


서른여섯의 수진 씨는 아침마다 전쟁입니다. 아이를 어린이집에 등원시키면서 시작되는 일과는 회사의 프로젝트 회의로 이어지고, 퇴근 후에는 다시 가사라는 두 번째 출근이 기다립니다.

어느 금요일 저녁, 위기가 찾아왔습니다. 산더미 같은 설거지감을 뒤로 한 채, 남편이 "나 내일 친구랑 골프 약속 잡았어."라고 말한 순간이었습니다. 그 말은 수진 씨의 마음속에 불을 지르는 도화선이었습니다.

'나도 똑같이 일하고 퇴근했는데, 왜 내 집안일은 당연하고 당신은 쉬어야 할까.'

속에서는 억울한 감정이 아우성쳤습니다. 예전 같으면 "집안일이 안 보여?"라고 소리를 질렀겠지만, 수진 씨는 눈을 감고 10초 뒤의 나에게 물었습니다.

"지금 성질대로 버럭 소리를 지르면 10초 뒤의 상황이 어떨까? 마음이 더 편해질까?"

'10초 뒤의 나에게 묻기'처럼 자신에게 맞는 방식을 찾아 감정을 다스리는 훈련을 시작하세요. 그리고 수진 씨처럼 감정의 파도를 지혜롭게 이겨 낸 날에는 자신을 따뜻하게 위로해 주세요. 충돌 대신 조화를 선택한 그 하루는 어떤 날보다 의미 있고 기쁨이 가득할 것입니다.

인문학은 초인적인 인내를 요구하지 않습니다. 다만 휘몰아치는 상황과 일렁이는 감정 앞에서 내 삶의 방향을 스스로 정하도록 이끌고 격려하는 것입니다. 그 애쓴 흔적이 쌓이면, 여러분의 일상은 조화와 평온으로 가득 채워질 것입니다. 마음고생 많으셨습니다. 오늘도 무사히 하루를 살아낸 여러분, 참 잘하셨습니다.

본문의 깊은 사유를 내 것으로 만들기 위해서는 눈으로 읽는 것을 넘어, 직접 손으로 기록하는 과정이 필요합니다. 오늘, 철학자들처럼 나 자신과 대화해 보세요.

# PART 1. 인문학의 지혜 적용하기

## 1. 내 감정을 스스로 책임지기

누군가 나를 비난할 때 똑같이 화를 내는 건, 내 기분을 결정할 권리를 남에게 넘겨준 것과 같습니다. 스피노자는 이를 정념에 사로잡힌 수동적인 삶이라고 했어요. 지혜로운 사람은 자극이 올 때 멈춰 서서, 상황의 원인을 살피는 능동적인 태도를 취합니다.

최근 누군가의 말 한마디에 하루를 망친 기억이 있나요? 그때 당신의 감정을 쥐고 흔든 사람이 누구였나요? 이제 그 상황을 메타인지를 통해 반추해 보세요. 상대가 왜 그런 행동을 했을지, 그 이면의 원인을 추측해서 기록하세요.

**예시)**

*어제 팀장님이 재무 기획안을 보고 신경질을 냈을 때, 나를 무시한다는 생각에 종일 기분이 가라앉았다. 내 감정을 팀장님 손에 맡긴 격이다. 하지만 생각해보니 팀장님도 위에서 실적 압박을 심하게 받고 있었다. 팀장님이 나를 공격한 게 아니라, 본인이 감당하기 어려운 불안을 표출한 것뿐이다. 이제 내 마음의 주인은 나다.*

## 2. 지적 겸손을 통한 관계의 조화

공자는 세 사람이 길을 가면 그중에 반드시 스승이 있다고 했습니다. 나를 화나게 하는 사람도 부족한 부분을 바로잡는 거울로 삼는 거지요. 내가 옳다는 오만을 버리고 틀릴 수도 있다는 겸손을 품을 때, 타인과 어우러질 수 있는 넉넉한 공간이 생깁니다.

오늘 당신을 불편하게 했던 사람을 떠올려 보세요. 감정을 잘 다스렸다면 자신에게 건넬 따뜻한 칭찬 한마디를 기록하세요.

# PART 2. 독서 일기를 위한 네 가지 질문

### 1. 생각을 깨우는 인터러뱅interrobang의 마법

인터러뱅(?!)은 물음표(?)와 느낌표(!)가 하나로 합쳐진 기호입니다. 오늘 읽은 글이 당신의 익숙한 세계에 던진 가장 날카로운 물음표는 무엇인가요? 그 질문을 통해 새롭게 깨달은 감동의 느낌표를 함께 기록하세요.


[?] ______________________________________________

[!] ______________________________________________


### 2. 휴먼 라이브러리Human library

책은 때로 어떤 전문가보다 지혜로운 상담가가 되어줍니다. 당신의 고민에 답이 된 문장을 기록하세요.


### 3. 머릿속 생각의 틀 시원하게 부수기Break the Shell

그동안의 편견을 깬 도끼 같은 문장이 있나요? 그 문장을 통해 틀에 박힌 생각에서 벗어나 새로운 길을 발견했다면, 그 짜릿한 변화를 기록하세요.


### 4. 인생을 바꿀 한 문장: 당신의 가슴에 낙인처럼 찍힌 한마디는 무엇인가요?

삶의 거센 파도가 닥치고 뜻밖의 시련이 찾아올 때, 당신을 다시 일으켜 줄 단 하나의 문장은 무엇일까요? 본문 중에서 인생을 역전시킬 만큼 강렬한 에너지를 지닌 인두 같은 문장을 찾아 기록하고, 그 이유를 새겨보세요.


다시, 읽는 인간 HOMO LECTIO

# 환대

AI 시대 인간의 반격,
타자의 고통에 응답하는
삶은 어떻게 무기가 되는가

 **오늘의 인두 같은 한 문장**

타인의 고통을 외면하지 말고 응답하라. 그 얼굴이 바로 우리가 마주해야 할 신(God)이다.

- 에마뉘엘 레비나스(Emmanuel Levinas, 1906년~1995년)

## 오늘의 핵심 메시지

허기를 달래러 들어간 식당에서 나를 맞이하는 것은 따스한 인사가 아니라 키오스크입니다. 잠시 후, 서빙 로봇이 다가와 음식을 내려놓습니다. 그곳에 사람은 없습니다. 피로 섞인 미소도, 서툰 친절도, 하다못해 무심한 불친절조차 거세된 공간입니다. 점원과 눈을 맞추고 주문할 때는 상대에 반응해야 하는 부담을 느낍니다. 하지만 키오스크는 감정이 없으며, 내 요구를 충족시키는 도구일 뿐입니다. 타자가 수행하던 역할을 기계가 대체하면서, 우리는 레비나스가 말한 한 인간을 향한 응답할 의무로부터 해방되었습니다.

에마뉘엘 레비나스의 철학은 나 중심의 세계관을 넘어, 타자에 대한 무한한 책임을 강조합니다. 홀로코스트라는 비극적 경험을 관통하며 탄생한 그의 철학은 타자에 대한 환대Hospitality를 키워드로 삼습니다. 환대는 현대 사회의 극단적 개인주의와 타자에 대한 혐오를 치유할 강력한 메시지를 담고 있죠. 오늘은 그의 목소리에 귀를 기울여 우리 마음에 온기를 불어넣어 보려 합니다.

## 나와 너, 그리고 우리

매일 아침 뉴스를 읽다 보면 어느 하나 마음 편한 단어가 없습니다. 아파트 층간 소음 때문에 이웃에게 흉기를 휘두릅니다. 길거리에서 훈계하는 어른을 폭행한 청소년의 소식도 들립니다. 부부싸움 끝에 돌이킬 수 없는 선택을 하거나, 구급대원에게 폭언을 퍼붓는 사건도 비일비재합니다. 언제 터질지 모르는 감정의 지뢰밭과 같습니다. 표출할 대상을 만나면 그동안 쌓아둔 화를 한꺼번에 분출하는 형국입니다. 왜 21세기 이 땅에 사는 우리는 이렇게 서로 날을 세울까요?

근래 출간된 책 제목들도 피곤에 찌들어 성난 사회의 모습을 적나라하게 보여줍니다. 『다시 태어난다면, 한국에서 살겠습니까』, 『왜 우리는 차별과 혐오에 지배당하는가?』, 『기적을 이룬 나라 기쁨을 잃은 나라』…. 제목만 들어도 우울해지죠.

오늘날 한국인은 무한 경쟁과 고물가, 생존의 위협 속에서 자신의 에너지를 나의 생존과 영역 지키기에 소진합니다. 내가 피곤하다는 것은 마음의 여백이 사라졌음을 의미합니다. 피로에 지친 대중은 남의 복잡한 사정을 헤아릴 여유가 없죠.

한국 사회는 유독 효율과 속도를 중시합니다. 그러다 보니 나에게 타인은 시스템의 부속품이나 내 목적을 위한 수단으로 환원됩니다. 서비스 노동자를 향한 갑질이나 익명의 악플은 그를 내 돈에 상응하는 서비스를 제공해야 하는 개체로 취급하는 행위입니다.

한편으로 우리는 오늘날 유례없는 공감의 과잉과 책임의 결핍이 공존하는 기묘한 시대를 살고 있습니다. SNS 피드를 가득 채운 타자의 비극에 '슬퍼요'를 누르고, 난민과 소외계층의 고통에 잠시 연민에 젖습니다. 그러나 아주 손쉽게 이 모든 고통의 부채를 국가와 시스템에 떠넘깁니다. 20세기 철학의 거인 에마뉘엘 레비나스가 일갈했던 윤리적 주체의 실종이 이 지점에서 발생하죠.

레비나스 철학의 요체는 명확합니다. 타자의 얼굴을 마주하는 순간, 우리는 그 존재를 돌봐야 한다는 명령 앞에 서게 된다는 것입니다. 그에게 윤리란 머리로 계산하는 정의가 아니라 타자의 고통에 대한 즉각적이고 개별적인 응답입니다.

하지만 윤리는 갈수록 행정화되고 있습니다. 우리는 다른 이의 고통에 연민을 느끼면서도 해결의 주체에서는 슬그머니 자신을 제외합니다. "정부는 뭐 하고 있는 거야?"라는 정의의 외침은 책임을 피하기 위한 세련된 알리바이가 되고, 세금을 냈으니 내 할 일은 끝났다고 양심의 소리를 무마합니다.

세상이 해결하기 어려운 난제들로 가득 찬 이유는 기술이나 자본이 부족해서라기보다 인간 윤리의 실종 때문입니다. 눈앞의 이익을 챙기느라 인간 다음의 문제를 자꾸 나중으로 미뤄온 대가라고나 할까요. 타인의 호소를 모른 척하는 이기적인 외면이 차곡차곡 쌓여 감당하기 힘든 괴물 같은 형체로 되돌아왔습니다.

기술이 가공할 속도로 발전하는 이 시대에 인간성 또는 윤리의 문제를 제기하는 것은 더없이 중요합니다.


## 스마트폰 화면 속의 문자가 아무리 따뜻한들


서론에서 살펴본 비극적인 현실을 해결하려면 근본적인 원인부터 탐색해야 합니다. 우리 사회가 혐오의 전시장으로 변한 이유는 나 중심성Meism에 밀려 인간성과 도덕성이 희미해졌기 때문입니다.

미래에 인류가 만들어갈 세상은 오로지 과학과 기술의 발전으로 설명되는 문제만은 아닙니다. 무엇을 소중히 여기고, 어떤 태도로 서로를 대할 것인가 묻는 윤리의 문제입니다. 인류공동체의 붕괴를 막으려면 내면의 윤리를 먼저 바로 세워야 합니다.

이것이 우리가 다시 윤리를 공부하는 이유입니다. 착한 사람이 되기 위해 마음을 수양하는 차원이 아닙니다. 인격이 파괴되고 질시와 혐오가 지배하는 세상에서, 내 영혼을 지키고 인간다운 삶을 유지하기 위한 공부입니다. 그 첫걸음은 타인과의 관계를 근본부터 재정의하는 데서 시작합니다.


모름지기 관계의 시작은 소통이라고 할 수 있습니다. 우리가 말하는 소통은 실상 나와 비슷한 것을 확인하는 과정입니다. 나와 취향이 같고, 정치적 견해가 일치하며, 내 논리에 고개를 끄덕여주는 사람과 대화하죠. 현대 사회에서 의사소통이 개인이나 조직의 성패에 있어 주요 화두가 된 이유는 모두가 자기 관점에서 한 발짝도 물러나려고 하지 않기 때문입니다. 내 논리에만 갇혀 있으니, 상대의 말이 들릴 리 없죠.

진정한 소통을 꿈꾼다면 나와 다른 이의 불편한 진실을 경청하고, 그의 질문에 응답해야 합니다. 서로 생각이 다를 때 어떤 선택이 공동의 미래에 도움이 되는지를 생각하고, 대화를 포기하지 않는 자세야말로 인간이 가진 위대한 능력입니다. 그러므로 소통은 기술이 아니라 환대의 문제입니다. 내 세계의 문턱을 낮추고, 이해할 수 없는 이방에게 문을 여는 관대함이 이 무관심의 시대를 건너갈 유일한 다리가 되어줄 것입니다.

환대는 또한 내 삶을 침범하는 타자의 불편함을 껴안는 행동입니다. 따뜻한 환대를 담은 두 이야기를 통해 고통을 지닌 타자의 얼굴을 향한 환대가 무엇인지 생각해 보죠.

### 일상의 환대 1

김 대리는 오늘만 세 번째 실수를 저지른 후배 사원을 혼내려고 했습니다. 하지만 김 대리의 눈에, 요즘 업무가 많은 데다 부부 문제로 고민하는 그의 얼굴이 들어왔습니다. 그래서 김 대리는 독설 대신 짧은 한마디를 건넵니다.

"10분만 옥상에서 찬바람 좀 쐬고 올까요?"

### 일상의 환대 2

점심시간, 붐비는 패스트푸드점 키오스크 앞에 한 노인이 서 있습니다. 뒤에 줄 선 사람들의 따가운 시선과 빨리 주문하라는 무언의 압박이 공기를 채웁니다.

대학생 민수는 약속 시간에 늦어 초조했습니다. 하지만 당황해하는 노인을 보고 말합니다.

"어르신, 저랑 같이 천천히 눌러볼까요? 저도 처음엔 어렵더라고요."

민수는 노인이 겪는 당혹감이라는 고통의 얼굴에 응답하여 자신의 5분을 기꺼이 타자의 시간으로 내줍니다.

이 이야기 속 주인공들은 업무나 시간 같은 자신의 편의를 타자의 부름 앞에 잠시 멈추었습니다. 레비나스는 이런 중단이야말로 인간이 도달할 수 있는 가장 고결한 지점이라고 말합니다. 오늘 당신의 일상에 균열을 내고 들어오는 불편한 손님을 어떤 얼굴로 맞이하시겠습니까?

## 모두를 위한 환대

타인을 반가이 맞아들이는 환대의 태도는 나를 잃는 일이 아니라 관계의 주권을 되찾는 품격 있는 행위입니다. 내 마음의 빗장을 풀고 상처 입은 타인이 편히 쉬도록 내 곁에 넉넉한 자리를 내어주는 것이죠.

이 오래된 철학적 메시지는 기술시대의 한복판에서 서성이는 우리를 지키는 강력한 생존 무기입니다. 왜 일까요? 환대가 어떻게 나를 지키는 궁극의 미덕인지 그 속으로 들어가 보겠습니다.

리투아니아 태생의 유대계 프랑스 철학자 에마뉘엘 레비나스는 나치 독일이 저지른 유대인 대학살(Holocaust, 1933년~1945년)이라는 참혹한 어둠을 직접 겪었습니다. 죽음의 문턱에서 살아 돌아온 그는 지식보다 윤리가 세상을 구하는 '제1철학'이라고 강조했죠.

이유는 명확합니다. 지식이 부족해서 그 끔찍한 학살이 일어난 게 아니었기 때문입니다. 당대 독일이 자랑하던 뛰어난 지식과 정교한 기술은 결국 타인을 죽이는 도구로 쓰였습니다. 인간을 번호나 데이터로 분석하고 규정하는 지식으로는 인간다운 존엄을 지킬 수 없음을 깨달은 것입니다.

그래서 그는 세상을 구원할 길이 타인을 향한 윤리적 책임에 있다고 보았습니다.

레비나스는 내가 나다워지는 찰나는 나를 위해 무언가를 쌓을 때가 아니라고 강조했습니다. 타인을 향해 두 팔을 벌리는 환대의 윤리적 관계 속에서 내 존재 의미가 선명해집니다. 레비나스가 정의하는 타자는 귀한 손님이며, 내가 함부로 재단하고 평가할 대상이 아닙니다. 내가 누군가에게 꼭 필요하고, 그의 호소에 진실한 마음으로 응답할 때 인생의 가치가 완성됩니다.

그렇다면 우리가 마주할 타인의 실체는 무엇일까요? 레비나스 철학의 핵심은 얼굴과 응답이라는 두 단어로 요약됩니다. 타자의 얼굴을 살펴봅시다. 여기서 말하는 얼굴은 신체 부위를 뜻하지 않습니다. 상대방이 겪는 아픔과 약함, 도와달라는 무언의 호소를 가리킵니다. 길을 걷다가 우연히 폐지 줍는 할머니를 본 순간, 마음속에서 "저 할머니 어떡하지?" 하는 생각에 돕고 싶은 마음이 불쑥 솟습니다. 레비나스는 그 찰나에 주목했습니다. 머리로 생각하기도 전에 타인의 고통스러운 얼굴이 내 양심의 문에 부딪혀오는 것입니다.

이 철학적 깨달음이 실제 현장에서 어떻게 사람을 살리는지 제 경험담을 들려드리겠습니다.

독서토론 수업을 진행하던 날이었습니다. 한 교수님과 공동 강의를 하는 자리였죠. 제일 뒤에 앉은 여학생 두 명이 수업 시작부터 떠들었어요. 튀는 옷차림까지 누가 봐도 이른바 일진 같았죠. 강의 시작 10분이 지나도 애들이 계속 떠들자, 참다못한 교수님이 강의를 멈추고 아이들을 매섭게 쳐다봤어요. 그의 눈빛은 경멸과 혐오로 가득 차 있었죠. 교수님은 아이들을 문제아로 이미 낙인찍고 있었습니다.

　교수님이 아이들을 '얼굴'이 아닌 문제로 규정하자 상황은 더 악화되었습니다. 아이들이 더 크게 떠들고, 책상까지 두드리며 웃는 게 아니겠어요? 교수님이 소리쳤습니다.

"너희 여기 왜 왔어? 조용히 안 해?"

　그러나 아이들은 끝까지 수업을 방해했습니다.


　이 황당한 장면을 보며 평생 아이들을 연민으로 대했던 우크라이나의 교육학자 바실리 수호믈린스키(Vasily Sukhomlinsky, 1918년~1970년) 선생님을 떠올렸습니다. 선생님은 수업을 방해하는 아이를 꾸중하는 대신 간식을 내어주며 이렇게 물었죠.


"요즘 힘든 일은 없니? 선생님이 도와줄게."


　선생님은 그 아이를 도움이 필요한 인격적 존재로 대하며, 아이와 마음을 나누려 했던 것입니다.


　저는 쉬는 시간에 아까 말한 아이들에게 다가갔습니다. 쿠키와 책을 건네며 이렇게 말했죠.

"요즘 고민이 있다면 언제든 말해주세요. 뭐라도 돕고 싶어요. 그리고 오늘 용기 있게 참석해 줘서 정말 고마워요."

　아이들은 쑥스러운 듯 웃었지만, 신기하게도 그다음 수업 시간부터 조용해졌습니다. 수업이 끝난 뒤 한 학생에게 이메일이 왔습니다.

"선생님, 사는 게 너무 힘들어요. 이대로 얼마나 버틸지 모르겠어요."

　그 편지를 읽으며 가슴이 미어졌습니다. 그 아이와 메일을 주고받으며 속마음을 들었어요. 그 학생이 드럼을 배우고 싶어 해서 무료 드럼교육 프로그램을 연결해 주었죠. 제가 아이의 무례한 행동 너머에 숨겨진 외로운 얼굴을 보았기에 가능한 일이었습니다.

레비나스는 누군가의 얼굴을 본 자의 실천을 응답Responsibility이라고 불렀습니다. 영어 단어 Responsibility(책임)는 '반응하다'Respond와 '능력'Ability이 합쳐진 말이죠. 책임이란 상대의 아픈 부름에 마음을 열고 대답하는 능력입니다. 타인을 내 잣대로 평가하기 전에 먼저 그의 고통에 귀 기울이는 태도가 인간다움의 핵심입니다.

이 응답의 능력을 일상의 언어로 구체화한 것이 비폭력대화입니다. 마셜 로젠버그Marshall B. Rosenberg 박사는 『비폭력대화NVC』(마셜 B. 로젠버그 저, 캐서린 한 역, 한국NVC센터, 2017)를 저술했습니다. 그는 인간의 언어를 자칼과 기린에 빗대어 설명하죠. 자칼은 목이 짧아 머리에서 심장까지의 거리가 가깝죠. 그래서 머리로 생각한 판단이 뜨거운 심장을 거치기도 전에 날카로운 이빨이 되어 튀어나옵니다. 상대방의 잘못을 지적하고, 비난하며, 낙인찍는 것이 자칼의 방식입니다.

반면 기린은 머리에서 심장까지의 거리가 멉니다. 차가운 머리의 판단이 심장에 도달하는 거리가 길죠. 그동안 기린은 상황을 폭넓게 바라보고 상대의 결핍을 읽습니다. 기린의 대화는 상대방의 상태가 어떤지, 무엇을 필요로 하는지, 편견 없는 공감을 토대로 이뤄집니다. 레비나스의 철학은 기린의 언어와 맞닿아 있죠.

그런데 의문이 듭니다. 안 그래도 바쁜데 남의 문제까지 신경을 쓰며 불편하게 사는 게 맞을까요? 우리가 환대를 통해 타인의 고통에 응답할 때, 그 따뜻한 생기는 나와 너, 우리 모두의 영혼을 살립니다. 내가 타인을 향해 내민 손길이 돌고 돌아 언젠가 슬프고 외로운 내게 다정한 얼굴로 다가올 테니까요. 오늘 하루 일상에서 만나는 이들을 두 팔 벌려 환영하는 마음으로 대해주세요. 그들의 굳은 표정 아래에 숨은 외로움에 귀 기울여 보세요.

## 가장 강력한 생존 무기, 타인의 고통에 응답하는 삶

서론에서 나눈 고민으로 다시 돌아갑니다. 윤리적인 판단은 내가 어떻게 보일까를 고민하는 게 아닙니다. 내 행동이 상대방에게 어떤 영향을 줄까를 먼저 생각합니다. 인간다운 삶은 나 혼자 편하게 사는 대신, 누군가의 간절한 요청에 언제든 응답할 준비를 하는 태도입니다.

우리가 기꺼이 불편함을 감수하며 손 내밀어야 할 대상은 누구일까요? 여기서 말하는 레비나스의 타자는 친한 지인만 뜻하지 않습니다. 가난한 자, 나그네, 고아와 과부처럼 세상에서 약자로 분류되는 그룹을 포함합니다. 나와 말이 안 통하거나 도저히 이해할 수 없는 사람조차도 책임져야 할 소중한 타자입니다. 레비나스는 나를 박해하는 자에게까지 윤리적 책임을 다할 것을 권하며, 타자를 향한 무한한 사랑을 강조합니다.

그는 평범한 사람이 보여주는 지극히 선한 행동에서 인간다운 사랑의 증거를 찾았습니다. 길 가는 죄수에게 빵 한 조각을 건네는 할머니의 마음, 다친 적군에게 수통을 내미는 병사의 마음 같은 것이지요. 수용소의 간수가 위험을 무릅쓰고 포로에게 편지를 전달해 주거나, 나치 군인에게 가족을 잃은 여인이 굶주린 독일군에게 빵을 나눠주는 장면은 인간의 숭고한 위대함을 보여줍니다.

이토록 위대한 사랑의 증거를 보면 가슴이 뜨거워지지만, 막상 현실로 돌아오면 어떨까요? 솔직히 고백하자면, 타인의 아픔에 응답하는 삶은 쉽지 않습니다. 당장 내 코가 석 자이고 짊어질 현실의 무게가 크기 때문입니다.

그럼에도 우리가 윤리적 감각을 함양해야 하는 이유가 또 있습니다. 도도한 시대의 변화 때문입니다. 인공지능이 모든 지식과 효율을 압도합니다. 왜 타인을 향한 윤리가 인간의 중추적인 능력이 될까요? AI는 타인의 눈물을 닦아주기 위해 자신을 위태롭게 하는 바보 같은 결단을 하지 않습니다. 제2차 세계대전 당시 수많은 유대인을 구한 독일인 사업가 오스카 쉰들러(Oskar Schindler, 1908년~1974년)처럼 자기 생명을 걸고 약자를 지키는 정의를 선택할 수 없죠. 그래서 다가올 첨단 기술 시대에는 인간의 온기를 지닌 윤리성과 환대, 그리고 공감이 인간의 고유한 능력으로 자리매김하게 될 것입니다. 또 다른 나인 타자를 돌보고 환대하는 사람이 그 가치를 인정받게 된다는 의미입니다.

환대는 환대를 베푸는 사람과 받는 사람 모두를 변화시키는 놀라운 능력이 있습니다. 우리가 마음을 열고 타인을 환대하는 순간, 적대적인 관계가 가져온 팽팽한 갈등과 혐오의 사슬이 스르르 끊어집니다. 누군가를 외면하고 있었다면, 먼저 손을 내밀어 보세요. 놀랍게도 그 작은 손길이 나와 타자를 고립과 분노의 지옥에서 건져 올립니다. 타인의 아픔에 응답하는 과정에서 내 이기심이 그 부정적인 지배력을 잃기 때문입니다. 타인을 환대하고 돕는 일은 억울한 희생이 아닙니다. 이 삭막한 세상에서 내 인간성을 지키고 내면의 평온을 얻는 확실한 방법입니다.

오늘 하루 내 주변에 있는 사람들을 가만히 지켜보세요. 가족일 수도 있고, 일에 지친 직장 동료일 수도 있습니다. 차가운 눈길로 판단하기 전에, 그의 얼굴에 묻어나는 외로움과 고단함에 "많이 힘들었지?"라고 말을 건네보세요. 기꺼이 곁을 내주는 그 포근한 환대가 당신의 삶에 인간다운 품격을 더해 줍니다.

윤리의 핵심을 한마디로 정의하면 간단합니다. 약자에게 해를 가하지 않는 것입니다. 그러나 여기서 멈추지 마십시오. 해를 끼치지 않는 소극적인 태도를 넘어, 고통받는 타인을 적극적으로 돕는 응답이야말로 우리가 도달해야 할 지점입니다.

오늘 다룬 주제인 환대는 다른 이를 친절하게 대하는 사회적 예의의 수준을 넘어섭니다. 그의 아픔을 내 일처럼 느끼고 그 얼굴에 정직하게 응답하는 외면하지 않는 용기를 의미합니다. 나를 중심으로 돌아가던 이기적인 생활방식을 멈추고 타인을 귀한 손님으로 마주 대하세요. 그것이 혐오의 시대를 이기는 길이며, 왜 인간으로 태어났는지를 증명하는 방법입니다. 오늘 건네는 따뜻한 말 한마디가 누군가에게는 다시 살아갈 용기가 되고 인간으로서의 존엄을 되찾는 빛이 될 겁니다.

우리는 환대를 통해 고립된 섬에서 벗어나 연결된 존재로 살아갈 수 있습니다. 결국 남을 돕는 것이 아니라 나를 살리는 길임을 깨닫게 됩니다. 이것이 레비나스의 목소리에 귀를 기울여야 하는 절박한 이유입니다.

본문의 깊은 사유를 내 것으로 만들기 위해서는 눈으로 읽는 것을 넘어, 직접 손으로 기록하는 과정이 필요합니다. 오늘, 철학자들처럼 나 자신과 대화해 보세요.

# PART 1. 인문학의 지혜 적용하기

### 1. 자칼의 이빨을 거두고 기린의 심장으로 바라보기

우리는 종종 상대방의 잘못을 즉각 비난하는 자칼의 언어를 사용합니다. 머리에서 입까지의 거리가 너무 짧아 심장을 거칠 시간이 없기 때문이죠. 하지만 목이 긴 기린은 상황을 넓게 보고, 커다란 심장으로 상대의 결핍과 욕구를 읽어냅니다.

최근 누군가에게 날카로운 비난을 쏟아냈거나, 속으로 부정적인 낙인을 찍은 적이 있나요? 그 사람을 문제아 혹은 무례한 사람이라는 틀에 가두기 전에, 행동 너머에 숨겨진 얼굴을 상상해 보세요. 그가 그토록 모나게 반응한 이유가 무엇이었을까요? 기린처럼 긴 호흡으로 상대의 결핍(외로움, 인정 욕구, 두려움 등)을 추측해서 적어봅시다.

**예시)**

*카페에서 아르바이트생이 실수를 했을 때, 짜증 섞인 눈빛을 보냈다. 나는 자칼처럼 행동했다. 기린의 마음으로 다시 보니, 그 학생은 오늘 처음으로 그 일을 시작해서 무척 긴장하고 당황한 상태였다. 그 떨리는 손을 너그러운 영혼으로 마주했다면, "괜찮아요."라고 말해줬을 텐데.*

### 2. 거룩한 불편함, 환대의 자리 내어주기

환대는 나를 박해하는 자에게까지 기꺼이 빵을 나눠주는 숭고한 사랑입니다. 나 하나 살기 바쁘다는 핑계로 고개를 돌리는 대신, 타인의 호소에 응답하는 불편함을 선택할 때, 우리는 고립된 섬에서 벗어나 연결된 존재가 됩니다.

오늘 당신의 주변에서 외면하고 싶었지만, 자꾸 눈에 밟히는 얼굴은 누구인가요? 그 사람을 위해 당신이 할 수 있는 작은 환대의 손길을 계획해 보세요. 거창한 도움이 아니어도 됩니다. 퉁명스러운 가족에게 먼저 따뜻한 말을 건네거나, 힘들어하는 동료의 책상에 간식을 놓아두는 일도 좋습니다. 그 환대가 도리어 당신을 어떻게 살리고 변화시킬지 기대하며 적어보세요.

**예시)**

*사춘기 아들이 문을 쾅 닫고 들어갔을 때, 예의 없다고 비난하고 싶었다. 하지만 비난 대신 아들의 닫힌 문 너머에 있는 외로움을 환대하기로 했다. 저녁에 아들이 좋아하는 간식을 챙겨주며 "오늘 하루 힘들었지?"라고 짧게 물어보려고 한다. 이 불편한 노력이 아이와의 관계를 이어 주길 기대해본다.*

# PART 2. 독서 일기를 위한 네 가지 질문

### 1. 생각을 깨우는 인터러뱅interrobang의 마법

인터러뱅(⁈)은 물음표(?)와 느낌표(!)가 하나로 합쳐진 기호입니다. 오늘 읽은 글이 당신의 익숙한 세계에 던진 가장 날카로운 물음표는 무엇인가요? 그 질문을 통해 새롭게 깨달은 감동의 느낌표를 함께 기록하세요.


[?] ________________________________________________

[!] ________________________________________________


### 2. 휴먼 라이브러리Human library

책은 때로 어떤 전문가보다 지혜로운 상담가가 되어줍니다. 당신의 고민에 답이 된 문장을 기록하세요.


### 3. 머릿속 생각의 틀 시원하게 부수기Break the Shell

그동안의 편견을 깬 도끼 같은 문장이 있나요? 그 문장을 통해 틀에 박힌 생각에서 벗어나 새로운 길을 발견했다면, 그 짜릿한 변화를 기록하세요.


### 4. 인생을 바꿀 한 문장: 당신의 가슴에 낙인처럼 찍힌 한마디는 무엇인가요?

삶의 거센 파도가 닥치고 뜻밖의 시련이 찾아올 때, 당신을 다시 일으켜 줄 단 하나

의 문장은 무엇일까요? 본문 중에서 인생을 역전시킬 만큼 강렬한 에너지를 지닌
인두 같은 문장을 찾아 기록하고, 그 이유를 새겨보세요.

# 자기실현 <sup>20일 차</sup>



## AI 시대 인간의 반격,
## 자기실현은 어떻게
## 삶의 무기가 되는가

**오늘의 인두 같은 한 문장**

그림자가 없는 사람은 빛도 없다. 너의 어두운 모습까지 껴안아라. 그때 온전한 네가 된다.

- 칼 구스타프 융(Carl Gustav Jung, 1875~1961)

## 오늘의 핵심 메시지

"약한 모습 보이면 끝장이야."

사회라는 버거운 무대에서 살아남기 위해 날마다 멋진 가면을 쓰고, 숨 막히는 연기를 이어갑니다. 찌질하고 우울한 나, 질투하는 못난 나는 지하실에 꽁꽁 가둡니다. 그러나 억눌린 나는 어두운 그림자가 되고, 어느 순간 걷잡을 수 없이 삶을 뒤흔듭니다. 상처는 숨겨야 할 치부가 아닙니다. 결핍과 상처가 어우러질 때, 세상에 하나뿐인 무늬가 되어 온전한 나를 완성합니다.

오늘 칼 구스타프 융의 상담실에서 내면의 빛과 어둠이 하나가 되

# 가면 뒤에 숨은 진실

우리는 어릴 때부터 연약함을 감추도록 배워왔습니다. 자기 PR시대에 내 강점만 번듯하게 내세워야 경쟁에서 승리한다구요. 그래서 많은 사람이 본래의 모습을 지우고 완벽이라는 가면을 씁니다. 여기, 그 무게에 짓눌려 간신히 일상을 버티는 한 사람이 있습니다.

새벽 5시, 알람 소리에 홍 팀장은 억지로 눈을 뜹니다. 경제 뉴스를 훑고, 할 일을 빽빽하게 메모하며 완벽한 하루를 다짐합니다. 내가 원해서 하는 일인지, 남들에게 보여주기 위한 갓생 연기인지 헷갈립니다.

연구소에 도착하면 그는 빈틈없는 팀장으로 변신합니다. 후배들에겐 닮고 싶은 선배, 상사에겐 믿음직한 오른팔입니다. 그러나 그 흠 없는 이미지는 때로 그의 숨통을 조입니다. 모르는 게 있어도 묻지 못하고, 업무가 힘들어도 문제없는 듯 습관처럼 웃어 보입니다.

퇴근 후 서둘러 대학원 박사과정 수업으로 발길을 옮깁니다. 초고속 승진에 박사학위까지 딴 엘리트 팀장이라는 명함이 필요하니까요. 스펙이 쌓여 갈수록 내면은 곪아갑니다.

늦은 밤 현관문을 열며 다정한 남편이라는 가면을 쓸 차례입니다. 신혼인 아내가 "오늘 어땠어?"라고 물으면 "별일 없었어."라며 부드러운 미소로 답합니다. 아내를 걱정시키는 것도, 내 약한 모습을 드러내는 것도 원치 않기 때문입니다.

가끔 만나는 친구들 사이에서 홍 팀장은 부러움의 대상입니다. 술잔을 기울이며 속 깊은 고민을 털어놓고 싶다가도, 그의 얼굴에 밀착된 가면이 입을 다물게 합니다. 그의 이미지와 실제 모습 간의 괴리는 커가고, 마음에는 짙은 소외감과 공허가 자리 잡습니다.

홍 팀장의 일상은 나를 잃음으로써 얻어낸 화려한 껍데기의 기록입니다. 그가 애써 외면하는 모르는 것, 지친 마음, 약한 모습은 사라진 게 아닙니다. 모두 그의 그림자Shadow가 되어 무의식의 심연에 가라앉아있습니다. 홍 팀장의 일상은 현대를 사는 우리에게 마치 내 얘기처럼 느껴집니다.

## 나와 마주하기

스위스의 분석심리학자 칼 구스타프 융은 가면Persona으로부터 자유로워지기 위한 해답을 개성화Individuation에서 찾았습니다. 그에 따르면, 그림자는 수치스럽거나 부적절하다고 느껴 부정하는 자아의 어두운 면입니다. 그러나 그는 그림자를 감춰야 할 부끄러운 악惡으로만 보지 않았습니다. 아직 완성되지 않은 생명력이자 창조적 에너지의 원천으로 정의했죠. 지하실에 꽁꽁 가둬둔 미숙함과 어둠을 의식 위로 끌어올려 마주하는 용기, 이것이 개성화의 출발입니다. 아까 만난 홍 팀장과 함께 개성화를 쉽게 풀어보도록 하겠습니다.

홍 팀장은 지독한 번아웃에 빠져 제게 성격심리 코칭을 요청했습니다.

우리는 일주일에 두 시간씩 심도 있게 내면을 탐구했습니다. 그는 유능한 리더지만 늘 뒤처질지 모른다는 불안한 공포가 내면에 드리워 있었습니다.

홍 팀장은 첫 상담에서 MBTI 검사를 통해 뜻밖의 자기 모습을 마주했습니다. 유능해야 한다는 강박 탓에, 그동안 본래의 성격과 먼 역할에 맞추려고 스스로를 쥐어짜며 버틴 걸 알게 되었죠. 그렇게 에너지를 탈탈 털어 쓰면, 언젠가 비대해진 열등 기능이 튀어나와 내 주인 행세를 합니다. 융은 이를 장악 상태Grip라고 했죠. 홍 팀장도 가끔 만만한 부하에게 분노를 터뜨리곤 했습니다.

그가 진실한 자신을 대면하도록, 저는 코칭 시간에 홍 팀장과 먼저 감정에 이름을 붙이는 연습을 했습니다. 분노나 불안이 올라올 때 무작정 억누르는 대신, 그 감정을 찬찬히 노트에 적어보는 겁니다. 내가 완벽함이 무너질까 봐 몹시 두려워하고 있다는 마음의 상태를 있는 그대로 알아차리는 것이죠. 이렇게 내 감정의 실체를 알아차리고 기록하는 순간, 어둠 속에 숨어 나를 조종하던 공포는 비로소 거리를 두고 관찰할 수 있는 객관적인 대상이 됩니다. 그림자를 빛 아래로 끌어내 가만히 살펴보니, 완벽해 보이던 홍 팀장의 내면에는 상처받기 싫어 울고 있는 여린 아이가 있었습니다.

홍 팀장처럼 가짜 모습을 연기하다 에너지가 고갈되면, 모든 의욕이 사라지고 자기 파괴적인 번아웃이 찾아옵니다. 무기력과 우울은 덤입니다. 그러나 다행히 개성화라는 한 줄기 빛이 비취는 것도 이 위기의 시간입니다. 번아웃으로 얼굴을 뒤덮고 있던 가면이 산산조각 나는 까닭이죠. 그제야 지하실에 웅크려 있던 외면 받던 내 모습이 빛을 만납니다.

# 상처는 연대를 위한 인간의 언어

우리 영혼의 지하실 문을 여는 데는 수치심이라는 장애물이 버티고 있습니다. 내 못난 모습을 알면 사람들이 떠날까 봐 두려워하는 마음입니다. 심리학자 거센 카우프만(Gershen Kaufman, 1943~)은 수치심을 '존재 자체가 결함이라고 여기는 믿음'이라고 말했습니다. 수치심에 빠지면 상처받지 않으려고 자기를 고립시킵니다. 이때 홍 팀장을 가두었던 '완벽함이라는 감옥의 차가운 철창문'을 열어줄 마음의 지도가 바로 MBTI입니다. 내가 수치스럽게 여긴 부분이 아직 덜 자란 귀한 씨앗임을 알려주는 길잡이죠.

열 번의 코칭이 끝날 무렵 홍 팀장은 상당히 달라졌습니다. 자신을 장악한 거짓 유형의 패턴을 깨닫고, 자책을 멈췄습니다. 불안과 억지로 싸우지 않고 중요한 일에 집중할 여유를 얻었습니다. 히스테리를 멈추고 지인과 진심을 나누는 어른으로 성장했습니다.

홍 팀장의 성장 과정은 칼 구스타프 융이 말한 온전한 통합이 무엇인지를 보여줍니다. 온전한 통합은 내 안의 미숙한 어린아이를 영혼의 가족으로 따뜻하게 품는 과정입니다. 내 찌질함과 미숙함도 나라는 퍼즐의 한 조각이기 때문입니다. 그럴 때 어떤 비판에도 휘청거리지 않는 내공이 생깁니다.

이렇게 버려두었던 수치심과 그림자 조각들을 끌어안고, 완벽해야 한다는 강박에서 벗어나 '진짜 나'로 나아가는 여정을 우리는 '개성화'라고 부릅니다. 그리고 이 개성화의 길을 꾸준히 걸어 마침내 내 본모습을 온전히 긍정하게 되는 도착지가 바로 '자기실현'입니다. 분석심리학자 이부영 선생은 진정한 자기실현에 다다르면 지극히 평범해진다고 했습니다. 여기서 말하는 평범함은 대단한 사람인 척하던 무거운 가면을 벗는다는 의미입니다.

용기 내어 내 부족함을 인정하면, 남에게 잘 보이려고 아까운 에너지를 낭비할 필요가 없습니다.

대신 그 자리에 인간 삶의 가장 기본적이고 따뜻한 언어가 회복됩니다. 완벽한 척하느라 입 밖으로 내지 못했던 "미안해요.", "고맙습니다."라는 말을 부하 직원이나 어린 자녀에게도 편안하게 건네게 되죠. 자신의 약점을 솔직하게 드러낸다고 해서 팀장이나 부모로서의 권위가 무너지지 않는다는 걸 비로소 깨달았으니까요. 이런 겸손함은 관계의 기적을 만듭니다. 홍 팀장의 대인관계는 눈에 띄게 부드러워졌고, 억지로 권위를 내세울 때보다 오히려 팀원들의 진심 어린 신뢰와 존경을 받게 되었습니다.

완벽을 좇던 집착을 내려놓은 자리에는 일상의 여유와 관계의 풍요가 가득합니다. 헛되이 버려지던 에너지를 온전히 나를 위해 쓰게 됩니다. 내 삶을 책임지고, 정말 하고 싶은 일에 몰입하는 자유를 누립니다. 이렇게 평범하고 온전한 인간으로 되돌아가는 개성화Individuation와 자기실현은 인공지능 시대에 나를 보호하는 강점이 됩니다.

세상은 AI가 사람을 대체할까 봐 염려합니다. AI는 방대한 데이터를 조합해 완벽에 가까운 정답을 내놓습니다. 계속해서 가면을 쓰고 완벽을 연기하려 들면, 실수를 모르는 기계를 결코 이길 수 없습니다. 하지만 AI에게는 치명적인 결핍이 있습니다. 미숙함 때문에 밤잠을 설치며 괴로워하고, 실패를 온몸으로 견디는 고통을 모릅니다.

눈물을 흘리며 한 걸음씩 성장하는 인간 고유의 서사를 경험하지 못합니다. 상처 입은 인간이 깊은 고통의 샘에서 길어 올린 고백은 타자의 마음에 가닿습니다.

살아 숨 쉬는 인간의 마음을 움직이는 것은 티 하나 없이 깔끔하게 가공된 정보가 아닙니다. 나와 같은 아픔을 겪은 사람이 건네는 뜨거운 공감입니다. 우리가 연약함을 인정하고 감싸안을 때, 숨기고 싶던 상처는 타인과 연대하는 공동의 서사로 바뀝니다. 연약함을 성찰하는 사람은 환경에 휘둘리지 않고 삶을 주도하는 창조적 인간입니다. 상처 입은 내 역사가 타인을 치유하는 고유한 브랜드가 되는 순간, 가장 평범해진 나는 AI 시대를 돌파하는 대체 불가능한 주인공으로 거듭날 수 있습니다.

# 상처 입은 치유자로 거듭나기

이론으로 존재하던 개성화의 기적은 홍 팀장의 일상을 뒤바꿔 놓았습니다. 그는 더 이상 천근만근인 몸을 이끌고 억지로 새벽 5시에 눈을 떠 갓생을 연기하지 않습니다. 피곤한 날에는 알람을 끄고 푹 쉽니다. 꾸역꾸역 다니던 대학원도 그만두었습니다. 남을 이기기 위한 지적 탐색을 멈추고, 나를 돌보는 내면의 공부를 시작했습니다.

무엇보다 그는 삶의 모든 자리에서 상처 입은 치유자로 살아갑니다. 불안에 떨며 완벽을 연기하던 과거의 자기 모습을 후배에게서 발견할 때, 자신의 실패담을 덤덤히 들려주며 어깨를 토닥입니다. 완벽한 선배라는 가면을 벗은 후, 동료 및 후배들과 친밀해졌습니다.

가정에서도 변화가 있었습니다. 홍 팀장은 아내 앞에서 더는 억지로 미소 짓지 않습니다. 오늘 무척 힘들었다고 말하며, 있는 그대로 사랑하는 이에게 기댈 줄 압니다. 두 사람은 전에 없이 깊고 단단한 유대감을 나누게 되었습니다.

홍 팀장은 이제 친구들에게 숨 가쁘게 달리다 번아웃에 빠진 얘기, 열등감에 시달리던 얘기도 털어놓습니다. 그리고 친구들의 아픈 이야기를 경청하며 위로합니다.

칼 구스타프 융은 타인을 치유하는 힘이 완벽함이 아니라 상처에서 비롯된다고 보았습니다. 내 지하실의 어둠을 대면하고 아파해 본 사람, 스스로 그림자를 껴안아 본 사람이어야 타인을 살릴 수 있으니까요.

연약함을 인정하는 일은 생각처럼 쉽지 않습니다. 그럼에도 불구하고, 칼 구스타프 융은 서슴없이 말합니다.

"그림자가 없는 사람은 빛도 없다."

세상은 끊임없이 더 높이 올라가라고, 완벽해지라고 다그칩니다. 모두 성공의 대열에서 미끄러질까 두려워서 하루에도 몇 번씩 가면을 바꿔 씁니다. 치열한 경쟁에 지치고 외로우셨나요? 더 이상 완벽해야 살아남는다는 거짓말에 속지 마세요. 때로는 실수하고, 흔들리고, 주저앉는 게 인간이니까요. 인생은 성공의 메달을 따기 위해 열리는 올림픽 대회가 아닙니다. 있는 그대로의 모습대로 산다는 걸 부끄러워하지 않고, 니체의 어린아이처럼 삶을 즐길 수 있어야 멈춰 있던 소통과 성장도 다시 시작됩니다.

인공지능 시대, 결점 하나 없는 시스템 앞에서 인간이 내세울 생존의 무기는 과연 뭘까요? 참으로 역설적이게도 그 무기는 연약하기 짝이 없는 상처입니다. 아파본 사람이 타인의 아픔을 어루만집니다. 자신에 대한 실망과 패배감으로 밤을 지새운 사람이 나처럼 넘어진 타인의 곁을 지킵니다. 내 상처를 숨김없이 드러낼 때, 타인의 눈물을 닦아주는 치유자로 성장합니다. 인간이 다른 한 인간에게 건네는 가슴 저리도록 따뜻하고 밀도 있는 위로는 회색빛의 첨단 기술 시대에 더욱 필요한 인간 고유의 영토로 남을 것입니다.

홍 팀장이 그랬듯, 이제 얼굴에 눌어붙은 가면을 벗고, 소외되고 잊혀진 당신의 그림자를 향해 잔잔한 목소리로 말해보세요.

"괜찮아. 조금 부족해도 이것도 나야."

이 팍팍한 세상에 적어도 나 한 사람만큼은 변함없이 내 곁을 지키는 친구가 되어야 하지 않을까요? 있는 그대로의 나로 다시 태어나는 당신의 여정을 응원합니다.

본문의 깊은 사유를 내 것으로 만들기 위해서는 눈으로 읽는 것을 넘어, 직접 손으로 기록하는 과정이 필요합니다. 오늘, 철학자들처럼 나 자신과 대화해 보세요.

# PART 1. 인문학의 지혜 적용하기

## 1. 억눌린 그림자 대면하기

우리는 사회적 성공이나 타인의 인정을 위해 '유능하고 착한 나'라는 가면을 씁니다. 그러다 보니 질투, 분노, 열등감 같은 모습은 들키기 싫어 숨기게 되죠. 하지만 억눌린 감정은 사라지지 않고, 홍 팀장의 사례에서처럼 히스테리나 번아웃으로 튀어나와 삶을 장악합니다.

최근 유독 누군가 밉거나, 작은 비판에 흔들렸던 순간을 떠올려 보세요. 그때 당신이 숨기고 싶었던 못난 마음은 무엇이었나요? 그 감정에 이름을 붙여보세요. "나는 뒤처질까 봐 겁나는구나." 혹은 "저 친구의 성공이 배 아플 만큼 부럽구나." 그 어둠에 이름을 붙이는 순간, 그림자는 당신을 휘두르는 괴물이 아니라 보살펴야 할 어린아이가 됩니다.

**예시)**

*동료가 성과를 냈을 때 겉으로는 축하했지만, 속으로는 심술이 났다. "나는 왜 저만큼 못 할까?"라는 열등감을 들키기 싫어 무뚝뚝하게 굴었다. 내 안의 그림자는 인정받고 싶은 욕구다. 이 못난 마음도 더 잘하고 싶은 나의 일부라는 걸 인정하니 마음이 한결 가벼워진다.*

## 2. 상처 입은 치유자: 나만의 서사 만들기

개성화는 지극히 평범한 진짜 나로 돌아오는 과정입니다. 내 약점과 상처를 정직하게 드러낼 때, 그것은 AI가 흉내 낼 수 없는 강력한 공감의 무기가 됩니다. 완벽한 정보보다 상처 입은 사람의 진솔한 고백이 타인의 마음을 움직이기 때문입니다.

당신이 겪은 아픈 상처나 실패의 경험을 하나 골라보세요. 그 고통의 무늬가 지금의 당신을 어떻게 더 깊이 있게 만들었나요? 당신의 이야기가 비슷한 주변의 어떤 사람에게 위로가 될지 적어보세요. 내 약점까지 사랑할 때, 당신의 역사는 타인을 살리는 치유의 브랜드가 됩니다.



*심한 번아웃으로 1년간 일을 쉬었을 때, 내가 패배자라고 생각했다. 하지만 그 시간을 통해 나를 돌보는 법을 배웠다. 이제는 무조건 달리기만 하는 사람들에게 잠시 쉬어도 인생이 무너지지 않는다는 진심 어린 조언을 해준다. 나의 번아웃은 결함이 아니라, 타인의 지친 마음을 읽는 따뜻한 언어가 되었다.*

# PART 2. 독서 일기를 위한 네 가지 질문

### 1. 생각을 깨우는 인터러뱅interrobang의 마법

인터러뱅(?!)은 물음표(?)와 느낌표(!)가 하나로 합쳐진 기호입니다. 오늘 읽은 글이 당신의 익숙한 세계에 던진 가장 날카로운 물음표는 무엇인가요? 그 질문을 통해 새롭게 깨달은 감동의 느낌표를 함께 기록하세요.

[?] _______________________________________________

[!] _______________________________________________

### 2. 휴먼 라이브러리Human library

책은 때로 어떤 전문가보다 지혜로운 상담가가 되어줍니다. 당신의 고민에 답이 된 문장을 기록하세요.

### 3. 머릿속 생각의 틀 시원하게 부수기Break the Shell

그동안의 편견을 깬 도끼 같은 문장이 있나요? 그 문장을 통해 틀에 박힌 생각에서 벗어나 새로운 길을 발견했다면, 그 짜릿한 변화를 기록하세요.

### 4. 인생을 바꿀 한 문장: 당신의 가슴에 낙인처럼 찍힌 한마디는 무엇인가요?

삶의 거센 파도가 닥치고 뜻밖의 시련이 찾아올 때, 당신을 다시 일으켜 줄 단 하나

의 문장은 무엇일까요? 본문 중에서 인생을 역전시킬 만큼 강렬한 에너지를 지닌 인두 같은 문장을 찾아 기록하고, 그 이유를 새겨보세요.

**오늘의 추천 도서**

『철학자 16인의 인생수업』, 이요철 저, 미다스북스, 2025.

다시, 읽는 인간 HOMO LECTIO

# 다시, 읽는 인간으로

책을 덮고 세상 속으로 걸어갈 당신에게


**[본질]** AI는 정답을 내놓지만, 인간은 질문을 한다: 왜 지금, 다시 '제대로 읽기'인가


AI가 인간의 지능을 무서운 속도로 대체하는 지금, 책을 읽는 행위는 더 이상 고상한 취미가 아니라 인간답게 사고하기 위한 생존의 전략이 되었습니다.

오늘날 바쁜 현대인들 사이에서는 효율성을 논하는 수많은 소리가 들려옵니다.

"AI가 다 요약해 주는데 굳이 비싼 책을 사서 읽어야 합니까?"

"시간이 없는데 언제 책을 봅니까?"

"책을 읽으면 연봉이 오르나요?"

하지만 우리는 알고 있습니다. AI가 흉내 낼 수 없는 성역이 존재한다는 사실을. AI는 방대한 정보를 요약하고 정답을 제시하는 데 탁월합니다. 하지만 그 정보가 내 고통스러운 삶에 어떤 의미로 다가오는지 대신 성찰하

거나 고뇌하지 못합니다. 기계는 데이터를 처리할 뿐, 맥락과 행간을 읽지 못하기 때문입니다.

AI가 하지 못하는, 행간을 읽는 질문을 던지세요. 깊은 사유를 통해 타인이 아니라 나의 해답을 찾아내는 사람만이 출렁거리는 시간의 파도 속에서 주도권을 쥐게 됩니다.

관조적인 독서 렉티오는 생각의 근육을 기르는 가장 고귀하고도 확실한 훈련입니다.


호모 렉티오. 인간인 우리는 지금 그리고 앞으로도 영원히 이 아름답고 존귀한 이름으로 불리울 것입니다.

## [회귀] 사유의 숲으로: 스마트폰을 끄고 종이책의 물성을 만지는 시간

저는 지난 30여 년간 철학과 심리학을 비롯해 여러 장르의 책을 섭렵해 왔습니다. 이 방대한 경험을 통해 깨달은 '제대로 읽기'의 핵심은 하나입니다. 텍스트만이 아니라 그 이면에 숨겨진 컨텍스트(Context, 맥락)라는 뿌리를 캐내야 한다는 것입니다. 한 권의 책은 단지 나열된 글자의 묶음이 아닙니다. 그것은 저자가 살았던 시대의 정치, 경제, 문화라는 토양 위에서 피어난 꽃입니다.

씨앗만 봐서는 열매를 알 수 없듯이 텍스트만 읽어서는 저자의 깊은 의도를 알 수 없습니다. 그 시대의 사람은 어떤 결핍을 앓고 있었는지, 그리고 저자 개인은 어떤 생의 고통을 해결하기 위해 펜을 들었는지를 입체적으로 파악해야 합니다.

이러한 맥락을 읽어내는 해석학적 독서를 할 때, 1세대 청중이 느꼈던 전율을 21세기를 사는 우리가 그대로 복원할 수 있습니다. 그때 책은 죽은 지식이 아니라, 여러분의 삶을 송두리째 흔드는 살아 있는 지혜가 됩니다.

### [연대] 못 읽어도 당당하게: 기다림으로 잇는 '함께'의 낭독

제가 오랫동안 독서 모임을 이끌며 자주 들은 말이 있습니다.

"이번 주는 바빠서 책을 다 못 읽었어요. 죄송해서 모임에 못 가겠네요."

대부분의 모임이 완독을 요구하다 보니, 미처 책을 못 읽은 멤버는 모임에 빠지곤 합니다.

하지만 제가 제안하는 제대로 읽기 독서 모임은 책을 못 읽어도 참여할 수 있습니다. 토론의 도입부인 '강조점 나누기' 덕분입니다.

이 코너에서는 참가자 중 한 분이 마음을 울렸던 주요 페이지를 공유합니다. 먼저 밑줄 친 부분을 말씀해 주시면 돼요. 예를 들어 "84쪽 두 번째 단락입니다."라고 알려주는 거죠.

중요한 건 바로 읽지 않는 거예요. 모든 참가자가 해당 페이지를 찾을 때까지 여유 있게 기다려줍니다. 모두가 같은 문장 위에 시선을 멈췄을 때, 핵심 문장을 낭독하고, 그 이유를 나눕니다. 책을 못 읽은 멤버도 이때 함께 밑줄을 치며 참여합니다. 이는 숙제 검사가 아니라 현장에서 함께 읽는 '공동 독서'의 시간입니다.

이 과정을 통해 우리는 완독의 부담을 덜고, 책이라는 매개체를 통해 삶을 나눕니다. 혼자 읽으면 이해하기 힘든 문장도, 함께 읽으면 위로가 됩니다. 내가 아플 때 진심으로 공감해 주고, 서로 성장을 응원하는 인생의 동반자를 만나는 것. 이것이 우리가 함께 읽어야 하는 이유입니다.

# 부록 1

# 제대로 읽기

함께 읽고 성장하는
독서 모임 실전 가이드

**[실전]  읽고, 쓰고, 토론하며 내 생각을 완성하는 3단계 실전 커리큘럼**

다음은 저자가 실제 독서 모임에서 사용하는 표준 커리큘럼입니다. 이 가이드를 따르면, 누구나 깊이 있는 토론을 이끌 수 있습니다.

**1부: 독서의 핵심 파고들기** (25분)

1)  북 근황 토크 (10분)

자유로운 분위기 속에서 최근 읽은 좋은 책과 깨달음을 나눕니다. 딱딱한 토론에 앞서 생각의 엔진을 예열하는 아이스브레이킹 시간입니다.

2)  저자의 관점 공유 (15분)

이번 주 주제를 저자의 관점에서 정리하여 공유합니다. 책을 읽지 못한 멤버도 전체적인 맥락을 파악할 수 있도록 돕습니다.

**2부: 토론으로 읽기의 깊이 더하기** (60분)

1)  저자의 문제의식과 배경

저자는 왜 이 책을 써야 했을까요? 모든 책은 저자가 세상에 마음을 담아 보내는 메시지입니다. 저자가 겪은 개인적, 사회적 경험을 충분히 이해하면, 활자로만 보이던 텍스트가 온기를 덧입고 생생히 살아납니다.

2)  강조점 나누기 (공동 독서)

각자가 꼽은 핵심 문장을 낭독하고, 그 문장을 택한 이유를 나눕니다. 책을 못 읽은 멤버도 낭독에 참여하는 공동의 독서 시간입니다.

3) 생각을 깨우는 인터러뱅(interrobang)의 마법

인터러뱅(?!)은 물음표(?)와 느낌표(!)가 하나로 합쳐진 기호입니다. 오늘 읽은 글이 당신의 익숙한 세계에 던진 가장 날카로운 물음표는 무엇인가요? 그 질문을 통해 새롭게 깨달은 감동의 느낌표를 함께 기록하세요.

4) 핵심 메시지와 비판

저자가 온몸으로 쓴 메시지는 무엇인지 찾아보고, 반대로 독자로서 동의하기 어려운 점이나 한계는 무엇인지 비판적 시각도 나눕니다.

5) 휴먼 라이브러리(Human library)

책은 때로 어떤 전문가보다 지혜로운 상담가가 되어줍니다. 당신의 고민에 답이 된 문장을 기록하세요.

6) 머릿속 생각의 틀 시원하게 부수기(Break the Shell)

그동안의 편견을 깬 도끼 같은 문장이 있나요? 그 문장을 통해 틀에 박힌 생각에서 벗어나 새로운 길을 발견했다면, 그 짜릿한 변화를 기록하세요.

7) 인생을 바꿀 한 문장

삶의 거센 파도가 닥치고 뜻밖의 시련이 찾아올 때, 당신을 다시 일으켜 줄 수 있는 단 하나의 문장은 무엇일까요? 본문 중에서 인생을 역전시킬 만큼 강렬한 에너지를 지닌 인두 같은 문장을 찾아 기록하고, 그 이유를 새겨보세요.

**3부: 다음 책 미리보기** (45분)

1) 맥락 잡기

다음 주에 함께 읽을 책을 소개합니다. 작가 소개, 책이 쓰인 시대적 배경 (Context), 핵심 주제를 리더가 미리 짚어주어 멤버들이 길을 잃지 않고 능동적으로 독서하도록 돕습니다. 단순히 읽는 것을 넘어, 의미의 맥락 안에서 접근하는 훈련입니다.

**[엄선] 30일의 여정이 끝난 후, 당신의 길을 비춰줄 사유의 도서 100선**

: 철학, 심리, 문학, 과학 등 사유의 근육을 키워줄 분야별 도서 리스트

저자가 지난 30여 년간 독서 모임 현장에서 검증한 '사유의 보물지도'

입니다. 관심사에 따라 자유롭게 선택해 읽으세요.


**[심리학 및 자아 성찰: 내면의 그림자를 마주하다]**

1.『가족 힐링』, 버지니아 사티어 저, 강유리 역. 푸른육아

2.『가짜 자존감 권하는 사회』, 김태현 저, 갈매나무

3.『그림자』, 이부영 저, 한길사

4.『나는 내성적인 사람입니다』, 소피아 뎀블링 저, 이순영 역, 책읽는수요일

5.『나라서 참 다행이다』, 크리스토프 앙드레 저, 이세진 역, 북폴리오

6.『나를 행복하게 하는 자기사랑의 기술』, 이계정 저, 소울메이트

7.『나르시시즘의 심리학』, 샌디 호치키스 저, 이세진 역, 교양인

8.『문제는 무기력이다』, 박경숙 저, 와이즈베리

9.『불안과 함께 살아가기』, 아르네 그뤤 저, 하선규 역, 도서출판 b

10.『불안이라는 위안』, 김혜령 저, 웨일북

11.『비폭력대화』, 마셜 B. 로젠버그 저, 캐서린 한 역, 한국NVC센터

12.『사티어 부모·자녀 성장모델, 아름다운 사람 만들기』, 김영애 저, 김영애가족치료연구소

13.『사티어 빙산의사소통』, 김영애 저, 김영애가족치료연구소

14.『스트레스의 힘』, 켈리 맥고니걸 저, 신예경 역, 21세기북스

15.『영화와 신화로 읽는 심리학』, 김상준 저, 보아스

16.『오늘 잃어버린 자존감을 찾았습니다』, 주현성 저, 더좋은책

17.『우울한 남자의 아니마, 화내는 여자의 아니무스』, 존 A. 샌포드 저, 노혜숙 역, 아니마

18.『의미없는 인생은 없다』, 정인석 저, 학지사

19.『이토록 친밀한 배신자』, 마사 스타우트 저, 이원천 역, 사계절

20.『인간이해』, 알프레드 아들러 저, 홍혜경 역, 을유문화사

21.『융의 영혼의 지도』, 머리 스타인 저, 김창한 역, 문예출판사

22.『지금 내 마음 괜찮은 걸까요?』, 김선희 저, 정한책방

23 『칼 구스타프 융, 언제나 다시금 새로워지는 삶』, 신근영 저, 북드라망

24. 『프레임』, 최인철 저, 21세기북스

25. 『회복탄력성』, 김주환 저, 위즈덤하우스

**[철학 및 인문학: 존재와 삶의 본질을 묻다]**

1. 『관자평전』, 신동준 저, 리더북스

2. 『니코마코스 윤리학』, 아리스토텔레스 저, 조대흥 역, 돋을새김

3. 『담론』, 신영복 저, 글항아리

4. 『마르틴 부버』, 박홍규 저, 홍성사

5. 『마키아벨리』, 김경희 저, 아르테

6. 『사마천, 인간의 길을 묻다』, 김영수 저, 위즈덤하우스

7. 『사는 게 힘드냐고 니체가 물었다』, 박찬국 저, 21세기북스

8. 『삶은 왜 짐이 되었는가』, 박찬국 저, 21세기북스

9. 『성호, 세상을 논하다』, 강명관 저, 자음과모음

10. 『세네카의 대화: 인생에 관하여』, 세네카 저, 김남우 외 역, 까치

11. 『소크라테스의 변명 - 진리를 위해 죽다』, 안광복 저, 사계절

12. 『스토아주의』, 장바티스트 구리나 저, 글항아리

13. 『시지프의 신화』, 알베르 카뮈 저, 이가림 역, 문예출판사

14. 『애덤스미스 구하기』, 조나단 B. 와이트 저, 안진환 역, 생각의 나무

15. 『에픽테토스의 인생을 바라보는 지혜』, 에픽테토스 저, 키와 블란츠 역, 소울메이트

16. 『오십, 중용이 필요한 시간』, 신정근 저, 21세기북스

17. 『욕망하는 힘 스피노자 인문학』, 심강현 저, 을유문화사

18. 『율곡평전』, 한영우 저, 민음사

19. 『지금 호메로스를 읽어야 하는 이유』, 애덤 니컬슨 저, 정혜윤 역, 세종서적

20. 『철학자 16인의 인생 수업』, 이요철 저, 미다스북스

21. 『키르케고르, 나로 존재하는 용기』, 고든 마리노 저, 강주헌 역, 김영사

22. 『플라톤 국가 강의 - 정의롭고 좋은 삶에 관한 이야기』, 이종환 저, 김영사

23. 『학문을 권장함』, 후쿠자와 유키치 저, 일송미디어

24. 『한나 아렌트의 정치 강의』, 이진우 저, 휴머니스트

25. 『화에 대하여』, 루키우스 안나이우스 세네카 저, 사이

**[소설 및 문학: 서사 속에 투영된 인간의 군상]**

1. 『고도를 기다리며』, 사무엘 베케트 저, 민음사

2. 『너의 하늘을 보아』, 박노해 저, 느린걸음

3. 『눈먼 자들의 도시』, 주제 사라마구 저, 해냄

4. 『대지』, 펄 S. 벅 저, 민음사

5. 『모모』, 미하엘 엔데 저, 비룡소

6. 『변신』, 프란츠 카프카 저, 별글

7. 『사람은 무엇으로 사는가』, 톨스토이 저, 별글

8. 『세일즈맨의 죽음』, 아서 밀러 저, 민음사

9. 『소망없는 불행』, 페터 한트케 저, 민음사

10. 『수병 빌리버드 평전』, 황문수 평역, 한국학술정보

11. 『어느 인생』, 기 드 모파상 저, 새움

12. 『오만과 편견』, 제인 오스틴 저, 민음사

13. 『오이디푸스·안티고네』, 소포클레스 외 저, 문예출판사

14. 『이반 데니소비치, 수용소의 하루』, 알렉산드르 솔제니친 저, 민음사

15. 『이반 일리치의 죽음』, 톨스토이 저, 창비

16. 『이방인』, 알베르 카뮈 저, 민음사

17. 『주홍글자』, 너새니얼 호손 저, 민음사

18. 『카타리나 블룸의 잃어버린 명예』, 하인리히 뵐 저, 민음사

19. 『파리대왕』, 윌리엄 골딩 저, 민음사

20. 『파우스트 1권』, 괴테 저, 문학동네

21. 『파우스트 2권』, 괴테 저, 문학동네

22. 『페스트』, 알베르 카뮈 저, 민음사

23. 『한 평생』, 로베르트 제탈러 저, 그러나

24. 『현자 나탄』, 고트홀트 레싱 저, 지만지

25. 『호밀밭의 파수꾼』, 제롬 데이비드 샐린저 저, 민음사

**[정치, 경제 및 자기 계발: 삶의 지혜와 성장을 위하여]**

1. 『가난한 사람들을 위한 은행가』, 무하마드 유누스 저, 세상 사람들의 책

2. 『공부머리 독서법』, 최승필 저, 책구루

3. 『굿바위 카뮈』, 이윤 저, 필로소픽

4. 『기브앤테이크』, 애덤 그랜트 저, 생각연구소

5. 『길이 없으면 길을 만들며 간다』, 정인영 저, 교보문고

6. 『당 태종 평전』, 자오커야오 외 저, 민음사

7. 『동정에 대하여』, 안토니오 프레테 저, 책세상

8. 『모리와 함께 한 화요일』, 미치 엘봄 저, 살림

9. 『사막을 건너는 여섯가지 방법』, 스티브 도나휴 저, 김영사

10. 『서툰 인생을 위한 철학 수업』, 안광복 저, 어크로스

11. 『선량한 차별주의자』, 김지혜 저, 창비

12. 『세상에서 가장 가난한 대통령 무히카』, 미겔 앙헬 캄포도니코 저, 21세기북스

13. 『심리학으로 들여다 본 그리스 로마 신화』, 이동연 저, 평단

14. 『아이들에게 온 마음을』, 수호믈린스키 저, 고인돌

15. 『옵션 B』, 셰릴 샌드버그 외 저, 와이즈베리

16. 『우울함이 아니라 지루함입니다』, 변지영 저, 필로소픽

17. 『인생의 재발견』, 바버라 브래들리 해거티 저, 스몰빅인사이트

18. 『제왕학-정관정요에서 배우는 리더의 자격』, 야마모토 시치헤이 저, 페이퍼로드

19. 『좋은 국가는 어떻게 만들어지는가』, 최연혁 저, 시공사

20. 『천개의 성공을 만든 작은 행동의 힘』, 존 크럼볼츠 외 저, 프롬북스

21. 『프로페셔널의 조건』, 피터 드러커 저, 청림출판

22. 『피터 드러커, 매니지먼트』, 피터 드러커 저, 청림출판

23. 『피터 드러커의 자기경영노트』, 피터 드러커 저, 한국경제신문

24. 『피터 드러커의 최고의 질문』, 피터 드러커 저, 청림출판

25. 『EBS 당신의 문해력』, EBS 당신의 문해력 제작팀 저, EBS BOOKS

# 부록 2

# 읽는 인간의 반격

삶의 현장에서 기록하는
4주간의 여정

**작가의 편지**

이제 당신의 문장을 세상에 새길 시간입니다

여기까지 오느라 수고 많으셨습니다. 하지만 진짜 공부는 이제부터 시작입니다. 책을 덮은 후, 우리가 나눈 사유들이 일상의 소음 속에 흩어져 버린다면, 이 책은 종이 뭉치에 불과할지도 모릅니다. 그래서 여러분께 마지막 제안을 드립니다. 바로 고대의 지성들이 실천했던 휘폼네마타(ὑπομνήματα, Hypomnemata), 즉 나를 지키는 기록을 통한 수련을 직접 실천하는 것입니다.
이 부록은 단순히 질문에 답하는 코너가 아닙니다. 지난 20일간 머리로 배운 지혜를 당신의 손과 발걸음으로 옮기는 행동 지침서입니다.

혼자여도 좋고, 사랑하는 지인에게 이 책을 선물하여 대화를 나누며 기록해도 좋겠습니다.

읽기를 멈추지 마세요.
서점의 구석진 서가에 가보고, 타인의 얼굴을 마주하며, 당신의 가슴에 남은 인두 같은 한 문장을 삶으로 옮기세요. 그때 당신은 AI 시대에 독보적인 스토리텔러가 될 것입니다.

자, 이제 펜을 들고 주말 액션 플랜을 시작해 볼까요?

# PART 1
## 주말 '제대로 읽기' 액션 플랜

---

### 제1부 토요일

'나'를 찾는 **[생각 확장]** 시간 - 서점으로 떠나는 '나를 찾아줘'


**미션: 베스트셀러 코너가 아닌, 구석진 서가로 가세요.**

오늘은 남들이 다 읽는 책을 피하는 날입니다. 서점이나 도서관의 가장 구석진 서가나 평소 낯설게 느꼈던 철학, 인문 코너를 천천히 거니세요. 그리고 다음 질문에 답하는 책 제목을 찾아 기록하세요.

≫

---

**Action: 지금 내 불안과 결핍을 가장 잘 대변하는 책의 제목은?**

> Tip   책을 다 읽지 않아도 됩니다. 그 제목이 당신에게 말을 걸어오는 이유를 곰곰이 생각해 보는 것으로 충분합니다.

**제1부 일요일**

'우리'를 잇는 **[사유 대화]** 시간 (주제: 불안, 결핍, 혼란, 공허, 미움)

## 1. 저자의 문제의식과 배경

저자는 인공지능 시대에 잃어버린 사유의 힘을 회복해야 한다고 말합니다. 첨단 기술이 발달한 세상에서 깊이 읽고 생각하는 능력이 어떤 변화를 불러올지 나눠 보세요.

예시) 검색하면 곧바로 답을 도출하는 AI에 의존해서 생각하는 걸 귀찮아하며 살았어요. 다양한 인문학 책을 읽어서 생각하는 힘을 길러야겠다고 느꼈습니다.

》

---

## 2. 강조점 나누기

1부의 여정 중, 내게 가장 절실하게 와닿은 날은 언제인가요? 깊은 울림을 준 주제 하나를 골라 그 이유를 나누세요.

예시) 3일 차 혼란의 내용이 마음에 와닿았습니다. 바쁘게 살았지, 내 마음을 돌보지 못했다는 걸 깨달았습니다.

》

---

## 3. 생각을 깨우는 인터러뱅(?!)의 마법

1부를 읽으며 그동안 당연하게 여겼던 생각에 관해 던진 날카로운 물음표는 무엇이었나요? 그 질문 끝에 얻게 된 느낌표는 무엇인지 서로의 깨달음을 공유하세요.

예시) '열심히 살면 될까?'라는 물음표가 생겼어요. 방향 없는 열심보다 잠시 멈춰 생각할 시간이 필요하다는 느낌표를 얻었습니다.

》
———————————————————————————————

## 4. 핵심 메시지와 비판

여러 철학적 도구 중 내 삶에 적용하고 싶은 것은 무엇인가요? 머리로는 이해되지만, 현실의 벽에 부딪혀 당장 실천하기 어렵다고 느낀 점도 편안하게 이야기해 보세요.

예시) 니체의 망치 개념을 내 삶에 적용해 낡은 습관을 깨고 싶어요. 그러나 바쁜 일상에서 매일 사유를 위한 시간을 내기가 다소 버겁게 느껴집니다.

》
———————————————————————————————

## 5. 휴먼 라이브러리(Human library)

책은 때로 어떤 전문가보다 지혜로운 상담가가 되어줍니다. 당신의 고민에 답이 된 문장에 관해 나눠보세요.

예시) 니체의 어린아이가 되라는 문장이 내 고민을 해결해 주었어요. 시키는 대로만 하던 태도를 버리고 즐기면서 일하는 법을 배우고 있습니다.

》
———————————————————————————————

## 6. 머릿속 생각의 틀 시원하게 부수기(Break the Shell)

그동안의 편견을 깬 도끼 같은 문장이 있나요? 그 문장을 통해 틀에 박힌 생각에서 벗어나 새로운 길을 발견했다면, 그 짜릿한 변화가 무엇인지 함께 얘기해 보세요.

예시) 정답은 없다는 문장이 도끼처럼 다가왔어요. 내가 원하는 삶이 뭔지 생각
하는 계기가 되었습니다.

》

---

**7. 인생을 바꿀 한 문장: 당신의 가슴에 낙인처럼 찍힌 한마디는 무엇인가요?**

삶의 거센 파도가 닥치고 뜻밖의 시련이 찾아올 때, 당신을 다시 일으켜 줄 단 하
나의 문장은 무엇일까요? 본문 중에서 인생을 역전시킬 만큼 강렬한 에너지를
지닌 인두 같은 문장을 찾아 기록하고, 그 이유에 관해 서로 대화해 보세요.

예시) '바람이 불면 바람을 타고 날아오르세요.'라는 문장을 읽으면서 현실에 지
나치게 매여 우울하던 마음이 자유로워지는 느낌을 받았습니다.

》

---

# PART 2
## 주말 '제대로 읽기' 액션 플랜

### 무너진 일상을 일으켜 세우는 주말

지난 5일간 우리는 무기력과 중독, 방황을 끊고 삶의 운전대를 다시 잡는 법을 배웠습니다. 이제 머리로 이해한 초인(위버멘쉬)의 자세를 몸으로 익힐 시간입니다.

### 제2부 토요일

'나'를 찾는 **[생각 확장]** 시간 - 운명을 사랑한 사람들을 만나는 시간

### 미션: 내 삶의 롤모델을 찾아보세요.

서점의 평전(위인전) 코너나 에세이 코너로 가세요. 나보다 더 혹독한 운명을 겪고도(Amor Fati), 삶을 축제로 만든 사람의 이야기를 찾으세요.

》

Action: 책의 서문을 읽으며, 그가 고통을 대한 태도에 주목하세요.

Tip "이 사람도 이렇게 버텼는데, 그에 비하면 내 고민은 조약돌이었구나."라는 깨달음을 얻는 것이 목표입니다.

## 제2부 일요일

'우리'를 잇는 **[사유 대화]** 시간 (주제: 무기력, 권태, 중독, 방황, 집착)

### 1. 저자의 문제의식과 배경

저자는 2부에서 무기력, 권태, 중독, 상실, 집착이라는 주제로 무너지는 일상의 단면을 포착합니다. 환경과 타인에 휘둘리지 않고 나를 지키는 삶의 주인으로서의 태도란 무엇일지 나누세요.

예시) 실패나 상실감이 들 때 나는 흙수저라고 비관했어요. 그러나 환경이 아니라 그걸 받아들이는 내 태도가 올바른 주인의 자세가 아니라는 점을 배웠습니다.

》

___

### 2. 강조점 나누기

2부의 여정 중 내게 가장 절실하게 와닿은 날은 언제인가요? 깊은 울림을 준 주제 하나를 골라 그 이유를 나누세요.

예시) 8일 차 중독 편이 가장 찔렸어요. 스트레스를 핑계로 밤늦게까지 친구와 게임을 하는 제 모습이 떠올랐습니다.

》

---

### 3. 생각을 깨우는 인터러뱅(?!)의 마법

2부를 읽으며 내 고민에 대해 던진 날카로운 물음표는 무엇이었나요? 그 질문 끝에 얻게 된 느낌표는 무엇인지 서로의 깨달음을 공유하세요.

예시) 난 왜 아무 일에도 의욕이 없는지 생각했어요. 인생의 닻이 되어줄 가치와 목표가 분명치 않기 때문에 모든 일에 무덤덤하다는 사실을 깨달았어요.

》

---

### 4. 핵심 메시지와 비판

운명애, 나만의 이념 찾기 등 여러 철학적 도구 중 내 삶에 적용하고 싶은 것은 무엇인가요? 머리로는 이해되지만, 현실의 벽에 부딪혀 당장 실천하기 어렵다고 느낀 점도 편안하게 이야기해 보세요.

예시) 우주적 거리두기를 통해 고민을 작게 보는 연습을 해보려 해요. 그러나 당장 통장 잔고가 비어갈 때는 가슴이 답답해요.

》

---

### 5. 휴먼 라이브러리(Human library)

책은 때로 어떤 전문가보다 지혜로운 상담가가 되어줍니다. 당신의 고민에 답이 된 문장에 관해 나눠보세요.

예시) 권태는 영혼이 보내는 구조 신호라는 문장을 읽으면서 변화가 필요하다는 걸 깨달았습니다.

》
___

## 6. 머릿속 생각의 틀 시원하게 부수기(Break the Shell)

그동안의 편견을 깬 도끼 같은 문장이 있나요? 그 문장을 통해 틀에 박힌 생각에서 벗어나 새로운 길을 발견했다면, 그 짜릿한 변화가 무엇인지 함께 얘기해 보세요.

예시) 과거의 무덤을 파헤치지 말라는 문장을 읽고 아차 싶었어요. 헤어진 연인을 탓하며 자기연민에 젖어 있었거든요.

》
___

## 7. 인생을 바꿀 한 문장: 당신의 가슴에 낙인처럼 찍힌 한마디는 무엇인가요?

삶의 거센 파도가 닥치고 뜻밖의 시련이 찾아올 때, 당신을 다시 일으켜 줄 단 하나의 문장은 무엇일까요? 본문 중에서 인생을 역전시킬 만큼 강렬한 에너지를 지닌 인두 같은 문장을 찾아 기록하고, 그 이유에 관해 서로 대화해 보세요.

예시) 네 운명을 사랑하라는 아모르파티는 벗어나고 싶을 만큼 평범한 내 삶도 긍정할 수 있는 힘을 주었습니다.

》
___

# PART 3
## 주말 '제대로 읽기' 액션 플랜

### 낡은 습관을 부수고 나를 재부팅하는 주말

지난 5일간 우리는 고집(꼰대)과 예민함, 그리고 안일함(도태)과 싸웠습니다. 이제 내 생각의 고인 물을 퍼내고, 새로운 물길을 트는 경장(更張)을 실천할 시간입니다.

### 제3부 토요일

'나'를 찾는 **[생각 확장]** 시간 - 낯선 세계와 충돌하는 큰 그릇 훈련

### 미션: 난생처음 보는 분야의 책을 펼치세요.

늘 가던 코너(예: 경제경영, 자기 계발)가 아닌, 평생 눈길도 주어본 적 없는 분야 (예: 철학, 고전 문학, 시집 등)의 서가로 가세요. 나의 좁은 경험과 지식이 정답이 아님을 확인하는 과정입니다.

》

---

Action: 전혀 모르는 분야의 책을 한 권 골라 목차를 훑어보고, '세상엔 내가 아직 모르는 지식과 지혜가 이렇게 풍부하구나'를 깨닫는 시간을 가지세요.

> Tip  이것은 노자가 말한 대기면성(완성되지 않음으로 계속 채우는 상태)을 실천하는 훈련입니다.

## 제3부 일요일

'우리'를 잇는 **[사유 대화]** 시간 (주제: 갈등, 도태, 예민, 버팀, 착각)

### 1. 저자의 문제의식과 배경

저자는 3부에서 갈등, 도태, 예민, 회피, 착각을 다룹니다. 내면의 철학 지수가 낮아질 때 삶에 어떤 위기가 찾아오는지, 타인에게 휘둘리지 않으려면 어떻게 해야 할지 나누세요.

예시) 남의 말 한마디에 쉽게 상처받는 이유가 내 철학 지수가 낮기 때문임을 알았어요. 내면이 단단해야 한다는 걸 절실히 느꼈습니다.

》
---

### 2. 강조점 나누기

3부의 여정 중 내 생각의 회로를 가장 크게 뒤흔든 날은 언제인가요? 깊은 울림을 준 주제 하나를 골라 그 이유를 나누세요.

예시) 11일 차 갈등 편이 기억에 남아요. 내 경험이 정답이라 믿고 후배들에게 꼰대처럼 굴었던 행동이 부끄러워졌습니다.

》

---

## 3. 생각을 깨우는 인터러뱅(?!)의 마법

3부를 읽으며 나를 괴롭혔던 생각의 습관에 관해 던진 날카로운 물음표는 무엇이었나요? 그 질문 끝에 얻게 된 느낌표는 무엇인지 서로의 깨달음을 공유하세요.
예시) '나는 다 알고 있을까?'라는 의문이 생겼어요. 내가 가진 지식도 언제든 틀릴 수 있다는 겸손함을 배워야겠다고 다짐했습니다.

》

---

## 4. 핵심 메시지와 비판

노자의 빈 그릇, 현실 직시 등 여러 도구 중 내 마음의 안경을 바꿔 끼우는 데 유용했던 개념은 무엇인가요? 머리로는 이해되지만, 현실의 벽에 부딪혀 당장 실천하기 어렵다고 느낀 점도 편안하게 이야기해 보세요.
예시) 경장의 관점에서 해묵은 습관들을 버리고 싶어요. 그러나 오랫동안 굳어진 생활 방식을 하루아침에 바꾸는 게 쉽지 않을 거 같아요.

》

---

## 5. 휴먼 라이브러리(Human library)

책은 때로 어떤 전문가보다 지혜로운 상담가가 되어줍니다. 당신의 고민에 답이 된 문장에 관해 나눠보세요.

예시) 근거 없는 긍정은 진통제일 뿐이라는 말이 상담가의 조언처럼 느껴졌어요.
막연한 희망에 매달려 안일하게 살지 않아야겠다는 생각이 들어요.

》

___

## 6. 머릿속 생각의 틀 시원하게 부수기(Break the Shell)

그동안의 편견을 깬 도끼 같은 문장이 있나요? 그 문장을 통해 틀에 박힌 생각에서 벗어나 새로운 길을 발견했다면, 그 짜릿한 변화가 무엇인지 함께 얘기해 보세요.

예시) 비합리적인 생각을 도려내라는 문장을 나누고 싶어요. 남들이 나를 싫어할 거라는 괜한 두려움에서 빠져나오게 해주었거든요.

》

___

## 7. 인생을 바꿀 한 문장: 여러분의 가슴에 낙인처럼 찍힌 인두 같은 한마디는 무엇인가요?

삶의 거센 파도가 닥치고 뜻밖의 시련이 찾아올 때, 당신을 다시 일으켜 줄 단 하나의 문장은 무엇일까요? 본문 중에서 인생을 역전시킬 만큼 강렬한 에너지를 지닌 인두 같은 문장을 찾아 기록하고, 그 이유에 관해 서로 대화해 보세요.

예시) '무엇이 두려워해야 할 일인지 아는 지혜'라는 문구가 기억납니다. 나다워지기 위해 귀중한 가치를 지키는 용기가 필요하다고 느꼈습니다.

》

___

# PART 4
## 주말 '제대로 읽기' 액션 플랜

### 혐오를 넘어 함께 성장하는 주말

지난 5일간 우리는 타인을 적으로 만들지 않고, 공감과 연대로 함께 살아남는 법을 배웠습니다. 이제 나 혼자의 생존을 넘어, 우리를 위해 손을 내밀 시간입니다.

### 제4부 토요일

'나'를 찾는 **[생각 확장]** 시간 - 타인의 얼굴을 읽는 '인간 관찰' 여행

### 미션: 책이 아닌 사람을 읽으세요.

서점이나 도서관 로비에 앉아 지나가는 사람들을 관찰하세요. 스마트폰을 보지 말고, 사람들의 표정과 몸짓을 읽으세요. 레비나스가 말한 타자의 얼굴을 마주하는 훈련입니다.

》

Action: 서가에서 소외된 이들(난민, 빈곤, 장애, 사회복지 등)의 이야기를 다룬 책을 찾아, 그들의 고통이 나와 무관하지 않음을 느껴보세요.

Tip '저 사람에게도 저마다의 지옥과 천국이 있겠지.'라고 생각하며, 판단하지 않고 바라보는 연습을 하세요.

## 제4부 일요일

'우리'를 잇는 **[사유 대화]** 시간 (주제: 강박, 단절, 충돌, 외면, 가면)

### 1. 저자의 문제의식과 배경

저자는 4부에서 자유, 공감, 조화, 환대, 자기실현을 다룹니다. 인공지능이 지배하는 시대에 타인의 고통에 응답하고 내면의 그림자를 껴안는 태도가 왜 중요한 무기인지 나누세요.

예시) 기계가 흉내 낼 수 없는 게 공감이죠. 인간의 눈물을 닦아주는 공감이 제일 큰 무기라는 점이 깊이 와닿았어요.

》
_______________________________________

### 2. 강조점 나누기

4부의 여정 중 내게 가장 절실하게 와닿은 날은 언제인가요? 깊은 울림을 준 주제 하나를 골라 그 이유를 나누세요.

예시) 20일 차 자기실현 편이 제일 좋았습니다. 완벽해 보이려고 썼던 무거운 가면을 이제는 내려놓아도 괜찮다는 위로를 받았어요.

》

---

## 3. 생각을 깨우는 인터러뱅(?!)의 마법

4부를 읽으며 당연하게 여겼던 관계 맺기 방식에 던진 날카로운 물음표는 무엇이었나요? 그 질문 끝에 얻게 된 느낌표는 무엇인지 서로의 깨달음을 공유하세요.
예시) '내 감정의 리모컨은 누가 쥐고 있나?'를 생각했어요. 남의 말에 자주 화를 내던 내가 감정의 노예였다는 걸 깨달았습니다.

》

---

## 4. 핵심 메시지와 비판

스피노자의 연금술, 융의 개성화 등 여러 도구 중 내 삶에 당장 적용하고 싶은 것은 무엇인가요? 머리로는 이해되지만, 현실의 벽에 부딪혀 당장 실천하기 어렵다고 느낀 점도 편안하게 이야기해 보세요.
예시) 타인의 허물을 내 스승으로 삼는 태도를 연습하고 싶습니다. 그러나 무례하게 구는 사람을 어디까지 내 거울로 여기며 참아야 할지 모르겠어요.

》

---

## 5. 휴먼 라이브러리(Human library)

책은 때로 어떤 전문가보다 지혜로운 상담가가 되어줍니다. 당신의 고민에 답이 된 문장에 관해 나눠보세요.

예시) 그림자가 없는 사람은 빛도 없다는 문장이 큰 위로가 되었어요. 내 못난 모습도 소중한 일부라는 걸 배웠습니다.

》

---

### 6. 머릿속 생각의 틀 시원하게 부수기(Break the Shell)

그동안의 편견을 깬 도끼 같은 문장이 있나요? 그 문장을 통해 틀에 박힌 생각에서 벗어나 새로운 길을 발견했다면, 그 짜릿한 변화가 무엇인지 함께 얘기해 보세요.

예시) 어린아이의 마음을 가지라는 문장을 읽고, 삶을 대하는 태도가 바뀌었어요. 등 떠밀려 숙제하듯 살던 태도를 바꾸기로 마음먹었어요.

》

---

### 7. 인생을 바꿀 한 문장: 여러분의 가슴에 낙인처럼 찍힌 인두 같은 한마디는 무엇인가요?

삶의 거센 파도가 닥치고 뜻밖의 시련이 찾아올 때, 당신을 다시 일으켜 줄 단 하나의 문장은 무엇일까요? 본문 중에서 인생을 역전시킬 만큼 강렬한 에너지를 지닌 인두 같은 문장을 찾아 기록하고, 그 이유에 관해 서로 대화해 보세요.

예시) 타인의 고통을 외면하지 말고 응답하라. 나만 생각하던 이기적인 마음을 깨우고, 주변을 돌아보는 따뜻한 사람이 되게 합니다.

》

---